21世纪公共管理系列教材

管理思想史教程

主　编◎方振邦　副主编◎葛蕾蕾

中国人民大学出版社

· 北京 ·

“21世纪公共管理系列教材”专家指导小组成员

（以姓氏笔画为序）

王　名　（清华大学教授）
王乐夫　（中山大学教授）
王浦劬　（教育部高等学校政治学学科教学指导委员会副主任委员，北京大学教授）
王惠岩　（吉林大学教授）
毛寿龙　（中国人民大学教授）
邓大松　（教育部高等学校公共管理类学科教学指导委员会副主任委员，武汉大学教授）
曲福田　（教育部高等学校公共管理类学科教学指导委员会副主任委员，南京农业大学教授）
朱立言　（中国人民大学教授）
张永桃　（教育部高等学校政治学学科教学指导委员会主任委员，南京大学教授）
张成福　（中国人民大学教授）
陈庆云　（北京大学教授）
陈振明　（教育部高等学校公共管理类学科教学指导委员会委员，厦门大学教授）
竺乾威　（教育部高等学校公共管理类学科教学指导委员会委员，复旦大学教授）
周志忍　（教育部高等学校公共管理类学科教学指导委员会副主任委员，北京大学教授）
郑功成　（中国人民大学教授）
娄成武　（教育部高等学校公共管理类学科教学指导委员会主任委员，东北大学教授）
夏书章　（中山大学教授）
高培勇　（中国社会科学院教授）
董克用　（教育部高等学校公共管理类学科教学指导委员会副主任委员，中国人民大学教授）
薛　澜　（清华大学教授）

主编简介

方振邦，中国人民大学教授，博士生导师，经营学博士，中国人民大学公共组织绩效管理研究中心主任，中共中央组织部领导干部考试与测评中心专家，中华人民共和国人力资源和社会保障部高级专业技术职务评审委员会委员。

1994 年 9 月至 2002 年 9 月，在中国人民大学劳动人事学院工作。2002 年 10 月至今，在中国人民大学公共管理学院工作。现任中国人民大学公共管理学院教授、博士生导师、中国人事科学研究院学术委员会委员、博士后导师。自 2006 年起担任国务院国有资产监督管理委员会公开招聘中央企业高级经营管理者考官，2008 年起担任北京市公开选拔党政领导干部考官。

目前主要研究领域为：公共组织及企业的人力资源开发与管理、管理思想的演变、组织行为学、战略性绩效管理、平衡计分卡理论与应用、战略性薪酬管理、组织理论与组织设计等。目前主讲课程主要有：战略性人力资源开发与管理、管理学基础、组织行为学、战略性绩效管理、战略性薪酬管理、平衡计分卡在企业组织及公共组织的应用、组织理论与组织设计、管理思想百年脉络等课程。

在国内外核心学术期刊和管理杂志上发表数十篇实证性学术论文和一般论文，出版《管理学基础》、《管理思想百年脉络》、《管理思想史》、《战略性人力资源管理》、《战略性绩效管理》、《政府绩效管理》、《战略与战略性绩效管理》等多部著作及译著。

目前正在主持中共中央组织部委托的“考试测评与干部选拔改革研究”课题以及中国人事科学研究院委托的“国外人才评价发展机制研究”课题，曾主持国家社会科学基金项目“平衡计分卡中国化模式构建及其在领导干部绩效评估中的应用”，以及中共中央组织部委托的“中国领导人才绩效评估体系研究”、“平衡计分卡在中国的应用研究”、“领导人才测评方法与工具研究”等课题。

出版说明

现代意义上的公共行政与公共管理的研究和教育开始于20世纪初的西方。时至今日，随着公共管理职业化的发展，公共行政和公共管理的研究和教育事业在西方发达国家方兴未艾。从20世纪80年代开始，为适应公共管理改革与发展和培养公共管理人才的需要，我国的公共行政与公共管理的研究和教育，在经历了发展的挫折之后，开始了恢复和重建的工作。经过20多年的发展，特别是公共管理一级学科的设置和我国公共管理硕士（MPA）专业学位研究生教育的启动，以及高校公共管理本科专业的大量开设，公共管理已成为当代中国社会科学和管理科学领域教学与研究的一个充满生机活力和具有远大发展前景的学科。

为了适应新形势发展的需要，更好地研究、指导、管理高等学校公共管理的教学科研工作，2001年4月，教育部公共管理类学科教学指导委员会成立，并于2001年12月在广州召开了第一届全委会。参会委员就学科发展方向、课程设置问题进行了充分的讨论，很多委员认为应根据新形势下学科发展的需要，对目前公共管理类的课程设置进行调整，按计划年内拿出调整方案。目前，公共管理本科教育发展很快，编写反映本学科最新研究成果、与时俱进的、具有创新性的、高质量的本科教材迫在眉睫。

在教育部公共管理类学科教学指导委员会的指导、支持下，在对很多院校的公共管理类本科专业课程设置进行调研和对一些院校的课程设置情况、设置方向进行座谈的基础上，结合现有的教育部关于公共管理类本科四个方向（行政管理、公共事业管理、劳动与社会保障、土地资源管理）的课程设置情况，中国人民大学出版社组织全国著名专家，计划从2003年上半年开始，在两年内，陆续出版21世纪公共管理系列本科教材和教育部“十五”规划教材。

本套教材涉及公共基础课、专业基础课和选修课三部分的20多门课程。本套教材立足本科教学的需要，从本科教育的特点出发，从公共管理和公共行政教育的特点出发，在教材编写和内容安排上，强调基础知识、基本理论、基本技能；同时，也尽可能地体现创新性、前沿性的特点。

参加本套教材编写的有中国人民大学、北京大学、清华大学、复旦大学、中山大学、厦门大学、武汉大学、吉林大学、东北大学、西北大学等国内十几所著名大学的具有丰富教学和科研经验的教授专家，我们期望通过这种强强联合、优势互补、资源共享的方式，出版高质量的、权威性的精品教材。此外，为了保证教材的质量，更好地反映公共管理本科教学的特点，中国人民大学出版社邀请有关专家成立了21世纪公共管理系列教材专家指导小组。

公共管理的实践是不断变化和发展的，变革与发展是当代世界范围内公共管理的主题。随着公共管理实践的不断发展，公共管理学科研究的范围、主题和内容也在不断地发展和变化。这就要求公共管理教育以及相关的教材在方方面面都应该不断地更新。我们还会根据变化了的环境和要求，对教材的编写工作以及教材本身作适当调整。望广大读者不断反馈信息，对这套教材提出批评、建议，以便于我们不断修订、完善。

中国人民大学出版社

前　言

管理活动古已有之。自人类社会产生以来，管理已经历了漫长的历史过程，一部管理思想史描绘的正是人类管理思想的演变和进化过程，讲述的是关于管理的思想、观点、理论、方法、技术等产生、发展和演变的历史。回溯历史我们发现，在过去相当长的时间里，人们只是以一种非正式的、自己认为最佳的方式进行着管理，没有人真正研究过不同管理方式效率如何的问题。直到 1911 年，弗雷德里克·W·泰勒出版《科学管理原理》（*The Principles of Scientific Management*）一书，标志着管理从经验管理步入了科学管理阶段，管理成为了一门真正的科学，管理思想史从此开启了新的篇章。此后，管理学领域大师辈出、流派纷呈，显现出一派枝繁叶茂的繁荣景象。2012 年，距离泰勒开创科学管理理论先河已有整整一百年的时间。站在管理思想的百年高地，学习管理大师的思想精髓、体会管理思想的更迭演变、了解管理思想的发展规律、绘制管理思想脉络的百年画卷，是总结过去的终点亦是展望未来的新起点。

一百年来，为了提高管理的有效性，人们围绕着管理的效果和效率，从不同的角度对管理的规律进行了不懈的探索，先后出现了诸多管理学派及管理理论。科学管理学派通过工作时间和工作动作研究，致力于提升工人的工作效率；行为科学学派通过对人的心理和行为规律的研究，寻求有效激励员工的方法；管理过程学派则通过分析管理的职能，不断归纳和提炼管理的原则；经验主义学派用案例研究架起了现代管理理论与实践之间的桥梁；战略管理学派从关注公司战略到竞争战略，从关注战略制定转向战略执行与组织协同；组织理论则从结构、形态研究转向如何构建持久卓越的组织；而领导理论在经历了领导特质、领导行为、领导权变等理论之后，依然执著地探索着提高领导有效性之路……这些管理学派及管理理论共同为管理实践的发展和进步作出了巨大的贡献，极大地推动了管理思想和管理理论的丰富和完善。为了更加清晰地描绘管理思想的发展，领悟管理思想史的精髓，本书以管理学派的发展演变为线索，重点选取了科学管理学派、行为科学学派、管理过程学派、经验主义学派、决策理论学派、管理科学学派、权变理论学派、战略管理学派、流程再造学派以及组织理论和领导理论等构成管理思想史的框架，并对每个学派最具代表性的重要管理学家、管理思想及其特点进行了系统的介绍。

本书内容丰富、重点突出、条理清晰、简明扼要，不仅是一部介绍管理思想演变历程的学术教材，同时也是作者十余年来管理思想研究精华的系统提炼和总结。本书既可以作为管理学专业本科生的专业课教材和研究生入学考试的参考书目，又可以作为不同行业的管理人士学习管理思想史、丰富管理学知识的参考书籍。概括而言，本书具有以下特点：

（1）突出重点。本书以具体学派为维度，着重介绍了管理思想史中最为著名和经典的管理学派，系统梳理了各学派主要代表人物的思想和观点，帮助读者理清思路、掌握重点。

（2）浓缩精华。管理思想博大精深、纷繁复杂。本书精选并浓缩管理思想之精华，重点选取具有代表性的主要管理思想学派，以方便读者能够在相对较短的时间内熟悉和掌握主要管理思想及其内容。

（3）关注前沿。本书对 20 世纪 90 年代以来出现且至今风靡世界的管理思想前沿内容给予了重点关注，重点阐述了竞争战略、平衡计分卡等理论的产生、发展及特点，以期读者能够察古知今、融会贯通、举一反三。

我们真诚地希望读者通过认真研读本书，能够系统地理清管理思想脉络、掌握管理思想精髓、透析管理思想前沿，在继承管理思想宝贵财富的同时，将学习到的先进管理思想和管理方法有效地应用到管理实践当中去，发展和创新适用于管理实际的管理理论和管理技能。

在本书付梓之际，我们要特别感谢中国人民大学出版社政治与公共管理出版分社的朱海燕编辑为本书的出版所付出的努力；感谢中国人民大学公共管理学院组织与人力资源研究所的博士生徐东华、陈校云、侯纯辉、徐相锋、白海琦、邬定国、陈曦等为本书的编写所做的各项工作。由于时间紧迫和水平有限，书中纰漏和不足在所难免，敬请各位同人、专家学者批评指正。

中国人民大学公共组织绩效管理研究中心主任　方振邦

2012 年春

于中国人民大学求是楼

目　录

第1章

绪　论

管理作为相对独立的科学研究起始于19世纪末20世纪初，而人们对于管理实践和管理思想的探索和总结却在人类历史长河中早已开始。管理伴随着人类共同劳动或劳动协作的产生而出现，伴随着人类生产方式的进步而发展，是人类智慧的结晶。无论是在西方国家还是在中国，自古以来的圣贤和精英们在治理国家、管理社会的过程中，形成了各具时代特色的管理思想。正是这些宝贵的文化精髓，为我们现代管理思想的不断丰富和发展提供了取之不竭的能量，系统研究和科学总结中外管理思想的演进过程和发展规律无疑具有重要的意义。

1.1　管理

1.1.1　管理的内涵

从管理学的内涵来看，它是一门系统地研究管理活动基本规律和一般方法的科学，也是对管理实践经验的科学总结和理论提升。纵观管理学发展的历史，其始终处于一个不断丰富和发展的过程中，并具有鲜明的时代特点。人类历史的发展进程已经展示了管理学在不同时代背景下对组织发展和社会进步的重要作用。长期以来，许多中外学者都曾对管理下过定义，但由于管理的广泛性和复杂性，至今仍未形成统一的概念，在此，简单介绍几种具有代表性的定义。

(1) 弗雷德里克·W·泰勒认为，管理就是要“确切地知道要别人干什么，并注意让他们用最好、最经济的方法去干”。

（2）亨利·法约尔认为，“管理就是实行计划、组织、指挥、协调和控制”。

（3）赫伯特·A·西蒙认为，“管理就是决策”。

（4）丹尼尔·A·雷恩认为，“给管理下一个广义而又切实可行的定义，可以把它看成是这样的一种活动，即它发挥某些职能，以便有效地获取、分配和利用人的努力和物质资源，来实现某个目标”。

（5）弗里蒙特·E·卡斯特认为，“管理就是计划、组织、控制等活动的过程”。

（6）埃尔伍德·斯潘塞·伯法认为，“管理就是用数学模式与程序来表示计划、组织、控制、决策等合乎逻辑的程序，求出最优的解答，以达到企业的目标”。

上述定义分别从不同侧面、不同角度揭示了管理的含义或属性。本书结合上述观点，将管理定义为一个协调工作活动的过程，以便能够有效率和有效果地同他人一起或通过他人实现组织的目标。这个概念包含了三层意思：（1）管理是一个协同工作的过程，这个过程代表了一系列进行中的有管理者参与的职能活动；（2）管理是与他人一起或通过他人实现组织的目标，这就区分了管理岗位和非管理岗位；（3）效果和效率是管理活动追求的两大目标，其中效果（effectiveness）是指所从事的工作和活动有助于组织达到目标，效率（efficiency）是指以尽可能少的投入获得尽可能多的产出，两者相辅相成，共同构成管理活动追求的目标，如图 1—1 所示。

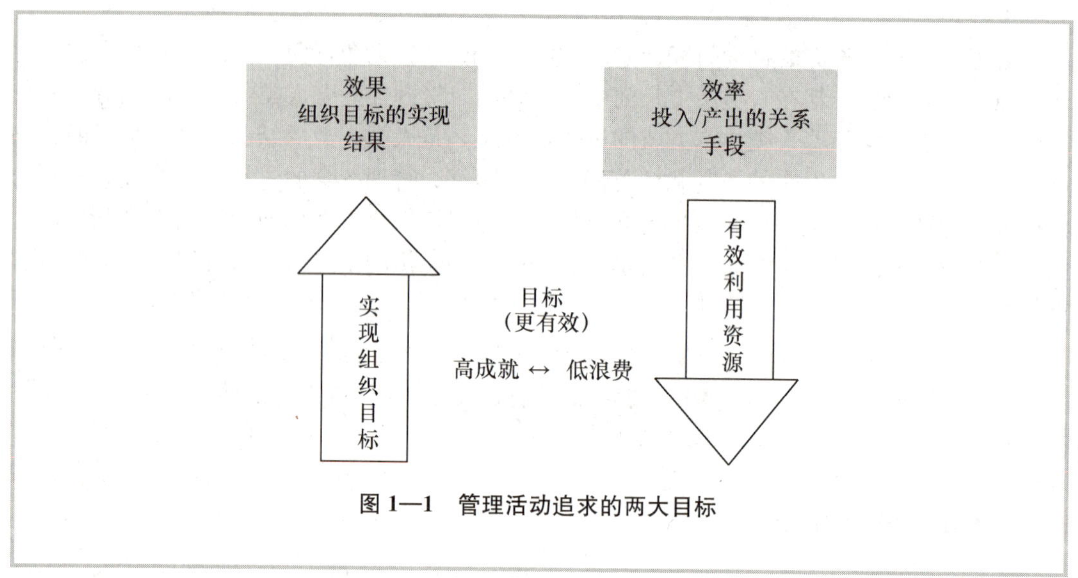

图 1—1 管理活动追求的两大目标

1.1.2 管理的职能

正如学者们对管理的内涵都各具见解一样，管理学领域的不同学派也从不同的视角来分析、研究和归纳管理的职能，得出了不同的研究结论，如表 1—1 所示。

表1—1 管理职能划分的主要观点

年份	人物	计划	组织	领导	协调	控制	激励	人事	调集资源	通信联系	决策	创新	领导们的努力
1916	亨利·法约尔	○	○	○	○	○							
1934	拉尔夫·C·戴维斯	○	○			○							
1937	卢瑟·H·古利克	○	○	○	○	○		○		○			
1947	A. 布朗	○	○	○		○			○				
1948	林德尔·F·厄威克	○	○			○							
1951	科曼	○	○	○	○	○			○				
1953	乔治·特里	○	○	○	○	○							○
1955	哈罗德·孔茨	○	○			○		○					
1956	乔治·特里	○	○		○	○	○						
1958	戴维·麦克利兰	○	○	○		○							
1964	J. L. 梅西	○	○			○		○					
1964	哈罗德·孔茨	○	○	○		○		○					
1966	H. G. 希克斯	○	○			○	○			○		○	
1972	乔治·特里	○	○	○	○	○							
1979	J. L. 梅西	○	○	○		○				○	○		
1984	斯蒂芬·P·罗宾斯	○	○	○		○							

(1) 管理过程学派的先驱亨利·法约尔认为所有的管理者都在从事计划、组织、指挥、协调和控制工作。随后，卢瑟·H·古利克在法约尔关于管理职能的论述的基础上，发展并形成了他的“管理七职能论”，即著名的“POSDCoRB”。古利克指出，管理的七种职能分别是计划（planning）、组织（organizing）、人事（staffing）、指挥（directing）、协调（coordinating）、报告（reporting）和预算（budgeting）。

(2) 社会协作系统学派的代表人物切斯特·巴纳德认为，组织中的经理人员有三项职能：建立和维系一个信息联系的系统；从组织成员那里获得必要的服务以及制定组织目标。

(3) 决策理论学派的代表人物赫伯特·A·西蒙则认为“管理就是决策”。

(4) 经验主义学派对于管理职能的论述非常详细，主要包括五个方面：第一，树立目标并决定为达到这些目标要做些什么；第二，进行组织工作；第三，开展鼓励和联系工作；第四，对最终的成果进行分析，确立标准并对所有人员的工作进行评价；第五，使员工得到成长和发展。

(5) 管理史学家林德尔·F·厄威克认为，管理者主要承担计划、组织和控制三大职能。

各个学派从不同的角度阐释了其对管理职能的看法，对我们全面认识和理解管理的内涵和过程具有重要的意义，本书参考各个学派的主要观点，认为组织中各级管理者都要承担的基本职能有四类，分别是计划（planning）、组织（organizing）、领导（leading）和控制（controlling），如图1—2所示。

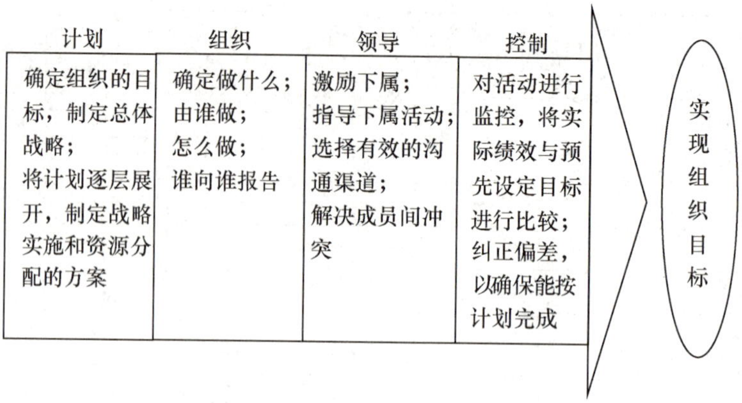

计划	组织	领导	控制	
确定组织的目标，制定总体战略；将计划逐层展开，制定战略实施和资源分配的方案	确定做什么；由谁做；怎么做；谁向谁报告	激励下属；指导下属活动；选择有效的沟通渠道；解决成员间冲突	对活动进行监控，将实际绩效与预先设定目标进行比较；纠正偏差，以确保能按计划完成	实现组织目标

图 1—2 管理的四类基本职能

（1）计划。

计划是指根据组织的内外部环境并结合自身的实际情况，制定出合理的总体战略和发展目标，通过工作计划将组织战略和目标逐层展开，形成分工明确、协调有序的战略实施和资源分配方案的过程。计划描绘了组织的未来蓝图，指明了组织发展的前进方向，为管理者的日常决策提供了必要的依据，为组织成员的工作绩效提供了评价标准。

（2）组织。

组织是指在战略和目标的指导下，明确组织当前的工作任务并对任务进行分类与整合，通过设置一系列的机构和职位来承担这些工作任务。同时，通过明确组织中的指挥链，进行相应的职责和权限划分，构建起完整的组织管理体系。

（3）领导。

领导是指充分利用各种方法和手段对下属进行有效的激励，并为下属提供必要的指导和支持，以集中精力实现组织预定目标的过程。

（4）控制。

控制是指为确保组织目标的顺利实现，遵照一定的科学程序，对组织内部各项工作的进展情况与实际效果进行监控和评估，并在其偏离预定计划时采取措施加以纠正的过程。控制活动可以使工作失误得以及时发现和迅速补救，有助于组织从整体上维护自身的根本利益。

1.2 管理思想史

管理思想史是从古至今有关管理的观点、理论产生、发展和演变的历史，是管理实践经验的系统化和理论化。回溯管理的历史长河，管理思想已经历了漫长的发展过程，而现代意义上的管理思想是伴随着近代资本主义文明的诞生而发展起来的。一百多年来，管理学者、实践家、管理咨询师从不同的视角对管理的各个维度和层面进行了细致的研究和探索。

1.2.1 管理思想史的研究对象

历史上曾经有一些著名学者对管理思想史进行过系统的研究。1956年，英国管理史学家林德尔·F·厄威克出版了《管理备要》一书，书中介绍了70位管理思想先驱的理论，阐述了管理思想的发展和演变。1961年，哈罗德·孔茨发表的《管理理论丛林》一文把当时西方的管理学派划分为管理过程学派、经验主义学派、人群行为学派、社会系统学派、决策理论学派和数量学派。此后，美国管理史学家小乔治（C. S. George Jr.）于1972年正式出版了《管理思想史》一书，简明扼要地介绍了西欧和美国管理思想的发展过程。1979年，美国管理史学家丹尼尔·A·雷恩出版了《管理思想的演变》一书，该书按照时间顺序对有重大贡献的管理理论和实践工作者的活动背景、主要思想及影响进行了全面的介绍。随后，1980年美国管理学家哈罗德·孔茨对管理学派进行了重新梳理，并发表了《再论管理理论的丛林》一文，将当时的管理理论划分为11个学派。通过对这些著名管理史学家的研究及经典管理思想史著作的分析发现，管理思想史的研究对象涉及管理活动的方方面面，既包括管理实践的探索和创新，又包括管理思想和管理理论的演进和发展。

（1）研究不断发展的管理实践。

管理实践是人们在社会组织中为实现一定目的而进行的各种实际管理活动。管理实践具有很强的前瞻性和探索性，它反映和体现了管理思想的精髓，是管理思想的具体表现，对管理思想的发展和理论的创新发挥着巨大的推动作用。

（2）研究管理思想的演进规律。

管理思想是在对管理实践不断摸索的基础上逐渐形成和发展起来的。通过对管理思想发展演进规律的观察、分析、总结和归纳，领悟和学习人类管理思想的精髓，形成和丰富管理思想的宝库，可以使人们对管理的认识日益全面而透彻，对管理实践的探索日趋具体而深入。

1.2.2 管理思想史的研究视角

管理思想史作为一门研究管理实践、管理思想以及管理理论演进和发展历史的学问，如同其他历史科学一样，主要有三个基本的研究视角。

（1）基于时间系列的视角。

任何管理思想都是在管理活动和管理科学发展的时间系列中形成和发展的，所以只有将某一管理思想放入管理活动和管理科学发展的时间系列中，才能再现管理科学的历史过程。

（2）基于研究领域的视角。

任何管理思想都与前后相继的管理思想存在内容上的继承和演变关系，这种内容上的继承和演变区分了管理思想学派的异同，决定了管理思想学派不同的历史地位。

（3）基于研究方法的视角。

任何管理思想的分析、总结、归纳和提炼都必须借助于一定的研究方法。从具体的管理实践、不同的人性假设以及管理案例等角度出发，采用不同的研究方法来加以梳理和研究。

概括而言，管理思想史的基本研究视角可以归纳为：将各种管理思想放入相应的时间系列、研究领域和研究方法中，以理清各种管理思想产生、形成和发展的环境条件、主要过程和历史地位，进而揭示管理科学发展变化的基本规律。

1.3 管理思想百年发展脉络及未来发展趋势

1911年，弗雷德里克·W·泰勒出版《科学管理原理》一书，标志着管理从经验式的主观臆测步入了科学的殿堂，管理思想演变开启了新的篇章。此后百年来，管理学发展史上大师辈出，为管理思想的发展和完善作出了巨大的贡献。

1.3.1 管理思想百年发展脉络

回溯管理百年，历史脉络随即呈现于眼前。19世纪末20世纪初，弗雷德里克·W·泰勒的科学管理理论、亨利·法约尔的一般管理理论以及马克斯·韦伯的组织理论引领了这一时期的管理研究前沿，他们分别从个人、组织和国家三个角度来研究和解决企业和社会组织的管理问题，并通过科学研究的方法发现管理的普遍规律，使管理者开始摆脱单凭经验和感觉来进行管理的原始做法。随后，20世纪三四十年代，乔治·埃尔顿·梅奥和弗里茨·J·罗特利斯伯格提出了人际关系理论；20世纪50年代行为科学学派开始盛行，比较有代表性的有以亚伯拉罕·H·马斯洛等人为代表的需求层次理论，以道格拉斯·M·麦格雷戈等为代表的人性假设理论，以及以罗伯特·坦南鲍姆和沃伦·H·施密特为代表的领导行为理论；而将科学管理理论与行为科学优点巧妙结合的则是经验主义学派的管理大师彼得·F·德鲁克。

20世纪60年代，随着科学技术、生产和人类社会的进一步发展，各种管理理论和管理思想如雨后春笋般相继涌现，形成百家争鸣之势。在这一时期，人们开始对战略问题加以关注，出现了以伊戈尔·安索夫和阿尔弗雷德·D·钱德勒等为代表的战略管理学派。同时，还出现了以杰伊·W·洛希和保罗·R·劳伦斯为代表的权变理论学派和以埃尔伍德·斯潘塞·伯法为代表的管理科学学派等。20世纪70年代是管理思想史上的衔接和发展阶段。在激励理论领域，克莱顿·P·阿尔德弗的ERG理论完善和发展了马斯洛的需求层次理论；在领导理论领域，罗伯特·豪斯和特伦斯·米切尔提出并完善了路径—目标理论。20世纪80年代世界经济迅猛发展，而日本的发展势头尤为强劲。在这种背景下，W·爱德华兹·戴明和约瑟夫·M·朱兰在日本本土潜心研究产品质量管理问题，成为质量管理学派的代表人物。与此同时，迈克尔·E·波特的《竞争战略》一书出版，有力推动了战略管理学派的发展和进步。

20世纪90年代以来，伴随着客户经济和知识经济时代的到来，管理思想在创新和整合中继续向前发展，涌现出了许多新的思想和理念。其中，比较有代表性的有迈克尔·哈默和詹姆斯·钱皮（又译为“钱匹”）的流程再造理论，吉姆·柯林斯的使命、核心价值观、愿景研究以及彼得·M·圣吉的学习型组织理论等。尤其需要提到的是，罗伯特·S·卡普兰和戴维·P·诺顿在各管理大师思想精髓的基础上，开创性地提出了著名的平衡计分卡理论。平衡计分卡既是一种良好的战略管理工具，又是一种有效的组织及个人绩效管理工具。由此，管理思想发展已呈现出融合与集成化的趋势。管理思想百年脉络参见图1—3。

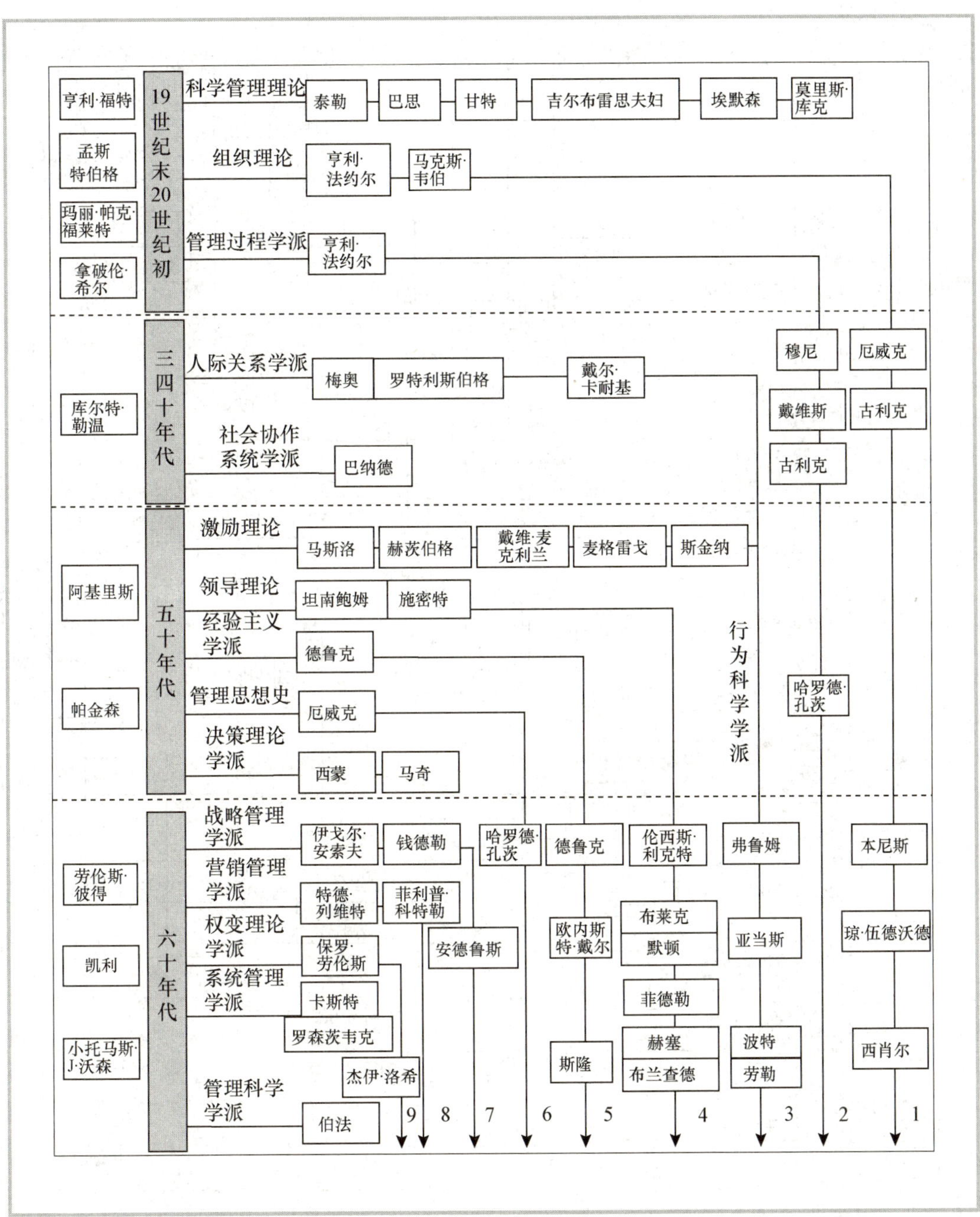
亨利·福特
孟斯特伯格
玛丽·帕克·福莱特
拿破伦·希尔
19世纪末20世纪初
科学管理理论
泰勒
巴思
甘特
吉尔布雷思夫妇
埃默森
莫里斯·库克
组织理论
亨利·法约尔
马克斯·韦伯
管理过程学派
亨利·法约尔
库尔特·勒温
三四十年代
人际关系学派
梅奥
罗特利斯伯格
戴尔·卡耐基
社会协作系统学派
巴纳德
穆尼
厄威克
戴维斯
古利克
古利克
阿基里斯
帕金森
五十年代
激励理论
马斯洛
赫茨伯格
戴维·麦克利兰
麦格雷戈
斯金纳
领导理论
坦南鲍姆
施密特
经验主义学派
德鲁克
管理思想史
厄威克
决策理论学派
西蒙
马奇
行为科学学派
哈罗德·孔茨
劳伦斯·彼得
凯利
小托马斯·J·沃森
六十年代
战略管理学派
伊戈尔·安索夫
钱德勒
营销管理学派
特德·列维特
菲利普·科特勒
权变理论学派
保罗·劳伦斯
系统管理学派
卡斯特
罗森茨韦克
杰伊·洛希
管理科学学派
伯法
安德鲁斯
哈罗德·孔茨
德鲁克
欧内斯特·戴尔
斯隆
伦西斯·利克特
布莱克
默顿
菲德勒
赫塞
布兰查德
弗鲁姆
亚当斯
波特
劳勒
本尼斯
琼·伍德沃德
西肖尔
9 8 7 6 5 4 3 2 1

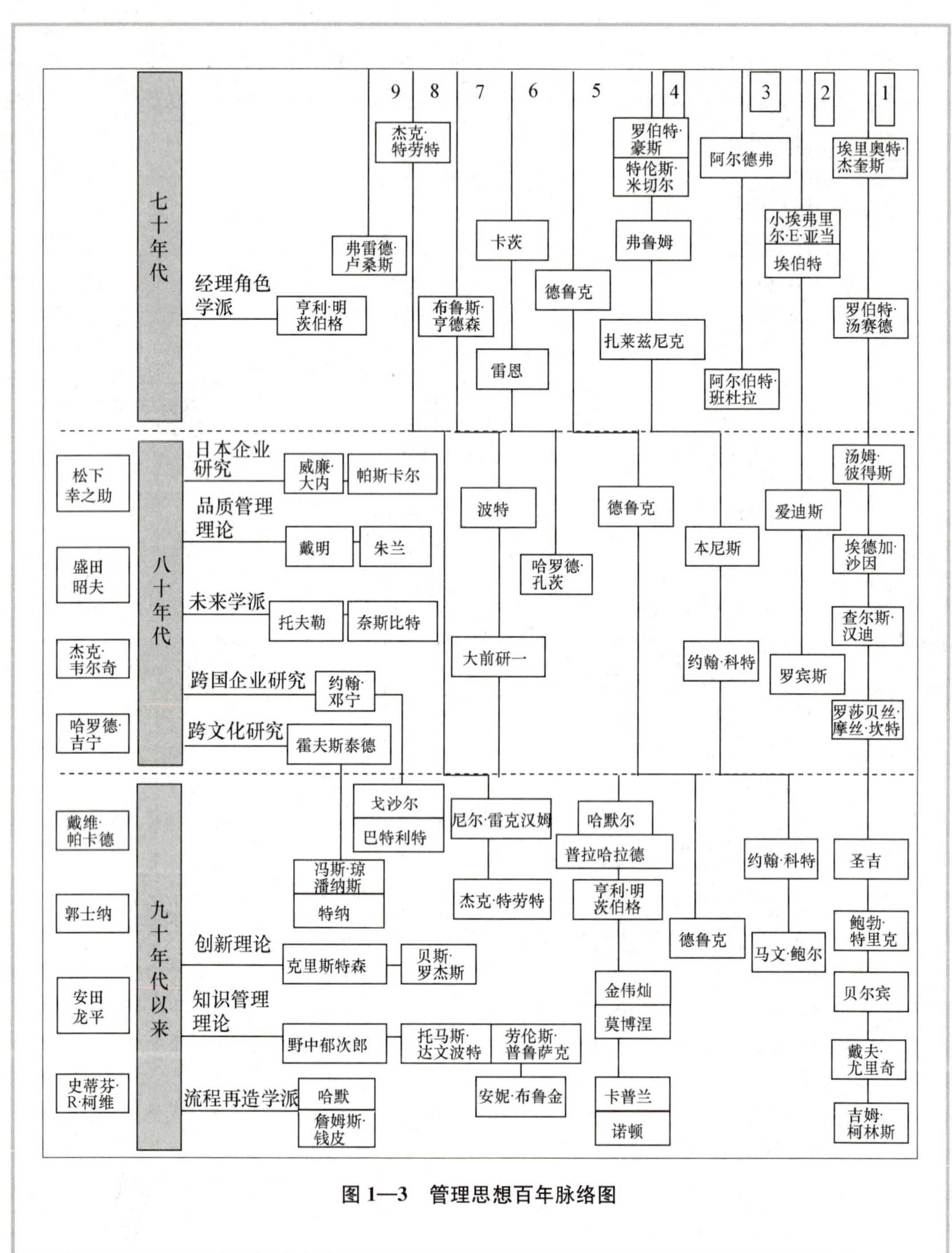

图 1—3 管理思想百年脉络图

为了更加清晰地描绘管理思想的发展，领悟管理思想史的精髓，本书重点选取了科学管理学派、行为科学学派、管理过程学派、社会协作系统学派、经验主义学派、决策理论学派、管理科学学派、权变理论学派、战略管理学派、流程再造学派以及组织理论和领导理论等构成管理思想史的框架，并将对其中每个学派最具代表性的重要管理学家、管理思想及其特点进行系统的阐释和介绍。

1.3.2 管理思想未来发展趋势

回顾管理思想的发展历程，面对当前管理理论发展的新动向，展望未来管理思想的发展，我们可以发现管理思想的演变将呈现出和谐与人本化、融合与多元化以及应变与创新化的趋势。

1. 和谐与人本化

注重和谐和倡导人本化，以促进人的全面发展为终极目标是管理思想发展的必然趋势。西方管理理论的发展在一定程度上就是对人性的认识过程，西方管理学每一次对人性认识的进步，都伴随着管理学理论的巨大进步和经济的快速发展。管理学经历了一个由"经济人"到"社会人"的变化过程。管理中"人"这一因素已经成为决定管理成败的决定性因素。随着当前中西方文化的日益交融，管理思想开始借鉴中国文化所推崇的圆满和谐，提倡组织内外的和谐一致。未来管理者将一改以往的"管理者"与"被管理者"对立的情形，将更好地认识员工、对待员工，实施人本管理，从东方管理的哲学中汲取管理的智慧，充分调动员工的积极性，创造一种高度和谐、友善、亲切的工作氛围，使员工自觉地把工作视为其人生发展的组成部分，从而达到员工和企业共同发展、共同获利的"双赢"效果。这一发展趋势既是客观社会历史条件对管理科学与实践的必然要求，也是人类自我认识不断深化、社会发展日趋合理进步的重要体现。

2. 融合与多元化

第二次世界大战以后，管理思想呈现出学派林立的特点，正如美国管理学家孔茨所言，"犹如雨后春笋，过于滋蔓，成了一片各种众说纷纭的乱局和盘根错节的热带丛林"。特别是从20世纪80年代的"追求卓越"、20世纪90年代的"流程再造"，直到20世纪末以来的"知识管理"和"创新管理"热潮，管理理论始终处于未出"丛林"又进"丛林"的繁荣状态。不难预测，随着社会经济和技术的持续高速发展，充满动态化和复杂性的管理环境将促进丰富多彩的管理思想和管理流派的快速形成，在学科高度分化的趋势下，管理思想也将不可避免地呈现多元化的发展趋势。与此同时，生产国际化和经济全球化也将促使不同管理思想的相互渗透与融合，尤其是注重集体取向和整体思维的东方管理思想与注重个体取向和系统思维的西方管理思想的相互融合，这种不同管理思想并存、融合的格局将有效地推动管理思想的发展和进步。

3. 应变与创新化

21世纪是多变的世纪，变化是永恒的真理。随着知识和技术的迅猛发展，社会环境将日趋复杂多变，市场竞争也将日益残酷激烈。如何跟上时代的步伐、迅速适应变化的内、外部环境，是今后管理思想与实践的一大难题。在优胜劣汰的竞争环境中，组织只有快速反应、快速应变才能生存。相应地，快速适应管理变革与管理实践的需要，也成为管理理论研究的新领域和管理思想发展的新趋势。与此同时，管理创新成为管理的主旋律。面对激烈的竞争环境，唯有创新才能确保组织出奇制胜、立于不败之地。创新不仅反映在管理内容的各方面，如战略、组织、制度、观念、市场等，而且渗透于整个管理的过程之中。可以说，创新是管理理论与时俱进的灵魂，也是管理实践不断进步的动力。创新与管理理论最新思潮融为一体，必将成为未来管理思想发展的一大趋势。

本章小结

管理的历史源远流长，管理思想的演变也经历了漫长的历史过程。管理思想史是从古至今有关管理的观点、见解、议论和理论的产生、发展、演变的历史，是管理实践经验的概括和系统化。从学科的角度说，管理思想史是研究和揭示人类管理思想的产生、发展和演变的历史过程及其规律的科学。管理思想史的研究对象，既包括管理实践，也包括管理思想和管理理论及其辩证关系等。管理思想史的基本研究视角可以概括为：将各种管理思想放入相应的时间序列、研究领域和研究方法中，以理清各种管理思想产生、形成和发展的环境条件、主要过程和历史地位，进而揭示管理科学发展变化的基本规律。百年来，管理学发展史上大师辈出，他们见仁见智，为管理思想的发展和完善作出了巨大的贡献。学习与研究管理思想史，可以传承和发展管理思想，引领和指导管理实践，弘扬和培育管理文化，以及开发和提高管理素质。总体而言，未来管理思想的发展将呈现出和谐与人本化、融合与多元化、应变与创新化等趋势。

关键术语

管理（management）

管理思想史（history of management thoughts）

复习思考题

1. 管理的内涵是什么？管理有哪些职能？
2. 管理思想史的研究对象与研究视角是什么？
3. 管理思想百年发展脉络是什么？

第2章

科学管理学派

科学管理学派的产生在管理思想史发展过程中具有里程碑意义，1911年，弗雷德里克·W·泰勒的《科学管理原理》的问世，标志着管理由漫长的经验管理阶段进入了科学管理阶段。科学管理使人们从以往凭借主观经验和个人直觉进行管理实践和探索的管理方式，发展成为排除个人主观臆断，强调对工作动作、方法和程序进行调查和研究，以客观原则为依据的科学管理方式。这个日后被世人所广泛理解、认可和传播的管理理论和思想对管理学的发展和进步产生了巨大的推动力。

科学管理产生于19世纪末20世纪初的美国，当时美国资本主义经济发展迅速，市场竞争日趋激烈，周期性经济危机频繁发生，企业的生存和发展面临着严峻的挑战；为了赚取更多的利润，企业的规模不断扩大，但企业的经营方式和管理方法却相对落后，企业管理主要依靠资本家和管理者的个人经验和主观判断来进行，这导致了工人的劳动生产率低下、劳动积极性受挫等问题，而企业管理者通过延长劳动时间和加大劳动强度来提高产量的管理方式，也激起了工人的强烈不满，劳资对立日益激化。在这一大环境下，美国企业的资本家、工程师和管理者开始积极寻求和采用先进的管理技术和方法，希望通过实验的方式来寻求能够全面、大幅度地提高工人个人工作效率和工厂劳动生产率的管理方法和管理标准，这使得科学管理成为社会经济发展的必然需求，科学管理应运而生。

科学管理作为管理思想上的一次大综合，它集中体现了巴贝奇的作业研究、亨利·汤尼的收益分配、杰文斯的劳动强度和疲劳问题等研究成果。英国著名的管理学家林德尔·F·厄威克评价说：“泰勒所做的工作并不是发明某种全新的东西，而是把整个19世纪在英、美两国产生、发展起来的东西加以综合而形成的一整套的思想。他使一系列无条理的首创事物和实验有了一个哲学的体系，称之为科学管理。”泰勒的拥护者、追随者和实践者，包括卡尔·G·巴思、亨利·L·甘特、吉尔布雷思夫妇、哈林顿·埃默森、莫里斯·库克等科学管理学派的典型代表人物，他们在传播科学管理的过程中从不同的侧面不断地补充和完善了科学管理的思想体系，使科学管理理论得以日趋成熟和系统化，为科学管理学派的建立与发展作出了重要贡献。

2.1 弗雷德里克·W·泰勒（Frederick W. Taylor）

在管理思想史上，美国的弗雷德里克·W·泰勒（1856—1915）无疑是一位举足轻重的人物。他集前人的实践经验和管理思想之大成，第一次深入、系统地把科学方法引入管理实践领域，创立了系统化的科学管理学派，并首开西方管理理论研究之先河，使管理成为一门真正意义上的科学。泰勒以其对管理理论与实践的杰出贡献，被管理学界公认为是"科学管理之父"。

泰勒在其管理生涯中，十分注重将理论知识运用于管理实践当中，坚持不懈地在工厂进行实地实验，其中最著名的三个实验是搬运铁块实验、铁砂和煤炭的铲掘实验以及金属切削实验。泰勒通过科学实验来系统分析和研究工人的操作方法和作业所花费的时间，即动作研究和时间研究，并将这些实验成果逐步改进发展，促使管理走向科学化，最终形成了科学管理理论体系。与此同时，泰勒还非常重视将其思想和理念集结成书，使之得以传播和推广，其中的代表作有：1895 年的《计件工资制》、1903 年的《工厂管理》以及 1911 年的《科学管理原理》。概括而言，泰勒的科学管理思想主要包括以下内容：

2.1.1 科学管理四项原则

泰勒科学管理的根本目的是谋求最高的工作效率，而效率的提高则是雇主和雇员达到共同富裕的基础。要达成工作效率最大化，最重要的手段是用科学化、标准化的管理模式代替传统的经验管理模式。因此，泰勒提出了科学管理的四项原则。

第一，通过实验研究，形成一门真正的科学来代替过去单靠工人经验得来的知识与方法。

第二，科学地挑选工人，并对他们进行培训、教育进而使之成长，而不是像过去那样由工人自己挑选工作，并各尽其能地进行自我培训。

第三，与工人们亲密友好地合作，以确保每项工作都能遵循既定的科学原则行事。

第四，管理者与工人在工作和职责的划分上应该是几乎对等的，管理者应该承担起那些自己比工人更胜任的工作；而在过去，几乎所有的工作和大部分责任都被推到了工人的身上。

2.1.2 作业管理

作业管理在泰勒的科学管理思想中占据了非常重要的地位，作业管理同样具有四项原则：高的日作业定额；标准的作业条件；对完成作业的工人，提高工资率付给报酬；对未完成作业的工人，按低工资率支付报酬。其中前两条属于标准化管理，而后两条则属于激励性的计件工资制度。

1. 标准化管理

标准的日工作量是针对当时作业方法不当、纪律松弛及有组织的怠工等弊病而提出来的，这个标准的工作定额是指所有工人经过训练和努力后，在不损害其健康的情况下能够达到并能够长期坚持下去的日工作量。为了实现这一目标，必须具备两个方面的条件：挑选第一流的工人和标准化的作业条件。泰勒认为，培训工人成为“第一流的工人”是管理者的职责。“……在新制度下，如果一个工人没有干好，总是假定首先是我们管理人员的过错，可能是我们没有正确地教会这个工人，没有给他做出榜样，没有花费足够的时间教会他怎样干他的工作。”因此，企业管理者的责任在于为工人安排最合适的工作，培训他们成为一流的工人，并激励他们尽最大的努力来工作。此外，所谓标准化的作业条件包括：使工人掌握标准化的操作方法，使用标准化的工具、机器和材料，劳动与休息时间的合理搭配，使作业环境布置标准化等。

2. 差别计件工资制

泰勒的差别计件工资制包含三点内容：第一，管理者通过工时研究和分析，制定出一个定额或标准。由定额制定部门来设计各种工作，并把工作分解为各项要素，为每一要素制定出定额，从而使得工作定额的制定从以主观估计和经验为基础转变为以科学为基础。第二，采用差别计件工资制的刺激性付酬制度，即按照工人是否完成其定额而采取不同的工资率。如果工人没有完成定额，全部工资均按“低”工资率付给（正常工资的 80%），如工人超过定额，全部工资均按“高”工资率付给（正常工资的 125%），以此来鼓励工人完成或超过定额。第三，工资支付的对象是工人而不是职位，即根据工人的实际工作表现，而不是按工作类别来支付工资。这种计件工资制能够大大地促使工人提高劳动生产率。

2.1.3　职能化管理和例外原则

1. 职能化管理

为了提高生产效率，泰勒主张实行职能化管理：一是把计划职能与执行职能分开，变经验工作法为科学工作法。二是实行职能工长制。泰勒认为，单凭工人自己的经验无法找到科学的工作方法，他们没有时间和条件去从事这方面的实验与研究，因此必须将计划职能与执行职能分开。由管理者来承担计划职能，负责进行时间和动作研究、制定工作定额和标准、选用标准工具和采用科学的工作方法，而工人只需要履行执行职能，按照计划部门制定的操作方法进行实际操作即可。

为了提高工作效率，泰勒提出了“职能工长制”的车间管理方法。他设计出八个职能工长，来共同承担原来一个工长的工作职责。在八个职能工长中，工作命令工长、工时成本工长、工作程序工长和纪律工长负责计划，工作分派工长、速度工长、修理工长和检验工长则负责执行。在职责范围内，每个工长都可以直接向工人发布命令。在这种情况下，工人不再只听一个工长的指挥，而是每天从八个不同的工长那里接受指示和帮助。

职能工长制是根据工人的具体操作过程对劳动分工进行进一步的细化而形成的。泰勒认为职能工长制有三个优点：(1) 对管理者（职能工长）的培养只需花费较少的时间，而且容易找到所需人才；(2) 管理者职责明确，可以提高效率；(3) 由于作业计划已由计划部门拟订，并且工具和操作都已标准化，车间现场的职能工长只需进行指挥和监督，因此低工资的工人也可以从事比较繁杂的工作，从而降低整个企业的生产费用。但是，泰勒职能工长制的设想并没有得以广泛推广，受到了许多管理专家的批评，其主要原因在于如果工人同时接受几个职能工长的多头指挥，将势必引起管理混乱和冲突。尽管如此，泰勒职能工长制的思想为日后在企业中建立职能部门和实行专业化管理作出了有益的探索。

2. 例外原则

泰勒认为，规模较大的企业不能只依据职能原则来组织和管理，还必须应用例外原则。所谓例外原则，是指企业的高级管理人员把一般的日常事务授权给下级管理人员去处理，自己只保留例外事项（即重要事项）的决策与监督权。泰勒所提出的这种以例外原则为依据的管控方式，后来发展演变为授权原则、分权化原则等管理原则和事业部制等管理体制。

2.1.4 精神革命

美国管理学大师彼得·F·德鲁克曾说过："科学管理是一种关于工人和工作系统的哲学。"科学管理不仅仅是将科学化、标准化引入管理当中，其更实质的内涵是倡导了一场"精神革命"，即管理者和员工双方变互相指责、怀疑、对抗为相互信任和合作，共同为提高劳动生产率而不懈努力。与以往认为管理者和员工的根本利益是对立的假设不同，科学管理认为劳资双方的利益是一致的。对于管理者而言，追求的不仅是利润，更重要的是事业的发展，而事业的发展能够促使管理者和员工紧密联系在一起。这不仅会给员工带来较丰厚的收入，而且更能充分地发挥其个人潜质，满足员工个人自我实现的需要。只有管理者和员工双方互相协作，才会达到更高的绩效水平。因此，这种合作的观念成为双方进行"精神革命"并达到协作与共赢的基础。正如1912年泰勒在美国众议院特别委员会听证会上所作的证词中强调的，科学管理是一场重要的精神革命，每个人都要对工作、对同事建立起责任观念；每个人都要有很强的敬业心和事业心，管理者和员工都应该把注意力从利润分配转移到增加利润总量上来，共同"将蛋糕做大"。

2.1.5 思想点评

泰勒的科学管理理论突破了凭借经验进行管理的局限性视角，首次提出要以高效率、高效益的科学管理来取代传统小作坊式的经验管理，使人们认识到在管理上引进科学研究方法的重要性和必要性，开辟了管理学的新纪元。泰勒的科学管理思想非常重视制度的作用，强调用制度和原则来规范人、约束人和激励人，这对于当今企业组织的构建、制度规范的设定等都具有重大意义。同时，泰勒所强调的精神革命，转变关注分配为关注生产、强化共同利益的思想也极具开创性，在调整劳资关系，营造和谐生产气氛方面发挥了重要作用。

然而，由于泰勒的科学管理只是起源于工厂现场作业实验，因此存在过于重视技术、强调个别作业效率、忽视企业整体功能等历史局限性。泰勒单纯从"经济人"假设出发，认为企业家的目的只是为了获得最大限度的利润，而工人只是为了获得最大限度的工资收入，将员工看成进行一定生产作业的生产工具，忽视了人的社会性和动机的多样性。此外，他过分主张通过管理者和工人的职能分工来建立劳资双方的协调关系，而实际上这种分工对工人的社会地位和经济谈判地位会带来极其不利的影响。这些都是科学管理理论后来遭受多方抵触的重要原因。

2.2 卡尔·G·巴思（Carl G. Barth）

卡尔·G·巴思（1860—1939）是一名卓越的数学家和工程师，在整个科学管理运动时期，在机械工程、机器制造及其相关领域都作出了巨大贡献。他极大地简化了用于金属切割法的数学公式，成功地推动了科学管理运动的发展。巴思在伯利恒钢铁公司开始和泰勒一起工作，承担的第一项任务就是帮助泰勒解决送料速度问题。泰勒对巴思在解决金属切削变数和复杂问题时表现出的“数学天分”极为赞赏。

1920 年，巴思由于在推广泰勒制上的不懈努力和卓越贡献，被推选为泰勒协会的荣誉会员，而在泰勒协会的历史上，膺选荣誉会员殊荣的，只有泰勒本人、巴思与查特利尔三人。巴思因为被称为泰勒先生最正统的门徒而感到极为自豪，他深刻地理解与不遗余力地贯彻科学管理体制，拒绝对泰勒的管理规则作任何改变，是泰勒的嫡传弟子之一，也是为数不多的与泰勒并肩工作到最后的人之一。

2.2.1 巴思计算尺

泰勒和他的早期伙伴一直被以下两个机械数学问题所困扰：(1) 如何预先设定车床或类似机械的运转和送料速度才能有最大功效，同时又能经济地使用切割工具，以指定的深度来切除已知半径和硬度的工件。(2) 怎样才能使得解决以上问题的时间不会因为机器运转时间太短而受到影响。巴思作为泰勒原则和思想最忠实的拥护者，通过研究开发出的计算尺成功地解决了上述问题。

巴思计算尺由一个固定的主体、数个可调节的滑片和一些可互换的部件组成，那些可互换的部件中集成了机器的特殊结构和性质。巴思计算尺的目的是在考虑设备能力和机器功率的基础上，选择合理的运转和送料速度组合以在最短时间内切除大部分的金属。在金属的切削上，巴思计算尺发挥了重要的作用，只要知道机器的马力和所用的切削工具，利用计算尺和公式表就可以很快地决定进刀和切削的速度。与当时流行的机械实践相比，这种改进的计算尺可以极大地提高机械运转和送料速度，有效提高生产效率。

2.2.2 巴思与科学管理运动

巴思曾帮助泰勒进行工时研究和疲劳研究，并在工厂推行泰勒制。他善于设计帮助工厂推行泰勒制的具体流程和实际操作程序。1903 年，当一些优秀管理人员还不善于应用泰勒制时，泰勒就极力推荐巴思来帮助其实施和推广泰勒制。他曾帮助乔治·巴布科克在富兰克林汽车公司应用科学管理。当时，富兰克林汽车公司根据销售预测来决定生产汽车的型号、时间和产量，大约每月生产出 100 辆汽车。由于那时还没有流水线，各个零部件都要运送到特定的工区等待装配，过高的生产成本和劳工流动率（425%），使得富兰克林公司几乎无利可图。当巴思在富兰克林汽车公司推行了科学管理以后，该公司每天生产汽车 45 辆，工人工资提高了 90%，劳工流动率也下降到 50%以下，公司逐渐开始盈利。

2.2.3 思想点评

巴思对管理思想的贡献在于他忠实地实践泰勒的科学管理方法，在效率主义的传播和实践过程中发挥了重要的作用。当1908年哈佛成立工商管理学院时，巴思尽自己所能说服学院院长，把泰勒制作为了现代管理的重要标准。但是，巴思非常固执地坚持泰勒制，反对泰勒科学管理方法的任何改变，而不论这种改变是对其的完善还是扭曲。他甚至认为，只有像他这样直接同泰勒一道工作的人，才真正了解泰勒制的真谛，才是泰勒的“嫡系追随者”。有幸的是，在泰勒的门徒中，既有拘谨的巴思，又有开放的甘特。这个群体中的其他人，和巴思的工作形成了明显的互补，合理地强化了科学管理的实践性与创造性。

2.3 亨利·L·甘特（Henry L. Gantt）

亨利·L·甘特（1861—1919）是泰勒创立和推广科学管理制度的亲密合作者，是科学管理运动的代表人物之一。甘特发明了甘特图，即生产计划进度图，是当时计划和控制生产的有效工具；提出了“计件奖励工资制”，即除了按日支付有保证的工资外，超额部分给予奖励，而对于完不成定额的员工，则仍可获得原定的日工资，这种制度弥补了泰勒差别计件工资制的不足；同时，甘特非常重视管理中人的因素，强调“工业民主”和积极改进领导方式，这对后来的人际关系理论产生了巨大影响。

2.3.1 甘特图

甘特为管理学界所熟知的是他发明的甘特图。甘特图发明于1917年，又称“线条式进度表”，是表示工作计划和进度的一种图示方法，至今仍被许多国家所采用。

甘特早期绘制图表仅为了说明工人的任务完成情况，即每天将每个工人是否达到标准和获得奖金的情况记录下来，达到标准的用黑色加以标明，未达到标准的用红色加以标明。这张图表对管理部门和工人都非常有帮助，每个人都可以从图表上越来越长的黑色线条上看到生产的进展情况。由于这种绘图方法有效地提高了工作效率，甘特便进一步扩大了其使用范围，创造性地在图表上增加了许多内容，包括每日生产量的对比、成本控制、每台机器的工作量、每个工人的工作量及其与原估计情况的对比、闲置机器的费用等，从而使这种图表发展成为实用价值极高的管理工具。

甘特认为，工作控制中的关键因素是时间，时间应当成为任何计划制定的重要基础，而解决时间安排问题的有效办法，就是绘出一张标明计划和控制工作的线条图。甘特图的实质就是表明如何通过各种活动来恰当地安排工作的程序和时间，以有效完成该项工作。管理学界有人认为，甘特用图表来帮助管理者进行计划与控制的方法是当时管理技术上的一次革命。有了它，管理部门就可以从一张事先准备好的图表上，监控到计划执行的进展情况，并可以采取相应的行动促使计划能够得以按时完成。甘特咨询公司的一名成员华莱士·克拉克针对这种图表管理法专门写了一本书，即《甘特图表：管理的一个行之有效的工具》。这本书后来被翻译成多种文字，并在世界范围内产生了广泛的影响，以至于后来所有控制生产的图表几乎都从甘特最初的工作中得到了启发。现代网络技术中的关键线路法和计划评审技术的基本思想也源于甘特图，仍以计划和控制时间与成本的原则为基础。

2.3.2　计件奖励工资制

在企业管理方面，甘特提出的奖励工资制具有重要的影响，人们一般称之为“任务加奖金制”。甘特在他的《工作、工资和利润》一书中，详细论述了任务加奖金制的设想。根据这一设想，如果工人在规定时间内完成规定定额，就可以拿到规定报酬，并另加一定奖金（如 50 美分）；反之，若在规定时间内完不成定额，则不能拿到奖金。如果工人提前完成工作定额，则按时间比例可以另加奖金。另外，如果每个工人都达到了定额标准，其工长也可以拿到一定比例的奖金；一名工长领导下的工人完成定额的人数越多，工长的奖金比例就越高。假如一个工长领导 10 名工人，其中有 5 人能够完成定额，则工长拿 0.05×5＝0.25 美元的奖金；如果有 9 人完成定额，则工长拿 0.1×9＝0.9 美元奖金。甘特所设计的这种奖金制度，对于工人来说形成了基本工资保证，对于工长来说矫正了他们的管理方式。过去，工长与工人处于对立状态，而甘特的计件奖励工资制第一次把管理者培训工人的职责和工长的利益结合了起来，使工长由原来的监工变成了工人的老师和帮助者，将关心生产转变成关心工人。按照甘特自己的说法，工长奖金的目的就是“使能力差的工人达到标准，并使工长把精力放在最需要的地方和人身上”。这是第一次有记载的试图将帮助工人学会正确的工作方法同工长的经济利益有效结合起来的实际行动，这一点使甘特的著作成为早期人类行为思想的一个里程碑。

甘特的工资制度与泰勒的不同之处在于：泰勒所主张的计件制是纯经济刺激方式，一个工人的所得完全凭他一天的产量，而没有日工资的保障，如果一个工人的产量超过定额产量，他所生产的每一件产品的计件工价都将增加；甘特则认为除金钱因素以外，工作安全感本身就是一种强有力的刺激，他基于日工资保障的奖励工资制就体现了这种信念。甘特提出这一制度是建立在这样一种假设之上的：“如果世界上财富的数量是固定的，那么争夺占有财富的斗争必然会引起对抗，但是，由于财富的数量是不固定的，而且是不断增加的，因此一个人富起来不一定意味着另一个人就得穷下去；情况很可能正好相反，尤其是当第一个人是财富的生产者时。”但是，“只要有一方——不管是双方中的哪一方——企图尽量获得所有的新财富而不顾另一方的权利时，那么冲突就会发生”。甘特认为，泰勒的办法促进了管理者与工人之间的合作，但却不能促进和激励工人与工人之间的合作。

2.3.3　加强工人培训以养成“工业的习惯”和重视改进领导方式

甘特强调，工业教育要形成一种“工业的习惯”。这种习惯的内容就是勤劳与合作，必须向工人传授的习惯是“迅速和尽最大的努力去完成要他完成的工作”。形成这种“工业的习惯”能够使管理者与工人同时受益，确保管理者利润的提高、工人工资的增加和工作士气的提升，而员工的工作积极性和工作士气则是管理者和员工之间建立互信和协作的重要基础。

早在第一次世界大战末期，甘特就注意到了“工业民主”和管理科学人性化的问题。他提出了工业社会中机会均等的观点，并强调在科学管理的基础上管理者同工人利益的一致性。甘特认为，企业目标与员工心理上的需求是否一致，是关系到人的积极性和工作效率的一个重要方面。当企业目标与员工需求一致时，员工就会在工作中积极主动、富有创造性。甘特说：“我们做任何事情都必须符合人性。我们不能强迫人们干活，我们必须指导他们的发展。”“过去的政策总是强迫，但是压力的时代必须让位于知识的时代，今后的政策将是教育和引导，将有利于一切有关的人。”

1915 年，甘特在一次名为“工业领导”的著名演讲中，号召人们更多地重视管理中人的因素，并要人们认识到金钱刺激并不是激励人们努力工作的全部因素，它只是影响工作动机的诸多因素之一。作为管理者，除了要重视经济因素外，还要更多地关注其他相关因素。甘特同本章第 5 节将要提到的哈林顿·埃默森一样，认为企业管理不仅应该从企业管理的实践中，更应该从历史悠久的军队和政府的管理中选取有价值的案例进行研究，以便有效地改进企业管理者的领导方式，形成一种员工愿意接受的有效领导方式。

2.3.4 思想点评

甘特发明了用于有效计划与监控的甘特图，指出金钱刺激只是影响工人工作动机的因素之一，强调在管理中重视人的因素。与泰勒相比，甘特处理问题的方式要渐进或温和得多。因此，甘特也被称为“工业和平的使徒”。有些管理学家则认为，甘特的这些思想是早期关于人类行为认识的重要里程碑。因此，在某种程度上，甘特也可以称得上是人际关系理论的先驱者。在甘特去世后，其思想的价值日益显现。1929 年，美国机械工程师协会和美国管理协会设立了甘特金质奖章，并把第一枚金质奖章追授给已故的甘特本人。

2.4 弗兰克·B·吉尔布雷思（Frank B. Gilbreth）莉莲·莫勒·吉尔布雷思（Lillian Moller Gilbreth）

弗兰克·B·吉尔布雷思（1868—1924）是科学管理运动的创始人之一，泰勒的亲密合作者。由于其在动作研究方面有出色的研究，被公认为“动作研究之父”。莉莲·莫勒·吉尔布雷思（1878—1972）是弗兰克·B·吉尔布雷思的夫人，是一位非常了不起的女性，除了在丈夫的研究中起着重要作用外，还在抚养 12 个孩子的繁忙家务劳动之余，潜心于管理心理学的研究，撰写了著作《管理心理学》，并于 1915 年获得布朗大学的博士学位，成为美国第一位获得心理学博士学位的女性，被称为“管理学第一夫人”。1921 年，莉莲成为美国机械工程师协会的第一位女性会员，1935 年成为普渡大学工程学院的第一位女性管理学教授。在 1938 年评选的“有行使美国总统权力才能”的 12 位女性中，莉莲榜上有名。吉尔布雷思夫妇先后荣获 1943 年的甘特金质奖章和 1954 年的国际科学管理委员会（CIOS）金质奖章，而莉莲是至今世界上同时获得这两个奖项的唯一女性。吉尔布雷思夫妇的主要代表作有 1911 年出版的《动作研究》和 1916 年出版的《疲劳研究》。

2.4.1　动作研究和动作经济原则

动作研究是提高操作者工作效率的一种有效方法，主要用来研究和确定完成一项特定任务的最佳动作个数及其组合方式。动作研究的目的在于消除不必要的、无效的动作，从而找出一种最好的操作方法。

吉尔布雷思夫妇在动作研究中主要采用观察、记录及分析的方法。研究的第一步是把动作进行分解，如把“拿工具”这一动作分解成 17 个基本动作，后来美国机械工程师协会将其整理为 18 项，包括寻找、找到、选择、抓取、夹持、移物、定位、装配、使用、拆卸、检验、预定位、放置、运移、休息、不可避免的耽搁、可避免的耽搁和计划，弗兰克把这些基本动作定义为动素，动素是不可再分的，每一个动素称为一个“therblig”。“therblig”是弗兰克的姓，即“Gilbreth”的倒序排列，只是“th”这两个字母次序不变。为了获得进一步的研究资料，弗兰克使用当时刚刚出现的电影摄影技术进行动作摄影，放映后研究分析哪些动作是不必要的并加以排除。他还为此专门设计了一种精确到 1/2 000 秒的“微动计算器”，将其置于拍摄的现场，用来测定工作所需时间的长短。这为日后的动作研究开辟了新的道路，现代体育竞技中的动作研究基本来源于此。

吉尔布雷思夫妇利用上述工具和技术对工人的操作进行了深入的分析和研究，剔除不必要的无效动作，合并一些可以合并的动作，最终把各种最有效的动作基本元素整合成为一套最经济的动作组合，这就是所谓的“动作经济原则”。动作经济原则作为吉尔布雷思夫妇研究中最为重要的发明和贡献，主要分为三大类内容：一是人体运用的原则，包括双手应同时开始、双臂的动作应对称等；二是操作场所布置的原则，包括工具应放置在固定位置，工具材料等装置应布置在操作者的前方就近处，工作台及坐椅的高度应使工作者坐立适宜等；三是工具设备的原则，包括尽量解除手的工作而以夹具或脚踏工具代替，工具材料要尽可能预先放置在工作位置上等。

具体而言，以上三类原则可归纳为四项要求：第一，两手应尽量同时使用并取对称反向路线；第二，动作单元要尽量减少；第三，动作距离要尽量缩短；第四，尽量使工作舒适化。根据动作经济原则，吉尔布雷思夫妇将砌砖的动作由原来的 18 个动作减少到 4.5 个，砌内墙的动作由原来的 18 个减少到 2 个；一个砌砖工每小时的砌砖数由过去的 120 块提高到 350 块，工作效率提高了 191%。动作经济原则在工人实际工作中的应用和推广，极大促进了工人工作效率的快速提高。

2.4.2　疲劳研究

疲劳研究与动作研究紧密相连，是动作研究的继续和延展。动作研究消除了不必要的多余动作，减轻了工人的疲劳。为了进一步使工人减少疲劳、增加产量，吉尔布雷思夫妇共同研究出一种合理搭配工作和休息时间、恰当布置环境的方法。他们合著并出版于 1916 年的《疲劳研究》一书对此进行了详细的阐述和探讨。

进行疲劳研究首先要分清两种不同的疲劳：一种是由必要动作产生的疲劳，这是不可避免的，但可以通过改善工作环境和条件来降低疲劳度；另一种疲劳是由不必要的动作产生的，这种疲劳可以通过消除不必要的劳动来消除。相应地，减少疲劳的方法也有两种：

第一是基础的、常识性的方法。这主要包括：缩短工作时间；使休息时间更有效，如提供带搁脚凳的靠背椅；改进福利设施，改善工作条件；保证工作的安全性；合理地安排工作地点和工具的摆放等。第二是科学实验的方法。这种实验分成两个阶段：第一阶段是通过动作研究，找出最佳的操作方法并使之标准化；第二阶段是进行时间测定，借以找出一种最佳的工作与休息的时间组合。这种最佳时间组合的理想标准是：工人的健康状况有所好转；工人的技术水平和劳动效率有所提高；工人的工作态度有所改善。

2.4.3 强调制度管理

吉尔布雷思夫妇认为做任何工作都有一种最好的管理方法，并把这些方法系统化为一套规范的制度来遵守执行。如果制度有不妥的地方，可以及时地反映和修改，但在修改之前仍须坚持执行，不得自行其是。他们提出了一种强调管理制度的方法，叫做现场制度。其主要内容包括：(1) 拟订承包合同的一般格式；(2) 强调在保证质量的前提下加快工作进度，并把工作分成若干等份，在各组之间开展“体育竞赛”；(3) 制定出 34 条一般规则，如其中的第 16 条规则是“不得不必要地打扰办事处”；(4) 规范有关建议和报告的规定，如对建议被采纳者予以奖励；(5) 保证工人和学徒在任何气候条件下每分钟都有工作可做的规定；(6) 关于拍摄和利用照片作为永久记录的详细规定；(7) 建立一种白卡制度，记载成绩优异的工人，并确保其在升迁或调动时享有优先权。

此外，他们还拟订了“混凝土制度”和“砌砖制度”等。在“混凝土制度”中包括一般规则、混凝土的搅拌和运输规则等，其中仅混凝土搅拌就有 231 条规则。“砌砖制度”中则包括了学徒培训、管理方法、脚手架、砖的搬运以及砌砖的动作细节等内容。

2.4.4 探讨工作、工人和环境之间的相互影响

吉尔布雷思夫妇认识到，工人本身和环境条件都会影响到工作的进度：工人本身可能对工作成绩产生影响的因素主要有 15 项，包括骨骼、肌肉、满足程度、信仰、赚钱能力、经验、疲劳、习惯、健康状况、生活方式、营养状况、体格大小、技术水平、脾气、训练程度；环境方面影响工作成绩的因素主要有 14 项，即器械、衣服、颜色、文娱、供热、照明、材料质量、赏罚、所移物件的大小、所移物件的轻重、减轻疲劳的特别措施、周围条件、工具和工会规则。

2.4.5 重视管理人员发展计划和企业中人的因素

吉尔布雷思夫妇特别重视管理人员的培训与发展，1916 年，他们向《美国政治和社会科学年刊》提交了一篇题为《提升管理人员的三点计划》的论文。他们立论的出发点是：“如果一个组织只关心整个组织的利益而不关心组织成员的利益，就不能保有其成员。”他们重点阐明了以下三点：(1) 吸引有意愿加入本组织的人的必要性；(2) 保持恰当安排和提升本组织已有员工的必要性；(3) 以上两种必要性的相互依存性。他们还拟订了具体的计划来实现员工的培训和提升，并设计了“个人提升图表”、“提升机会表”及定期讨论会等，这些想法和措施到 20 世纪 50 年代发展成为管理人员培训提升的重要措施。此外，他们还非常重视企业中人的因素，把经济学、管理学、社会学、生理学、教育学等

学科的有关知识加以整合和利用来改进、提高员工的能力，以便其能够更好地工作和有效提高工作效率。

2.4.6　思想点评

吉尔布雷思夫妇的结合是管理思想发展史上的一件幸事。他们应用当时先进的科学技术和方法，开拓性地进行了动作研究、疲劳研究与制度管理研究，提出了应该重视管理人员发展计划和企业中人的因素，并对自己所信奉的管理理念身体力行，将研究方法和研究成果推广到具体的实际工作中，对管理思想的发展和进步作出了极其重要的贡献。英国管理学家厄威克曾指出，吉尔布雷思夫妇的突出贡献是把管理学发展成为一门以人为中心的社会科学。在某种程度上，他们的研究对以后的行为科学也产生了深远的影响。

2.5　哈林顿·埃默森（Harrington Emerson）

哈林顿·埃默森（1853—1931），被管理学家雷恩称为“为发展中的美国找到节省时间和开支方法的新型‘效率工程师’的代表人物”。在埃默森一生的研究中，最有成效的是有关效率问题的研究。1910 年，埃默森作为专家在美国州际商务委员会的听证会上，就美国东部铁路公司运费率案出庭作证。他宣称铁路公司每年在劳动力和材料方面的浪费高达 3 亿美元，只要采用泰勒的科学管理方法，每天就可以节省 100 万美元，所以没必要提高运费率。埃默森的这些话震惊了美国的工商业界，科学管理成为报纸的头条新闻，变得家喻户晓，埃默森为科学管理的推广和传播发挥了积极的作用。

2.5.1　直线—参谋组织形式

埃默森主张采用一种直线组织和参谋组织相结合的组织形式，即每一个企业设立一位“总参谋长”和四个参谋小组。第一组负责研究有关员工人事与福利的问题；第二组负责研究有关组织结构、机器、工具、设备等问题；第三组负责研究材料的采购、贮存、分发和搬运等问题；第四组负责研究有关标准、记录、会计及方法等问题。参谋组织的专业人员在对各项问题作详尽研究的基础上，向直线管理人员提供建议和对策，但不负责承担执行和完成具体作业的任务，而由直线管理人员对员工进行统一指挥和发布命令，从而保证既能发挥职能人员专业知识的长处，又不会破坏统一指挥的原则。

埃默森的直线—参谋制和泰勒的职能工长制不同，它可以避免数个职能工长同时指挥同一名工人所产生的多头领导的弊端，保证组织中的统一领导；同时，又能够充分发挥参谋人员的专业特长，实现管理的专业化。直线—参谋制将直线组织中的指挥统一与参谋组织中的职能单一有机结合，成为现代组织中“直线—职能制”的重要原型。

2.5.2　提高效率的 12 项原则

对效率问题的研究是埃默森一生中最有成效的研究，他因此被称为“效率的传教士”。1912 年，他出版了《效率的 12 项原则》一书，积极宣传效率观念。概括而言，这 12 项原则的主要内容如下：

（1）制定明确的目标，使组织成员理解其所要达到的共同目标，以减少组织内部的冲突和避免职责不清等问题。

（2）常识。管理者应具备追求知识并积极征求多方意见的常识，从而可以从更为广阔的角度看待问题。其本质上是在强调管理者对知识和能力的追求，重视管理者的职业追求和敬业精神。

（3）向有能力的人（参谋与顾问）请教。要建立一支有能力、能够胜任工作并高度专业化的参谋咨询队伍；采取集体讨论的形式进行协商，以便能够产生更为有效的决策和建议。

（4）纪律。这是实现其他 11 项原则的重要基础，纪律可以确保组织成为一个系统的整体，而不是处于散漫的无组织状态。

（5）公平地处理各项事务。对待工人要有建立公正、平等的制度的能力，而要建立这样的制度，其基础在于认识到工厂与工人之间的关系是一种互利关系，而不只是单纯的恩赐关系或利他关系。

（6）对各项工作要有可靠、及时、准确和持久的原始记录。尽可能利用文件和档案资料，作为管理和决策的依据。

（7）实行有效的调度，对生产进行统一的安排和控制，使各部门的工作服从整体的要求，从而在最短的时间内圆满完成任务。

（8）制定工作标准和工作进度表，以确定标准的工作时间、工作方法、工作日程和工作程序。

（9）工作环境标准化，保持工作环境的一致性，减少人力与金钱的浪费。

（10）作业标准化，以提高工作效率。

（11）用书面形式进行作业指导，以迅速有效地完成企业的目标。

（12）实行“效率报酬”，即对提高效率进行奖励。

这 12 项原则都是以直线—参谋组织形式为基础的，前 5 项是关于人的关系方面的；后 7 项则是关于管理的方法、机构和制度方面的。这些原则相辅相成、相互配合，共同形成组织管理体系的基础。

2.5.3 奖励工资制度

与 12 项效率原则相配合，埃默森创造了一种按工人工作效率的高低来确定是否给予奖金和奖金高低的工资制度。工人所得的具体计算方法如下：工作效率在 66.7%以下者，工人所得＝实际工作时间×标准工资率；工作效率在 66.7%～100%者，工人所得＝实际工作时间×标准工资率×(1＋20%)；工作效率若超过 100%，工人除了得到 20%的奖金之外，还将获得他所节约的那部分时间的报酬，例如，效率达到 100%时，每 1 美元工资的奖金为 20 美分，效率达到 120%时，每 1 美元工资的奖金为 40 美分，效率为 140%时，每 1 美元工资的奖金则为 60 美分，即等于 20 美分的奖金加上由于工作效率提高 40%后又获得的 40 美分。

这种工资制度与泰勒的“差别计件工资制”和甘特的“计件奖励工资制”一样，都是以标准的作业量为依据的；但埃默森的奖励工资制度的优点是能够保障难以达到定额的非熟练工人得到有保证的最低工资，并使达到或超过定额的熟练工人可以根据其实际的效率相应地得到超定额的奖金，确保奖金率随工作效率的提高而逐渐提高，从而促使工人不断努力地提高工作效率。然而，由于这种方法比较复杂，工人不易理解，导致管理费用增加，所以后来应用得并不十分广泛。

2.5.4　思想点评

埃默森一生致力于科学管理，积极宣传效率的观念，出版了《效率的 12 项原则》、《效率是作业和工资的基础》和《科学地挑选雇员》等著作。他改进和优化了泰勒的效率主张，摒弃了泰勒的职能工长制和刺激性工资计划，他的效率观念和直线—参谋组织的思想，以及在美国东部铁路公司运费的听证会上的发言使科学管理运动获得全国的承认等，使其成为西方管理学界所公认的传播效率主义的先驱者。

2.6　莫里斯·库克（Morris Cooke）

莫里斯·库克（1872—1960）是科学管理的早期研究者之一，他在富兰克林·罗斯福总统当政期间曾担任过多种职务，如农村电气化管理局局长、纽约州电力局局长等；并曾担任过杜鲁门总统的疑难问题处理专家。与泰勒、巴思、吉尔布雷思夫妇、甘特和埃默森等人专注于提高工业企业中的效率不同，库克的主要贡献则在于将效率真理的传播延伸到了教育和政府机构等非工业组织当中，拓宽了科学管理的研究和实践范围。

2.6.1　把科学管理原理应用于高等学校管理

库克于 1909 年接受泰勒的派遣，对高等学校的管理进行系统的调查研究，衡量和分析教学和科研工作中的投入成本和产出结果，并于 1910 年出版了《学院的效率与工业的效率》一书，总结了其调查研究的结果。虽然研究范围只涉及物理系，但因为发现和揭示了当时高等学校的教学研究水平以及管理中存在的许多问题，所以在学术界引起了巨大的反响。库克在书中指出，高等学校管理状况比工业企业管理状况更为糟糕，包括近亲繁殖（侧重于聘用本校毕业生为教师）；高等学校中的委员会管理方式效率太低；各个系、所自行其是，破坏了整个学校的协调；教工的工资不是以业绩而是以资历为依据；不合格的教师由于享有职务保持特权而不退休；系主任没有实权；大学中缺少一个有效的衡量效率的标准等。

为了改变高等学校管理的这些不良状况，库克主张把科学管理的原理和方法应用于高等学校的管理当中，并提出了一些具体的改进建议：教授应该把更多的时间用在教学和科研上；管理工作应该由专家而不是由委员会来承担；应更多地使用一些助手来承担次要的和辅助性的工作，以便高级管理人员能够更多地承担一些复杂的工作；教工的工资应该按照其业绩和效率来确定；教学和科研的成本应由校部进行更加严格的控制等。这些主张虽然遭到了一些人的反对，但还是发挥了一定的积极作用，在相当程度上改进了高等学校存在的不良状况。

2.6.2 把科学管理原理应用于市政管理

1912—1916 年间，库克在担任费城公共工程局局长期间，为市政管理树立了一个良好的榜样，主要是采用了一些高效率的新方法，在申诉处理、财务计划、装备更新、人事管理、存货记录、工程转包、公共关系、作业标准化等方面进行了许多革新。库克根据泰勒的思想建立了一种“职能管理”组织，雇用了一批专家并解雇了 1 000 名左右靠关系占有职位和效率低下的人；设立了退休和福利基金；主张由专业的“城市经理”来管理城市；提出了一种早期的参与管理决策的想法来号召人们“合作”。由于他的革新，费城在清除垃圾方面，4 年就节省了 100 多万美元；公用事业费用也减少了约 125 万美元。

2.6.3 重视人的因素，在劳资关系的处理上取得了较好的成效

泰勒没有充分认识到工人权利的重要性，并在一定程度上反对工会的存在，认为工人组织起来后会图谋怠工和罢工，从而不利于双方的合作和生产效率的提高。泰勒的这种观点引起了当时有组织的工人和工会的强烈反对和抵制，其科学管理也因此遭到了反对和抵制。

在这个问题上，库克的态度不同于泰勒。他认为，使科学管理行之有效的不是制度本身，而是人们对制度的信任，因此他一直重视争取与工人的合作，对日益发展的全国劳工运动也非常感兴趣，特别是在 20 世纪的 30 年代以后，同许多工会领袖都保持着良好的关系。他主张管理要“人情化”；认为工人应更多地参与管理；在有关工资、工作定额、员工福利等事情上，管理者可同工会进行集体合同谈判。库克的这些主张受到了工会领袖们的欢迎和支持，对企业中恰当地处理劳资关系发挥了积极的作用。

2.6.4 思想点评

库克在泰勒的指导下将科学管理运用到了教育和市政机构，对非工业部门的管理起到了很大的促进作用；同时他设法使科学管理和有组织的工人建立和睦关系，为科学管理增加了劳资之间建立和谐合作的新思想。管理史学家丹尼尔·A·雷恩曾这样评价库克：如果 20 世纪科学管理还有任何发展的空间，就需要像库克一样的人在非工业组织中打开视野，并赢得美国工会运动的支持。

本章小结

科学管理学派的产生在管理思想史发展过程中具有里程碑意义，1911 年，弗雷德里克·W·泰勒的《科学管理原理》的问世，标志着管理由漫长的经验管理阶段进入了科学管理阶段。泰勒的科学管理四项原则、作业管理、职能化管理以及其所强调的精神革命；卡尔·G·巴思设计的巴思计算尺；亨利·L·甘特的甘特图和计件奖励工资制；吉尔布雷思夫妇应用当时先进的科学技术和方法所进行的动作研究、疲劳研究与制度管理研究；哈林顿·埃默森提高效率的 12 项原则、直线—参谋组织形式和奖励工资制度；莫里斯·

库克将科学管理的思想传播延伸到教育和政府机构等非工业组织中等，这些科学管理学派的代表人物从不同的角度，不断丰富、发展和完善了科学管理理论，为科学管理的传播和应用发挥了重要的作用。

关键术语

科学管理（scientific management）
作业管理（activity-based management）
差别计件工资制（differential piece-rate system）
时间和动作研究（time and motion studies）
甘特图（the Gantt chart）
计件奖励工资制（piece-rate incentive schemes）
疲劳研究（fatigue study）
直线—参谋制（straight line staff system）
奖励工资制（a bonus pay system）

复习思考题

1. 简述弗雷德里克・W・泰勒的主要管理思想和贡献。
2. 简述亨利・L・甘特的主要管理思想和贡献。
3. 亨利・L・甘特的计件奖励工资制与泰勒的差别计件工资制有何异同？
4. 简述吉尔布雷思夫妇的主要管理思想和贡献。
5. 哈林顿・埃默森的直线—参谋制与泰勒的职能工长制有何不同？
6. 哈林顿・埃默森提高效率的 12 项原则是什么？

第3章

行为科学学派

行为科学诞生于20世纪三四十年代，在20世纪50年代开始盛行，并于20世纪60年代中叶发展成为“组织行为学”理论。它是为了应对当时日益尖锐的劳资关系、解决效率与人性之间的矛盾而产生的，目的在于有效地调动人的积极性，努力实现组织的目标。由于人的复杂性以及对人性假设的理解不同，行为科学学派涌现出很多知名的代表人物，如乔治·埃尔顿·梅奥、亚伯拉罕·H·马斯洛、弗雷德里克·赫茨伯格、戴维·麦克利兰、道格拉斯·M·麦格雷戈、伯尔霍斯·弗雷德里克·斯金纳、维克多·H·弗鲁姆、约翰·斯塔西·亚当斯、莱曼·W·波特、爱德华·E·劳勒和克莱顿·P·阿尔德弗等，他们所提出的理论假设和思想观点为行为科学学派和管理思想的发展，发挥了极其重要的推动作用。

3.1 乔治·埃尔顿·梅奥（George Elton Mayo）

乔治·埃尔顿·梅奥（1880—1949）原籍澳大利亚，是早期行为科学——人际关系学派的创始人。1923年，梅奥移居美国，并作为宾夕法尼亚大学沃顿管理学院的研究人员为洛克菲勒基金会进行工业研究；1926年任哈佛大学工商管理学院工业研究室副教授。1924—1932年间，美国国家研究委员会（USNRC）和西屋电气公司合作，进行了著名的霍桑实验，梅奥应邀于1927—1932年间参与并主持了这项举世闻名的实验。霍桑实验的开展揭开了组织中的人的行为研究的序幕，为人际关系学说和行为科学的创立奠定了基础。在人际关系学派以前，各种管理理论主要强调管理的科学性和严密性，轻视了人的作用，把工人看做是机器的附属品；而梅奥则通过霍桑实验的研究，通过观察人的个体行为和群体行为，得出了要重视和满足员工社会需求的重要结论。

3.1.1 霍桑实验

霍桑实验是指从 1924 年 11 月至 1932 年 5 月在美国西屋电气（又译为威斯汀豪斯）公司的霍桑工厂所进行的一系列实验活动。1924—1932 年，在将近 8 年的时间内，该实验前后共经历了两个时期：第一个时期是从 1924 年 11 月至 1927 年 5 月，在美国国家研究委员会赞助下进行的；第二个时期是从 1927—1932 年，由梅奥负责主持进行，整个实验前后共经过了四个阶段。

1. 霍桑实验的开展和实施

第一阶段：车间照明实验——“照明实验”（1924—1927 年）。

这一阶段主要是照明实验以及针对其他影响生产率的因素而进行的实验。霍桑工厂是一家拥有 25 000 名工人的生产电话机和电器设备的工厂。当时许多管理人员和管理学家认为，工作环境、工人的健康和生产率之间存在着明确的因果关系，最理想的工作条件应该是：工作环境中有着恰当的通风、温度、照明等；工作任务经过科学测定，并采用与工作成果相联系的刺激工资制度。至于影响工作效率的其他因素，如疲劳或者工作单调，一般认为主要是由于工作设计不当、休息时间安排不足、物资流程不畅、工作条件不善引起的。在这一阶段先后进行了照明实验、工资报酬实验、工间休息、日工作时间长度与周工作天数的实验，结果发现无论实验条件如何变化，工人的生产率一直都在提高。该实验结果令人感到非常迷惑不解，许多参与者纷纷退出了实验。梅奥等人则通过持续的研究，得出了一个解释力较强的结论，即工人是从社会的角度被激励和控制的，效率的增进和士气的提高主要是由于工人的社会条件以及人与人之间关系的改善。参加实验的工人产量提高，主要是由于工人的精神方面发生了巨大变化，参加实验的工人成为一个社会单位，受到了更多的关注，并形成了一种参与实验计划的感觉，因而工作积极性增强、工作效率提高。

第二阶段：继电器装配实验——“福利实验”（1927—1928 年）。

1927 年，梅奥接受邀请并组织了一批哈佛大学教授成立了一个新的研究小组，开始了霍桑实验第二阶段的“福利实验”。“福利实验”的目的是为了能够找到更有效地控制影响员工积极性的因素。梅奥等研究人员对实验结果进行了归纳和总结，排除了四种假设：(1) 在实验中改进物质条件和工作方法，可导致产量增加；(2) 安排工间休息和缩短工作日，可以解除或减轻疲劳；(3) 工间休息可减少工作的单调性；(4) 个人计件工资能促进产量的增加。最后得出了“改变监督与控制的方法能改善人际关系，从而改进工人的工作态度，促进产量的提高”的结论。

第三阶段：大规模的访谈计划——“访谈实验”（1928—1931 年）。

既然实验表明管理方式与员工的士气和劳动生产率有着密切的关系，那么了解员工对现有管理方式的看法和意见，则可以为改进管理方式提供有效的依据。于是梅奥等人制订了一个征询员工意见的访谈计划，从 1928 年 9 月到 1930 年 5 月不到两年的时间内，研究人员与工厂中两万名左右的员工进行了访谈，主要了解和研究员工对公司领导、保险计划、晋升、工资报酬等方面的意见和态度。在访谈计划的执行过程中，研究人员对工人在交谈中的怨言进行了分析，发现真正引起他们不满的事实与他们所埋怨的事实并不是一回事，工人在表述自己的不满与隐藏在心里深层的不满情绪并不一致。比如，有位工人表现出对计件工资率过低不满意，但深入地了解以后发现，这位工人是在为支付妻子的医药费而担心。因此，梅奥发现，对某些抱怨者的不满，不能简单地就事论事来处理，必须把他们表现出来的不满看做是需要进一步深入探讨的个人情况或社会情况的征兆或指示器。管理人员特别是基层的管理人员需要接受相应的训练，以使其成为能够倾听并理解工人的访谈者，从而了解工人所担忧的真正问题，并在管理活动中充分重视人的因素，有效促进人际关系的改善和员工士气的提高。

第四阶段：继电器绕线组的工作室实验——“群体实验”（1931—1932 年）。

这是一项关于工人群体的实验，其目的是要证实在以上的实验中研究人员觉察到的在工人当中似乎存在的一种非正式组织，而这种非正式组织对工人的工作态度和工作积极性有着极其重要的影响。

研究人员为了系统地观察在实验群体中工人之间的相互影响，在车间中共挑选了 14 名男员工，其中有 9 名是绕线工，3 名是焊接工，2 名是检验工，让他们在一个单独的房间内工作。实验开始时，研究人员向工人表明实行计件工资制，以促使他们尽力工作。然而，结果却出乎意料。事实上，工人实际完成的产量只是保持在中等水平上，而且每个工人的日产量都是差不多的。根据动作和时间分析，每个工人应该完成标准的定额为 7 312 个焊接点，但是工人每天只完成了 6 000～6 600 个焊接点就不干了，即使离下班还有较为宽裕的时间，他们也会自行停工。研究者通过观察，最终发现工人们自动限制产量的理由是：如果他们过分努力地工作，就可能造成其他同伴的失业，或者公司会制定出更高的生产定额。

研究人员为了进一步了解他们之间能力的差别，还对实验组的每个人进行了灵敏度和智力测验，发现三名生产最慢的绕线工在灵敏度的测验中得分是最高的。其中一名最慢的工人在智力测验中排行第一，灵敏度测验中排行第三。一名工人可以因为提高他的产量而得到小组工资总额中较大的份额，并减少失业的可能性，但这些物质上的报酬却会带来其他群体成员的责备和惩罚，因此，每天只需完成群体认可的工作量就可以相安无事了。测验的结果和实际产量之间的这种关系使研究人员推理到这种自然形成的非正式组织（群体）对工人的重要性，其对内的功能在于控制成员的行为，而对外的功能则为了保护其成员免受来自管理层的干预和改变。

2. 霍桑实验的主要结论

在霍桑实验的总结中，梅奥提出了人际关系的重要性，他指出管理者应该将下属看做是一个社会群体中的社会人，并认为这是判断一个管理者是否成熟的重要标志，也是评价一个组织是否有效的重要标志。概括而言，霍桑实验的主要结论有以下几点：

第一，与工人谈话有助于他们解除不必要的心理负担和调整其对于个人问题的态度及情绪，从而使他们更为清楚、明白地提出自己的问题。

第二，访谈有助于工人与周围的人更加轻松、和谐地相处。

第三，访谈会增强工人与管理者更好地合作的愿望和能力，从而有助于工人形成对工作群体和对工厂的双重归属感。

第四，与工人交谈有助于上情下达，是培养和训练管理者的重要方法。管理者倾听别人的意见比展露自己的知识要重要得多，这是成熟、判断力和智慧的标志。因此，管理者必须首先善于帮助和启发他人表达自己的思想和情感，而不只是以自己为中心、高谈阔论和教训别人。

第五，与工人交谈是获取信息的重要源泉，这对管理者来说具有巨大的客观价值。管理者有三重任务：将科学和技术应用于物质资料的生产；使生产经营活动系统化；组织协作。有些管理者认为与工人交谈所听到的是一些没有价值的个人琐事和主观意见，这说明他们心目中的管理指的仅是上述前两方面的内容，而根本没有认识到自己忽视了第三方面的任务，管理者对信息视而不见、听而不闻所导致的疏忽和由此造成的盲目行动，必然会影响到组织的效率和发展。

3.1.2 人际关系学说的建立

霍桑实验的研究结果形成文字于 1933 年正式出版，书名是《工业文明中的人类问题》，这标志着人际关系学说的建立。霍桑实验为人际关系学派的诞生奠定了基础。梅奥等人将人际关系学说的核心思想归结为三个基本点。

1. 人是“社会人”而不是“经济人”

通过霍桑实验，人们终于发现群体中的一些内部规律，这为解决当时资本主义的社会问题提供了一个较好的思路。霍桑实验的研究结果否定了传统管理理论对于人的假设，表明了工人并不是被动、孤立的个体，影响工人生产效率的最重要因素不是待遇和工作条件，而是工作中的人际关系。据此，梅奥提出，人们的行为并不单纯出自追求金钱的动机，更为重要的是出自社会和心理方面的需要，即追求人与人之间的友情、安全感、归属感和受人尊敬等。同时，每一个人都有自己的特点，个体的观点和个性都会影响个人对上级命令的反应和工作的表现。因此，管理者应该把工人当做不同的个体来看待，当做社会人来对待，而不应将其视做无差别的机器或机器的一部分。

2. 正式组织中存在非正式组织

梅奥认为，任何一个机构里，在正式的法定关系掩盖下都存在着大量非正式群体构成的更为复杂的社会关系体系。非正式组织是与正式组织相对而言的。非正式组织有利有弊，其有利之处在于：（1）积极支持企业管理当局的政策和目标；（2）使个人有表达思想的机会；（3）提高士气，降低工人离职率；（4）以社会报酬的方式对工人进行补偿；（5）改善信息交流工作；（6）使工人在一个不重视个人特点的组织内有维持个人特点的机会；（7）增强工人的自信心并减轻他们的紧张状态；（8）对指定任务的完成予以支持；（9）在工作环境中提供人与人之间的温暖，增强个人之间的协作程度；（10）减少个人对工作环境的厌烦感。其不利之处则在于：（1）抵制企业管理当局的政策和目标；（2）限制工人的个人自由，强迫工人一致；（3）可能共谋组成同管理当局敌对的工会；（4）反对革新和改变；（5）限制产量。但是，无论正式的还是非正式的组织系统，对于一个团体的活动都是不可或缺的。在正式组织中，效率逻辑是其行为规范和准则；而在非正式组织中，则以感情逻辑为其行为规范。如果在日常的管理活动中，管理者只是根据效率逻辑来进行管理而忽略工人的感情逻辑，这必然会引起冲突，并影响企业生产率的提高和目标的实现。因此，管理当局必须重视非正式组织的作用，注意在正式组织效率逻辑与非正式组织的感情逻辑之间保持平衡，以便管理者与工人之间能够充分协作。

3. 新的领导能力在于提高工人的满意度

梅奥提出了与当时流行的泰勒科学管理思想不同的一些新观点，指出了在决定劳动生产率的诸多因素中，置于首位的因素是工人的满意度，而生产条件和工资报酬则只是第二位的。工人的满意度和士气越高，生产效率就越高。高的满意度来源于工人个人需求的充分满足，这不仅包括物质需求，还包括精神需求。因此，对于企业的管理者而言，需要同时具备一种新的领导能力，即同时兼备经济技能和人际关系技能，从而有效地平衡企业的效率逻辑和工人的感情逻辑，确保企业效率的提升。

3.1.3 思想点评

霍桑实验发现了人际关系在提高劳动生产率中的重要性，揭示了“对人性的尊重、人的需求的满足、人与人的相互作用以及归属意识等”对工作绩效的影响，揭开了人力资源管理的新契机。随着时间的推移，霍桑实验及其结论的影响也逐步扩大。一些大学也开始设立相应的课程，人际关系学派及其观点逐步进入了企业。1949 年，该学科被定名为行为科学以后，福特基金会成立了科学部，次年建立行为科学高级研究中心，并在 1953 年拨款委托哈佛大学、斯坦福大学等高等学府从事行为科学的研究。随后，洛克菲勒基金会、卡耐基基金会也相继拨款支持行为科学的研究。1956 年，美国出版了第一期《行为科学》杂志。自此以后，许多管理学家、社会学家和心理学家从行为的特点、行为和环境、行为的过程以及行为的原因等多个角度开展了对人的行为的研究，形成了一系列的理论，使行为科学成为现代西方管理理论的一个重要流派。

3.2 亚伯拉罕·H·马斯洛（Abraham H. Maslow）

亚伯拉罕·H·马斯洛（1908—1970）是美国社会心理学家、人格理论家和比较心理学家，人本主义心理学的主要发起者和理论家，需求层次理论的创始人。马斯洛的最大贡献是创建了人本主义心理学派，被誉为“人本主义心理学之父”。他第一次把“自我实现”和“人类潜力”的概念引入了心理学的范畴，开创了人本主义心理学研究的新取向，构建了需求层次论和自我实现论，促进了以人为中心的管理理论的发展。他创立的人本主义心理学继弗洛伊德精神分析学说和华生行为主义心理学之后，被称为心理学的“第三次思潮”。

3.2.1 需求层次理论

需求层次理论是研究人的需求结构的一种理论。1943 年，马斯洛在《心理学评论》上发表著名论文《人类动机理论》，并在文中首次提出需求层次理论。马斯洛认为，绝大多数人的需求层次是很复杂的，时时刻刻都存在着多种需求影响着人的行为。由此，他将人的各种需求归纳为五类。这五类需求是互相作用的，按其重要性和产生的先后次序可构成一个需求的层次图。

1. 需求层次理论的内容

马斯洛将其理论建立在三个假设之上：第一，人要生存，其需求能够影响行为。只有未满足的需求能够影响行为，满足了的需求不能起激励作用。第二，人的需求按重要性和层次性可以排成一定的次序，从基本的（如食物和住房）到复杂的（如自我实现）。第三，当人某一级的需求得到最低限度的满足后，才会追求高一级的需求，如此逐级上升，成为推动其继续努力的内在动力。在《人类动机理论》一文中，马斯洛首先将人类的多种需求分为五个层级，如图 3—1 所示。

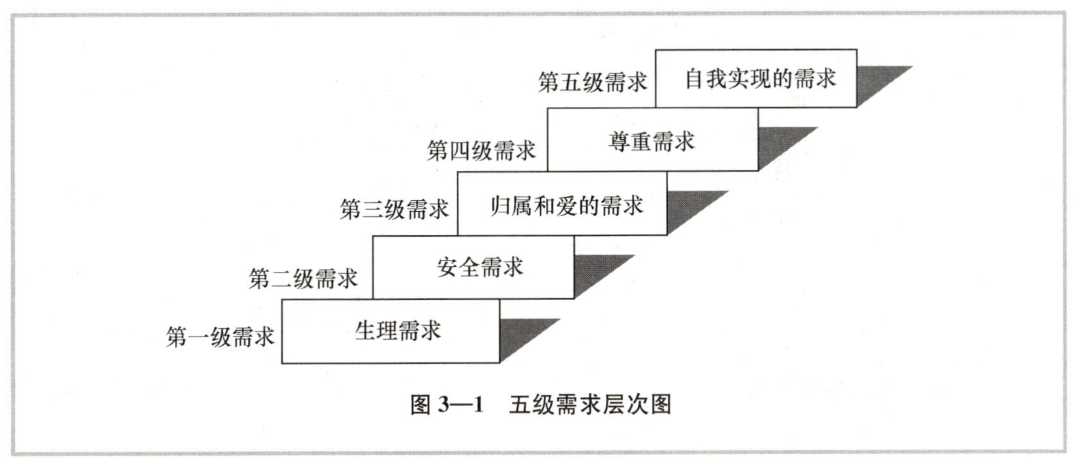

图 3—1　五级需求层次图

第一级需求：生理需求。包括维持生活和繁衍后代所必需的各种需求，如衣、食、住、行、性欲等。这些是人类最基本的，因而也是推动力最强的需求。在这一级需求没有得到满足前，更高级的需求就不会发挥作用。

第二级需求：安全需求。这是有关免除危险和威胁的各种需求，如防止工伤事故、资方的无理解雇等。

第三级需求：归属和爱的需求。包括和家属、朋友、同事、上级等保持良好的关系，给予别人并从别人那里得到友爱和帮助，自己有所归属，能够成为某个集体公认的成员等。

第四级需求：尊重需求。包括自尊心、自信心、能力、知识、成就和名誉地位的需求，能够得到别人的承认和尊重等。这类需求很少得到满足，故常常是无止境的。

第五级需求：自我实现的需求。这是最高一级的需求，是指一个人需求做他最适宜做的工作，能够不断地自我创造和发展，发挥他最大的潜力，并实现理想。马斯洛说："一个人能够成为什么，他就必须成为什么，他必须忠实于他自己的本性。我们可以称之为自我实现的需求。"

以上五种需求，层层递进，以生理需求为基础，以自我实现为最高发展需求。马斯洛认为，较低级需求得到满足之后，较高级需求便会随之产生，需求的层次越低，越容易得到满足，高级需求的满足会使人更加有成就感，因此人们往往会为了追求高级需求而奋不顾身。已经得到满足的需求，不再是激励的因素，也将不再起促进作用；人们满足较高层次需求的途径也要比满足低层次需求的途径更多。

2. 需求层次理论的扩展

1954 年，马斯洛在《激励与个性》一书中，对人类的多种需求作了进一步阐释，即在第四层级之后增加了求知需求和审美需求，将整个需求层次理论体系扩充为七个层级，从而形成一个由七个层级组成的需求层次图，如图 3—2 所示。

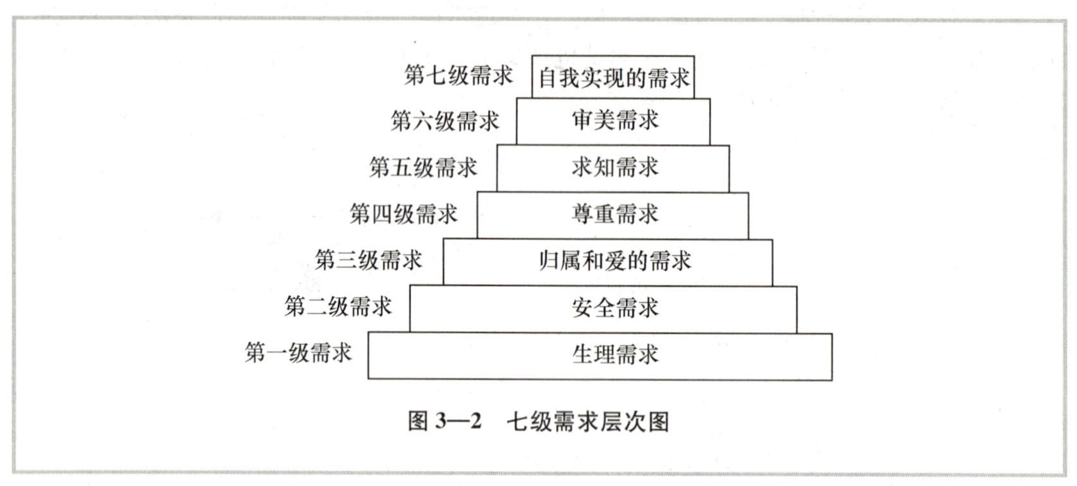

图 3—2 七级需求层次图

第五级需求：求知需求。包括人有知道、了解和探索事物的需求，而对环境的认识则是好奇心作用的结果。

第六级需求：审美需求。这是指人有追求匀称、整齐和美丽的需求，并且通过从丑向美转化而得到满足。

3.2.2 基本需求的满足程度

在我们的社会中，绝大部分正常成员的基本需求只有部分能够得到满足，而同时也有部分得不到满足。如果对需求等级做更为真实的描述，可以得出随着优势需求等级的升高，满足的百分比会逐渐减少的结论。马斯洛认为，一般人的各种需求满足程度百分比是：生理需求为 85%，安全需求为 70%，归属和爱的需求为 60%，尊重需求为 40%，自我实现的需求只有 10%。他指出："迄今为止，我们认为这些层次似乎是个固定不变的顺序，但实际上却远非我们认为的那样刻板。虽然多数人都把这些基本需求视为基本上遵循我们业已指出的那个顺序，然而却有许多例外。"

一个新的需求不一定要在优势需求完全满足后才能出现，新的需求的出现不是跳跃式的，而是缓慢地从无到有。比如优势需求只满足 10%，那么新需求可能还未出现；如果优势需求满足 25%，那么新需求可能为 5%。这种交替出现的需求情况如图 3—3 所示。在 A 点有较多的生理需求和部分的安全需求，而其他后面的三种需求都尚未出现；到了 B 点归属和爱的需求占主导，自我实现的需求依然不显著；而到了 C 点尊重和自我实现的需求凸现，而生理和安全需求则不明显。从图 3—3 中可以看出，任何一种需求相对强度的变化都是渐进的。

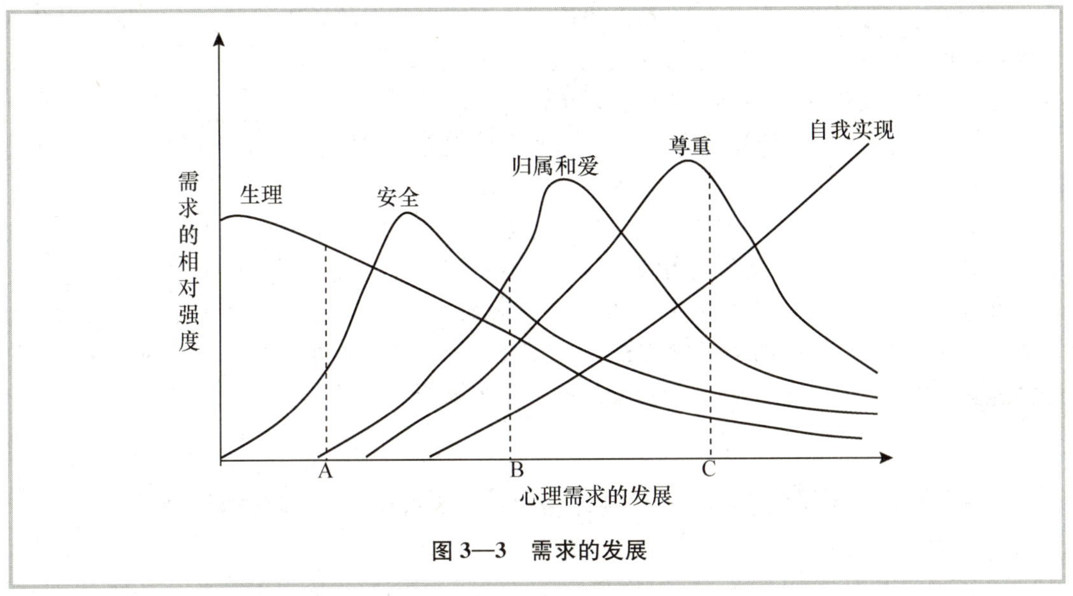

图 3—3 需求的发展

3.2.3 自我实现

根据马斯洛的需求层次理论，个人人格和潜力获得充分发展的理想境界就是自我实现，自我实现是人性本质的终极目标。据马斯洛估计，人群中只有 1/10 的人能够自我实现，原因是除了个人条件之外，难免会受环境因素的限制和影响。他选出了美国名人中的杰弗逊、林肯、爱因斯坦等人，认为他们都是自我实现的代表人物。通过对其进行研究和分析，马斯洛总结出这些人的人格特质的相同之处：(1) 有良好的现实知觉；(2) 能正视自己、别人和自然；(3) 他们的活动和反应是自发的，而不是被迫的；(4) 能以问题为中心，而不是以自我为中心形成看法；(5) 有独立自主性，不受环境和文化的支配；(6) 能认识人类；(7) 和为数不多的人保持深厚的友谊；(8) 有与众不同的鉴赏力和审美观；(9) 具有民主的价值观；(10) 有一种哲理性和无敌意的幽默感；(11) 具有创造力；(12) 有较多的巅峰体验；(13) 有高度的社会兴趣，但不墨守成规。

在这些特征中，马斯洛特别强调巅峰体验的概念。巅峰体验是指自我实现者在人生历程中曾有过体验到欣喜感、完美感和幸福感的经验。巅峰体验多在人生领悟、至爱授受、苦尽甘来或宗教悟道等情境下产生，是人生难得的经验，只有实际经历过的人才会有此体验。巅峰体验是人类的共同感受，每个正常人都可能在生活中得到这种体验。

3.2.4 思想点评

马斯洛的观点使激励理论超越了科学管理和行为主义者的简单模式，给予人们对于人类动机和人类潜能更为积极的认识框架。从 1943 年该理论首次公布直至 1970 年他去世，马斯洛主宰着整个激励理论的研究。他的理论成为这一学科许多后续研究的起点，后来很多学者的观点都受其直接影响，包括麦格雷戈、赫茨伯格和阿尔德弗等人。《纽约时报》评论说："马斯洛心理学是人类了解自己心理发展过程中的一块里程碑。"还有人这样评价他："正是由于马斯洛的存在，做人才被看成是一件有希望的好事情。在这个纷乱动荡的世界里，他看到了光明与前途，他把这一切与我们一起分享。"的确，弗洛伊德为我们提供了心理学病态的一半，而马斯洛则将健康的那一半补充完整。

但是，马斯洛的需求层次理论也存在着不足的地方，主要表现在：虽然已经得到满足的需求的确不再起激励作用，但怎样才算满足，马斯洛并没有对其给予明确的界定。对某一个人来说，当生理上的需求合理地得到满足以后，并没有一种方法可以预测哪一种高级的需求将成为下一个必须满足的需求。他也没有找到一种公认的方法来预测一种需求得到满足以后，与另一种更高级的需求发展起来之前的这一时间间隔。另外，还有一些人批评马斯洛的观点是凭主观经验和直观感觉得出来的，缺乏充分的理论依据，推理论证未遵循严格的逻辑程序，因而无法判断和检验其理论的正确性。

3.3 弗雷德里克·赫茨伯格（Frederick Herzberg）

弗雷德里克·赫茨伯格（1923—2000）是美国心理学家、管理学家，双因素理论的创始人，工作丰富化理论先驱。赫茨伯格在管理学界的巨大声望主要来源于他提出了著名的"激励—保健因素理论"，即"双因素理论"。赫茨伯格在与合作者合著的《工作中的激励》和《工作与人性》等著作中提出了该观点及相关原理。同时，赫茨伯格在工作丰富化方面也进行了开创性的研究。

3.3.1 双因素理论

20 世纪 50 年代末期，赫茨伯格和莫斯纳、斯奈德曼一起合作进行了一项实验研究，这就是著名的匹兹堡调查。作为心理学家，赫茨伯格以西方众人皆知的《圣经》故事为喻，指出人类有两种需求，一种是亚当的需求，另一种是亚伯拉罕的需求。所谓亚当的需求，是指亚当偷吃了禁果被逐出伊甸园之后，他不得不面对各种苦难，人的本质受到了谴责和扭曲，所以他要拼尽全力去摆脱环境所造成的痛苦。所谓亚伯拉罕的需求，是指上帝赐福于他，使其成为上帝的使者，令他足智多谋、富有想象力和创造性，并承诺给予他的子孙大片土地。从本质上讲，亚当的需求是动物性的，而亚伯拉罕的需求才反映了真正的人性。赫茨伯格称："人类在工作中有两类不同性质的需求，即作为动物避开和免除痛苦的需求，以及作为人类在精神上不断发展、成长的需求。"

为了验证这两种需求的假设，赫茨伯格展开了深入的调查和研究。他与同伴在号称"世界钢都"的工业城市匹兹堡选取了 11 个组织的 200 多名工程师和会计师进行调查。研究人员与这 200 多名工程师、会计师逐一进行了访谈，认真了解他们对于工作的态度。在面谈中，主要询问访谈对象以下问题：（1）在你过去的工作中，哪些事让你感到十分满意？（2）解释一下当时为什么会感到满意？这种满意是否影响了工作状况？是否影响了自己与他人的关系？是否影响了个人的幸福？（3）在你过去的工作中，令人特别不快的事情是什么？（4）这种不快对你的工作、人际关系和个人幸福有什么影响？为了保证调查资料的可靠性和客观性，赫茨伯格对访谈内容有着严格的限定，要求访谈对象所列举出的事件必须是与工作直接相关的，从而把工作以外的事件排除在外。同时，要求谈到的事例必须是具体的，有时间、地点以及情节的，从而把由想象产生的幻觉排除在外。

调查结果表明，个人与工作的关系是一种基本关系，个人对工作的态度在很大程度上决定其成败。带来工作满意的因素和导致工作不满意的因素是不相关的。人们觉得不满意的项目，大都与工作环境有关，而觉得满意的项目一般都与工作本身有关。凡与工作本身有关的因素，都能对工作满足产生积极影响，使员工干劲增长。管理者即使消除了造成工作不满意的因素，也只可能带来平静，却不一定有激励效果。因此，赫茨伯格将人的需求分成两类：一类是“维持”或“保健”因素，另一类是与工作本身或工作内容有关的“激励”因素。

（1）赫茨伯格将人们觉得不满意的因素，同时也是能够防止不满的因素称为保健因素。保健因素包括公司政策、管理措施、监督、人际关系、工作环境、工资、福利等。当这些因素恶化到人们可以接受的水平以下时，就会产生对工作的不满意。但是，当人们认为这些因素很好时，它也只是消除了不满意，并不会产生积极的激励效果，这就形成了某种既不是满意、又不是不满意的中性状态。

（2）赫茨伯格将人们觉得满意的因素，同时也是能够给人们带来满足的因素称为激励因素。激励因素包括成就、认可、工作本身、责任和晋升等，这些因素能满足个人自我实现的需求。如果这些因素具备了，就能对人们产生有效的激励效果。

赫茨伯格认为，保健因素不能直接起到激励员工的作用，但能防止员工产生不满情绪。当保健因素得到改善后，员工的不满情绪会消失，但并不能产生积极的结果；而激励因素得到改善后，却能增强员工的积极性，提高生产效率，如同人们锻炼身体，可以改变身体自身的素质和增进人体健康一样。

赫茨伯格及其同事在其后又对各种专业性和非专业性的工业组织进行了多次调查，调查结果如图 3—4 所示。被调查的对象包括低级监督人员、军官、工程师、科学家、教师、牧师、会计师、外籍员工、家庭主妇等。

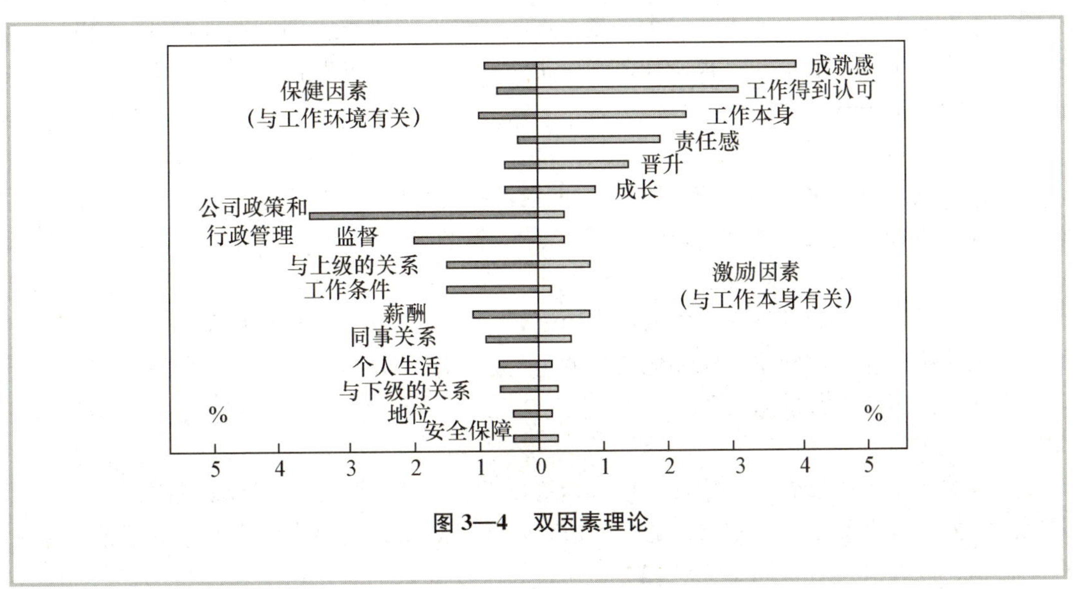

图 3—4 双因素理论

他们发现，由于被调查对象和条件的不同，各种因素的归属存在一定的差异，但总的看来，激励因素基本上都是属于工作本身或工作内容的，保健因素基本上都是属于工作环境或工作关系的。赫茨伯格以这些调查结果为依据，在1968年的《哈佛商业评论》上发表了《再论如何激励员工》一文，进一步分析了两类因素的构成和相互关系。他得出成就感、工作得到认可、工作本身、责任感、晋升、成长等基本上属于激励因素，当这些因素不能得到满足时，也会引起员工的不满；公司政策和行政管理、监督、与上级的关系、工作条件、薪酬、同事关系、个人生活、与下级的关系、地位、安全保障等基本上属于保健因素，但有时也会产生使员工满意的结果。当然，各项因素导致满意或不满意所发生的频率各不相同。实验得出：导致员工满意的全部因素中，有81%是激励因素，只有19%是保健因素；而导致员工不满的全部因素中，有69%是保健因素，只有31%属于激励因素。

3.3.2 工作丰富化理论

工作丰富化是以员工为中心的工作再设计。赫茨伯格的激励—保健因素理论认为，只有通过丰富工作内容才能更有效地利用人力资源。这种方式实际上是用调整激励因素的方法来激励员工，从而取代之前流行的“工作扩大化”。“工作扩大化”是通过增加工作的范围和责任等保健因素来增强员工满意度的一种激励方式，它实际上是在水平方向上扩大员工的工作范围，其典型做法包括：提高对员工的定额要求；增加毫无意义的日常办公室工作；把一些本身需要进一步丰富化的工作重新组合等。“工作丰富化”则集中发挥了激励因素的作用，通过让员工负责挑战性的工作、取得更大的成就、得到人们的承认以及获得更多的晋升机会等来增加员工满意度和提高员工工作效率的一种激励方式，它实际上是在垂直方向上扩大员工的工作范围。“工作扩大化”重视的只是“量”的增加，“工作丰富化”则重视对“质”的挖掘。

赫茨伯格相信，只要商业组织能够做到解放自己，解放员工，摆脱数字束缚，它们就可能产生一股向好的方面推进的巨大力量，在员工的个人潜能得到创造性扩展的同时，使得组织自身也得到发展。在《再论如何激励员工》一文中，赫茨伯格认为，实现工作丰富化的条件包括以下几个方面：

（1）增加员工责任。

不仅要增加员工生产的责任，还要增加其控制产品质量，保持生产的计划性、连续性和节奏性的责任，使员工感到自己有责任完成一个完整工作的一个小的组成部分。同时，增加员工责任还意味着管理控制程度的降低。

（2）赋予员工一定的工作自主权和自由度，给员工充分表现自己的机会。

员工感到工作的成败主要依靠他自身的努力和控制，并与其个人职责息息相关，从而让员工体会到工作对其的重要意义。

（3）反馈。

将有关员工工作绩效的数据及时地反馈给员工。了解工作绩效是形成工作满足感的重要因素，如果一个员工看不到自己的劳动成果，就很难得到高层次的满足感。反馈可以来自工作本身以及管理者、同事或顾客等。

（4）考核。

报酬与奖励要取决于员工实现工作目标的程度。

（5）培训。

要为员工提供学习的机会，以满足员工成长和发展的需求。

（6）成就。

通过提高员工的责任心和决策自主权，来提高其工作的成就感。

3.3.3　思想点评

赫茨伯格的双因素理论认为物质需求的满足是必要的，没有它会导致不满，但是即使获得满足，它的作用往往也是很有限的、不能持久的。要调动人的积极性，不仅要重视物质利益和工作条件等保健因素，更重要的是要重视对人进行精神鼓励，给予表扬和认可，给人以成长、发展、晋升的机会等。这对企业管理者有效地激励员工、增强员工的工作积极性具有重要的启示和指导意义。

然而，赫茨伯格的双因素理论也遭到一定的批判。一种主要的批评意见认为，赫茨伯格所采用的程序受其方法制约。他用来测量这些因素的方法决定了结果，因为人们总是把好的结果归结于自己的努力而把不好的结果归罪于客观条件或他人身上，访谈问卷并没有考虑这种一般的心理状态。另外，被调查对象的代表性也不够，事实上，不同职业和不同阶层的人，对激励因素和保健因素的反应是各不相同的。实践还证明，高度的工作满足不一定就产生高度的激励。许多行为科学家认为，不论是有关工作环境的因素或工作内容的因素，都有可能产生激励作用。

3.4　戴维·麦克利兰（David McClelland）

戴维·麦克利兰（1917—1998）是美国著名心理学家、成就激励理论创始人、“胜任素质之父”。在管理学领域，麦克利兰与马斯洛等心理学家齐名，并在心理学领域耕耘了57年之久。麦克利兰一直致力于人的需求和动机问题的研究，并积极探讨人的潜力激发问题。麦克利兰以大量的测试和实验为依据，经过20多年的研究发现，在人的一生中，人们的需求是随着时间的流逝和环境的改变而不断变化的；人的社会性需求不是先天的，而是得益于后天的环境、经历和培养教育；环境和社会对人的需求的形成与变化有着重要的影响；当人的某一特定行为得到有效的激励和肯定后，这一行为模式便会得以强化，进而形成相应的需求倾向。

3.4.1　成就激励理论

麦克利兰的研究主要受美国心理学家亨利·默瑞需求层次理论及其研究方法的影响，他应用了默瑞编制的主题统觉测验等心理学方法进行定量及定性的分析和研究，最终总结和提炼出了著名的成就激励理论。该理论认为：在人类生理需求基本满足的前提下，人类有三大类社会性需求，即权力需求、归属需求和成就需求。

（1）权力需求：影响或控制他人且不受他人控制的需求。不同人对权力的渴望程度是不同的。权力需求较高的人喜欢支配和影响他人，喜欢对别人“发号施令”，重视地位和影响力的获取。同时，他们追求出色的成绩，喜欢具有竞争性和能够体现较高地位的场合或情境。但是，他们这样做的目的并不是像高成就需求的人那样是为了个人成就感的实现和满足，而是为了获取与自己相称的权力和地位。

（2）归属需求：建立友好、亲密的人际关系的需求，即寻求被他人喜爱和接纳的一种愿望。归属需求是保持社会交往和人际关系和谐的重要条件。高归属需求的人通常对环境中的人际关系更为敏感；他们渴望友谊，倾向于与他人进行交往；喜欢合作而不是竞争的工作环境；能够为他人着想，重视彼此之间的相互沟通与理解等。然而，有时归属需求也会表现为对失去某些亲密关系的恐惧和对人际冲突的回避。

（3）成就需求：争取成功并希望做得最好的需求。麦克利兰认为，具有强烈的成就需求的人渴望将事情做得更为完美，追求更高的工作效率，并期望获得更大的成功。他们享受和重视在争取成功的过程中克服困难、解决难题和努力奋斗的乐趣，以及实现成功之后所获得的个人成就感。通常，高成就需求者并不看重成功所带来的物质奖励，但他们具有较强的事业心和进取心，敢冒一定的风险，并且较为实际，大多是进取的现实主义者。

概括而言，麦克利兰提出的成就激励理论主要有以下几个基本观点：（1）具有高成就需求的人更喜欢体现个人责任、及时获得工作反馈和适度挑战性的环境，这些特征的具备和满足，会对高成就需求者产生非常显著的激励效果。（2）高成就需求者不一定是优秀的管理者，尤其是在一个大型组织中。因为高成就需求者关注的是如何做好自己的工作，而不是如何去影响和帮助他人做好工作。（3）归属需求和权力需求与管理者的成功密切相关，最优秀的管理者通常具有高权力需求和低归属需求。

3.4.2 成就需求培养方式

麦克利兰认为，个体的成就需求与他所处的经济、文化、社会和政府的发展程度息息相关。1960年，在麦克利兰的领导下，一批心理学家在哈佛大学以企业经理为主要研究对象进行了大量实验，创造了一种所谓“全压”训练班的办法来提高参加者的成就需求水平。

麦克利兰等为“全压”训练班的企业经理们制定了四项目标：（1）训练和指导参加者用高成就需求者惯用的方式去思考、交谈和行动。（2）鼓励参加者为今后两年设定经过仔细推敲且具有挑战性的目标，并每隔六个月对参加者进行一次回访，以共同检查目标的实现情况。（3）运用各种方法让参加者更好地认识自己，如要求参加者向集体解释自己的行为、共同分析参加者的心理和动机等，从而打破固有的习惯和态度，重新认清自己的成就目标。（4）通过互相了解别人的期望，分享成功和失败的经验以及彻底改变周围环境等，来增进参加者的团体意识和集体主义精神。

这种训练班为美国大型公司、墨西哥企业和印度企业的经理人员多次采用和举办。相关统计数字表明，受过训练的经理人员的主动性和创业精神普遍有所提高，并且在两年后取得的成就也明显地高于条件类似但未受过训练的经理人员。

3.4.3 “A型动机”的人及其性格特征

麦克利兰认为，一般可从心理上将人划分为两类：小部分人愿意寻求机遇和挑战，愿意努力工作以取得令自己满意的成就，而大部分人则对此抱无所谓的态度。麦克利兰把前一类人称为高成就动机者，即A型动机的人。他将A型动机的人的性格特点归纳为以下三点：

1. 自己设定挑战性的目标

心理学实验证实，如果有权自主制定工作目标，具有A型动机的人总是选择难度适中的工作任务。例如，在套圈游戏中如果允许每个人自己选择站立位置和掷圈距离，多数人会倾向于随意选定，有时站得近些，有时站得远些。但是，A型动机强烈的人却总是认真、仔细地计算自己的位置和距离。他们既不会站得太近，以至于太容易套上，显得十分可笑；又不会站得太远，以至于不可能套上。这些人选择的目标总是难度适中且具有一定挑战性。如果目标太高、难以实现，就难以满足他们的成就需求；而如果目标太过容易，轻易就能实现，也不能满足他们的成就需求。因此，A型动机的人往往把工作及其条件进行恰当的安排，以使自己不断地获得成就感。

2. 喜欢通过自己的努力解决问题，而不依赖偶然的机遇坐享成功

A型动机的人希望有能够独立解决问题的工作环境。只要具备了这种环境，即使不再提供其他方面的激励，他们也能积极、努力地工作。因为A型动机的人只有在靠自己的能力解决问题时，才会感到取得成就的满足。因此，对于A型动机的人，组织应该给他们分派富有挑战性的工作和任务，并授予其一定的自主权。同时，A型动机的人不喜欢靠碰运气或机会取得成功，不喜欢赌博。如果让他们在掷骰子和解决问题二者中选择，假设成功机会都是1∶3，这些人一定会选择解决问题。

3. 要求立即得到反馈，弄清工作的结果

A型动机的人希望能够及时得到具体的信息反馈，以清楚了解和掌握自己工作的结果和所得到的评价，从而真正感受到自己的工作得到了组织和他人的认可和肯定，以促使其能够继续努力，不断取得新的成就。因此，A型动机的人更喜欢当推销员或打高尔夫球，而不愿意当教师，因为后者的工作成果需要较长的周期才能得以反馈。这对于企业管理者的启示就是要定期公布和反馈企业员工的工作绩效，以销售、生产、成本等方面的数据将其具体化，并通过表扬、奖赏、加薪和晋升等方式对他们的成就予以肯定。

3.4.4 胜任素质

胜任素质的应用起源于20世纪50年代美国国务院对外交官的选拔。当时，美国国务院感到以智力因素为基础选拔驻外外交官的效果不理想。许多表面上很优秀的人才，在实际工作中的表现却令人非常失望。在这种情况下，麦克利兰应邀帮助美国国务院设计一种能够有效预测实际工作业绩的人员选拔方法。在项目实施过程中，麦克利兰应用了奠定胜任素质方法基础的一些关键性的理论和技术，通过对工作表现优秀与一般的外交官的具体行为特征进行比较分析，以识别能够真正区分工作业绩的个人条件。在总结项目研究及实践成果的基础上，麦克利兰于1973年在《美国心理学家》杂志上发表了一篇文章——

《测量胜任素质而非智力》。在该文中，麦克利兰指出滥用智力测验来判断个人能力的不合理性，并进一步说明人们主观上认为能够决定工作成绩的一些人格、智力和价值观等方面因素，在现实工作中并没有表现出预期的效果。因此，他强调离开那些被实践证明无法成立的理论假设和主观判断，回归现实，从第一手材料入手，将那些真正影响工作业绩的个人条件和行为特征界定为胜任素质，即是指能够将特定组织中特定工作职位上表现优秀的员工与表现一般的员工区分开来的一些重要的个体特征和行为。这篇文章的发表，标志着胜任素质运动的开端，麦克利兰也由此成为国际上公认的胜任素质的创始人。

3.4.5 思想点评

麦克利兰的成就激励理论在企业管理中发挥了重要的应用价值。首先，在人员的选拔和安置上，通过测量和评价一个员工动机体系的特征对于如何分派工作和安排职位有着重要的意义。其次，由于具有不同需求的人需要不同的激励方式，了解员工的需求与动机有利于合理地建立激励机制。再次，麦克利兰认为动机是可以训练和激发的，因此可以通过训练和提高员工的成就动机以提高工作绩效。不过，他的主张也受到了来自两个方面的批评：一些人认为人的动机很难被塑造；另一些人则要求他拿出具体办法来立即解决自己所在组织的激励问题。因此，尽管他的研究结果证明了其理论的发展潜力，但迄今为止还有许多问题尚无答案，有待进一步的研究。

3.5 道格拉斯·M·麦格雷戈（Douglas M. McGregor）

道格拉斯·M·麦格雷戈（1906—1964）是美国行为科学家、人性假设理论创始人、X—Y理论管理大师。麦格雷戈对当时流行的传统的管理观点和对人性假设的原始看法存有质疑。他在1957年11月号的美国《管理评论》杂志上发表了《企业的人性面》一文，详细阐释了他对人性假设的系统思考。该文于1960年以书的形式正式出版，进而奠定了他在管理学领域的重要地位。麦格雷戈认为，有关人的性质和人的行为的假设对于决定管理人员的工作方式来说是极为重要的。管理人员以他们对人的性质的假设为依据，可采用不同的方式来组织、控制和激励人们。基于这种思想，麦格雷戈提出了著名的“X—Y理论”。X—Y理论批判了传统管理模式以“经济人”作为管理的前提——视人为物、忽视人的精神需要、压抑人的积极性创造；肯定了人性中的积极上进的另一面。这在当时普遍遵循“经济人”假设、采用“胡萝卜加大棒”管理方式的情况下，可以说是管理理论的一次创新，是管理领域的一次重要变革。自此以后，管理学对“人”的关注进入了一个新时代。

3.5.1 X理论

麦格雷戈把传统的管理观点叫做X理论，其主要思想内容是：

（1）大多数人是懒惰的，他们尽可能地逃避工作。

（2）大多数人都没有什么雄心壮志，也不喜欢负什么责任，而宁可让别人领导。

（3）大多数人的个人目标与组织目标都是矛盾的，为了达到组织目标必须靠外力严加管制。

（4）大多数人都是缺乏理智的，不能克制自己，很容易受别人影响。

（5）大多数人都是为了满足基本的生理需求和安全需求，所以他们将选择那些在经济上获利最大的事去做。

（6）人群大致可分为两类，多数人符合上述假设，少数人能克制自己，这部分人应当承担管理的责任。

X 理论假设人对于工作的基本评价是负面的，即从本质上来说，人都是不喜欢工作的，并且一有可能就逃避工作；一般人都愿意被人指挥并且希望逃避责任。基于上述假设，X 理论得出这样一个结论，管理人员的职责和相应的管理方式是：

（1）管理人员关心的是如何提高劳动生产率、完成任务，他的主要职能是计划、组织、经营、指引、监督。

（2）管理人员主要是应用职权，发号施令，使下属服从，确保员工适应组织和工作的要求，而不考虑在情感上和道义上如何给人以尊重。

（3）强调严密的组织和制定具体的规范和工作制度，如工时定额、技术规程等。

（4）应以金钱作为报酬来收买员工的效力和服从。

由此可见，此种管理方式是“胡萝卜加大棒”的方法，一方面靠金钱收买与激励员工，另一方面依靠严密的控制、监督和惩罚迫使员工为组织目标而努力。麦格雷戈发现当时企业中对员工的管理工作、传统的组织结构以及管理政策、实践和规划等都倾向于采用这种“严格而合理”的管理方法，即“温和地讲话，但手上拿着大棒”。但是，这种管理方法的基本指导思想还是 X 理论，仍然存在着许多管理上的问题与弊端，难以真正有效地激励员工的工作积极性和挖掘员工的工作潜能。

3.5.2　Y 理论

麦格雷戈认为，由于 X 理论存在诸多弊端及其他许多原因，需要构建一个关于人员管理的新理论，把它建立在对人的特性和人的行为动机的更为恰当的认识基础上，于是他提出了 Y 理论，其主要内容是：

（1）一般人并不是天生就不喜欢工作，工作中体力和脑力的消耗就像游戏和休息一样自然。

（2）外来的控制和惩罚，并不是促使人们为实现组织目标而努力的唯一方法。人们更愿意实行自我管理和自我控制来完成应当完成的目标。因此，外在的控制和惩罚在某种程度上甚至是一种威胁和阻碍，它放慢了人们成熟和成长的脚步。

（3）人们自我实现的需求和组织目标的实现之间是没有矛盾的。如果能够给人提供适当的机会，就能顺利实现个人目标和组织目标的统一。

（4）一般人在适当条件下，不仅能学会接受职责，而且还能学会谋求职责。逃避责任、缺乏抱负以及强调安全感，通常是经验导致的结果，而不是人的本性所驱使的。

（5）大多数人，而不是少数人，在解决组织的困难问题时，都能发挥较强的想象力、创造力和聪明才智。

（6）在现代工业生活的条件下，一般人的智慧潜能只是部分地得到了发挥。

麦格雷戈认为Y理论能使组织的成员在努力实现组织目标的同时，更好地实现个人目标。基于Y理论的相关假设，麦格雷戈总结和提炼了管理人员应承担的管理职责和应采取的管理方式和措施。

（1）管理职能的重点。在Y理论的假设下，管理者的重要任务是创造一个使人得以发挥才能的工作环境，以充分发挥员工的潜力，使员工在为实现组织目标贡献力量时，也能实现自己的目标。因此，管理者的角色已不仅是指挥者、调节者或监督者，而应发挥辅助者的作用，给员工以支持和帮助。

（2）激励方式。根据Y理论，对员工的激励主要是给予员工来自工作本身的内在激励，让其承担具有挑战性的工作，并赋予其更多的责任，以促使其满足自我实现的需求。

（3）在管理制度上授予员工更多的自主权，让员工参与管理和决策，实行自我管理和控制。

3.5.3 思想点评

麦格雷戈提出的X—Y理论是在管理实践中对人性认识提炼的宝贵结晶。X—Y理论的提出不仅在当时产生了轰动，而且对现代管理理论和实践也产生了巨大的促进作用，特别为后来的“Z理论”、“超Y理论”、“复杂人”假设等管理理论的产生和发展提供了直接的理论基础和启示。如同沃伦·G·本尼斯所言：麦格雷戈的X—Y理论“如果说没有对管理实践产生直接影响，那么它至少推动了相关领域的一系列发展”。麦格雷戈曾毫不讳言他对Y理论的偏爱，他坚信人性的本质是蓬勃向上的，在参与式管理、员工成长、经理人培养等方面，他都提出了极具启发性的观点。德鲁克曾经说过：“随着时间的流逝，麦格雷戈的预言变得更加贴近现实、更加适时并且更加重要。”半个多世纪以来，麦格雷戈在管理学界引发的思想震撼依然不减当年，管理学界有关“人”的各种研究，都同麦格雷戈的思想紧密相关。

不过，X理论和Y理论的人性假设忽视了人的个性的可塑性。组织成员的个性千差万别，有的人积极，有的人消极。领导者若只是认同X理论或Y理论，必定解决不了管理中存在的实际问题，也达不到预期的管理效果。管理实质上是对人的管理，而人是具有差异性的，不能对所有的人实施千篇一律的管理模式。因此，管理者必须不断摸索，根据不同的具体情况实施相应的管理。

3.6 伯尔霍斯·弗雷德里克·斯金纳（Burrhus Frederic Skinner）

伯尔霍斯·弗雷德里克·斯金纳（1904—1990）是美国行为主义心理学家，操作学习理论的创始人和行为矫正技术的开创者。斯金纳在心理学研究领域成就卓著。他发展了巴甫洛夫和桑代克的研究成果，揭示了操作性条件反射的规律；设计了被世界各国心理学家和生物学家所广泛采用的用以研究操作性条件反射的实验装置“斯金纳箱”；在哈佛大学创建了著名的鸽子实验室；根据对操作性条件反射和强化作用的研究发明了“教学机器”，设计了“程序教学”方案，对美国教育产生了深刻的影响，被誉为“教学机器之父”。

3.6.1　操作性条件反射

操作性条件反射这一概念，是斯金纳新行为主义学习理论的核心。斯金纳把行为分成两类：一类是应答性行为，这是由已知刺激引起的反应；另一类是操作性行为，是有机体自身做出的反应，与任何已知刺激物无关。与这两类行为相应，斯金纳将条件反射也分为两类。与应答性行为相应的是应答性反射，称为 S（刺激）型（S 型名称来自英文“simulation”）；与操作性行为相应的是操作性反射，称为 R（反应）型（R 型名称来自英文“reaction”）。S 型条件反射是强化与刺激直接关联，R 型条件反射是强化与反应直接关联。斯金纳认为，人类行为主要是由操作性反射构成的操作性行为，操作性行为是作用于环境而产生结果的行为。R 型条件反射可以塑造新行为。在学习的情境中，操作性行为更有代表性。

斯金纳关于操作性条件反射作用的实验，是在他设计的一种动物学习实验自动记录装置，即著名的斯金纳箱中进行的。这个箱子大约 0.3 米见方，箱子的构造要求尽可能地排除一切外部刺激，并内设有杠杆或按键等与食物储存器相连接的食物盘。实验时，在箱内放进一只白鼠，使其可在箱内自由活动，当它压杠杆或啄键时，会有一团食物掉进箱子下方的盘中，动物就能吃到食物。与此同时，箱外会配有相应的装置来记录动物的动作。若干次重复之后，就会形成白鼠压杠杆或啄键获取食物的条件反射，斯金纳称此为操作性条件反射。斯金纳用同样的方法研究了鸽子的行为。他曾尝试用鸽子建立条件反射，使鸽子能根据颜色用嘴啄不同的按键，并试图用这种方法去控制导弹的飞行。在实验中，斯金纳发现，开始时鸽子啄红、黄和蓝三个按键是随机的。但是，如果在它啄红色按键时给它一个正强化刺激（如食物），在它啄黄色按键时不给予任何刺激，而在它啄蓝色按键时给予负强化刺激（如电击），则一段时间之后，鸽子啄红色按键的次数明显高于啄其他两个按键的次数。

通过实验，斯金纳发现动物的学习行为是随着一个起强化作用的刺激而发生的。斯金纳认为正强化会促进某一行为的发生，而负强化则会避免某种行为的出现。人们可以有目的地设计强化程序，使动物学会某种行为或控制某种行为的发生。进而，斯金纳把动物的学习行为推广到人类的学习行为上，他认为虽然人类学习行为的性质比动物要复杂得多，但也可以通过操作性条件反射来加以引导。学习的本质不是刺激的替代，而是反应的改变。他认为，人的一切行为几乎都是操作性强化的结果，人们能够通过强化作用的影响去改变他人的反应。在教学方面，教师可以充当学生行为的设计师和建筑师，把整个学习目标分解成很多小的任务，并且一个一个地予以强化，使学生能够通过操作性条件反射逐步完成学习任务。

3.6.2　强化理论

强化理论又称行为修正理论，是以学习的强化原则为基础的关于理解和修正人的行为的一种学说。强化是学习理论中的核心概念，根据强化的性质和目的可把强化分为正强化和负强化。具体而言，强化包括正强化、负强化、惩罚和自然消退四种类型。

（1）正强化，又称为积极强化。当人们采取某种行为时，能从他人那里得到某种令其感到愉快的结果，这种结果反过来会成为推进人们趋向或重复此种行为的积极力量。例如，企业用某种具有吸引力的结果，如加薪或晋升，来对员工努力进行安全生产的行为予以肯定和支持，从而增强员工进一步遵守安全规程进行安全生产的愿望和动机。

（2）负强化，又称为消极强化。它是指采取某种不符合要求的行为后所导致的负面结果，负强化在一定程度上会抑制和减少该行为的发生次数。例如，企业安全管理人员告知工人若不遵守安全规程，就会受到批评，甚至得不到安全奖励，于是工人为了避免这种不期望发生的结果，就会选择认真遵照操作规程进行安全作业。

（3）惩罚，是负强化的一种典型方式。它是在消极行为发生后，以某种强制性、威慑性的手段（如批评、行政处分、经济处罚等）给人带来不愉快的负面结果；或通过取消现有的令人愉快和满意的条件，以表示对某种不符合要求的行为的否定。

（4）自然消退，又称衰减。它是指对原先可接受的某种行为强化的撤销。由于在一定时间内不予强化，此行为的发生次数将自然下降并逐渐消退。例如，企业曾对员工加班加点完成生产定额给予奖酬，后经研究认为这样不利于员工的身体健康和企业的长远利益，因此不再发给奖酬，从而使员工加班加点的行为逐渐减少。

斯金纳的强化理论认为，正强化是用于加强所期望的个人行为；负强化、惩罚和自然消退的目的是为了减少和消除不期望发生的行为。这四种类型的强化相互联系、相互补充，共同构成了一种制约或影响人的行为的强化体系。在管理实践中，正强化就是奖励那些组织上需要的行为，从而加强和鼓励这种行为；负强化就是惩罚那些与组织所不相容的行为，从而削弱和减少这种行为。具体而言，正强化包括奖金、对成绩的认可、表扬、改善工作条件和人际关系、晋升、安排员工担任挑战性的工作、给予员工学习和成长的机会等。负强化则包括批评、处分、降级等，有时不给予奖励或少给奖励也是一种负强化的表现形式。

3.6.3 程序教学与教学机器

斯金纳将强化理论进行了进一步的发展和延伸，将其扩展和应用到了人的学习实践和活动中，并发明了著名的斯金纳程序教学和教学机器。斯金纳强调在学习过程中应遵循小步子和及时反馈的原则，将大问题分成许多小问题，循序渐进。概括而言，程序教学法在学习中具体应用的一些主要原则如下：

（1）经过强化的行为趋于重复发生。例如，当某种行为的结果是受人称赞时，这种行为重复发生的可能性就会相应增加。

（2）根据不同的强化对象应采用不同的强化措施。由于人们的年龄、性别、职业、学历和经历等方面存在着差异，相应地也就会产生不同的需求，因此应有针对性地采用不同的强化方式。

（3）小步子前进，分阶段设立目标，并对目标进行清晰的阐释。首先，设立一个鼓舞人心而又切实可行的目标，目标表述要明确、具体，这样才能有效地对其进行衡量和采取适当的强化措施。其次，对目标进行分解使其分解成为许多个小的目标，并对每个小目标的完成给予及时的激励和强化，以促进目标的顺利实现。

(4) 及时反馈。要想取得最好的激励效果，就应该在行为发生后尽快采取适当的强化方法。因此，应通过采用各种有效的途径或形式，及时地将工作的结果告诉行动者。

(5) 正强化比负强化更有效。在强化手段的运用上，应以正强化为主；同时，必要时也要对不好的行为给予惩罚，做到奖惩结合。

同时，为了与程序教学的思想相匹配，斯金纳还发明了教学机器来开展教学活动。教学机器是一种外形像小盒子的装置，其构造包括输入、输出、贮存和控制四个部分。根据循序渐进的学习原则，需将教学材料分解成有机联系的几百甚至几千道题目。每一个步骤就是一个问题界面，学生若正确回答了一个界面的问题，就能开始下一个界面的学习。如果答错了，则需用正确答案纠正后，才能过渡到下一个界面。一个程序学完了，可进入下一个程序的学习。

斯金纳认为课堂上采用教学机器，与传统的班级教学相比较有许多优点。第一，教学机器能即时强化正确答案，学习效果的及时反馈能加强学生学习动力。第二，教学机器使学生得到了积极强化，力求获得正确答案的愿望成了推动学生学习的动力，从而有效提高学生的学习效率。第三，采用教学机器可以使一个教师能够同时监督全班学生尽可能多地完成作业。第四，教学机器允许学生根据自己的速度循序渐进地学习，即使一度离校的学生也能在返校后以他辍学时的水平为起点继续学习，这能更牢固地掌握教材，提高学生的学习自信心。第五，教学机器可记录错误数量，从而为教师修改教学内容提供依据，提高教学效果。当然，教学机器也存在一定的不足，其最主要的缺点在于机器教学无法完全取代教师的人格教育活动。随着 20 世纪 50 年代计算机的普及，程序教学很快与计算机联结起来，形成了一种新的教学形式，即计算机辅助教学（computer aided instruction，CAI），并迅速在教育与教学领域得到广泛应用。

3.6.4 行为塑造

在斯金纳看来，人和动物并没有两样，在人的各种行为中，哪些行为会得以保持，哪些行为最终会消失，都取决于这些行为所产生的结果，取决于人们做出这些行为之后是受到了奖励还是惩罚。在行为塑造过程中，实验者首先观察被试的全部行为反应，然后对其中的部分行为反应进行奖励，忽略其中那些实验者不希望保留的行为反应，通过不断的奖励、强化而塑造出一种基本上全新的行为模式。利用这种方法，斯金纳曾成功地教会了鸽子打乒乓球，甚至还教会了鸽子在一架玩具钢琴上弹一首曲子。

斯金纳随后将行为塑造法应用于人类行为的研究中，对一些精神和情感疾病的治疗起到过不小的作用。从 20 世纪 40 年代起，斯金纳和他的两位研究生在波士顿附近的州立医院开始进行实验。斯金纳认为，通过奖励可以重新塑造精神病人的行为方式。如果病人做出了合适的行为，例如自愿进食、自我修整或者协助整理房间等，就会得到一些奖励，如糖果和香烟等，或者得到一些特权，比如自由选择进餐地点、与医生交谈、看电视等。医生们普遍认为，行为塑造法是一种比较有效的行为矫正方法，对严重的精神病人来说尤其如此，但是，这也是一种昂贵的方法，需要花费大量的时间和精力。现在，行为塑造法在家庭教育方面也广为应用。然而，尽管在家庭教育中，行为塑造法对塑造孩子的行为非常有效，但却显得过于严格和缺少人情味，很多家长并不能真正严格地按照行为塑造的技术来实施对孩子行为的控制。因此，它只能作为多种手段中的一种，而不是唯一方式。

3.6.5 思想点评

斯金纳设想用强化理论塑造新型人类社会的设想，不仅在学界，而且在社会公众中产生了巨大反响，其社会影响远远超出了学术范围。斯金纳近乎极端的科学化追求，试图用科学改造人文的思想方法，使他的理论成为学界争议的焦点。正是这种争议，为包括管理学在内的社会科学发展提供了必要的张力，也为斯金纳奠定了大师级的声望。在他逝世后，美国心理学会对他作出如下评价："作为具有敏锐眼光和创造力的心理学家，斯金纳在心理学领域发起了一场挑战我们传统行为观的运动，并在这一领域唤起了许多创新。他对强化相倚关系概念的透彻分析、对进化理论及言语行为内涵的阐释、对心理学研究方法的创新以及行为主义的哲学观点等，都是现代心理学家无法与之相比拟的。"但是，强化理论只着重讨论外部因素或环境刺激对行为的影响，忽略了人的内在因素和主观能动性对环境的反作用，这是强化理论过于机械的不足所在。

3.7 维克多·H·弗鲁姆（Victor H. Vroom）

维克多·H·弗鲁姆（1932— ）是著名心理学家和行为科学家，期望理论和领导者—参与模型的创始人。弗鲁姆著作颇丰，写过10余部著作和近60篇学术论文。在诸多的成果中，以1964年出版的《工作与激励》和1973年出版的《领导与决策》（与耶顿合著）最为有名，分别系统地提出了期望理论模型和领导者—参与模型。这两项成果奠定了弗鲁姆在心理学、组织行为学及管理学界的重要地位。弗鲁姆对管理思想发展的贡献主要体现在两个方面：一是深入研究组织中个人的激励和动机，率先提出了比较完备的期望理论；二是从分析领导者与下属分享决策权的角度出发，将决策方式和领导风格进行划分，设计了著名的领导者—参与模型。

3.7.1 期望理论

弗鲁姆期望理论的基本假设是：人之所以能够从事某项工作并达成组织目标，是因为这些工作和组织目标会帮助他们达成自己的目标，满足自己某方面的需要。弗鲁姆认为，目标对人激励力量的大小，主要取决于目标价值（效价）和期望概率（期望值）的乘积。用公式可表示为：

$$M=V\times E$$

"M"代表激励力，是直接推动人们采取某一行动的内驱力，它反映了调动一个人的积极性和激发人潜力的强度。

"V"代表目标效价，这是一个心理学概念，是指目标的达成对个人所产生的价值及其大小的主观判断。对于同一个目标，由于每个人所处的环境不同、需求不同，所产生的目标价值也就不同。同一个目标对每一个人可能有三种效价：正效价、零效价和负效价。

效价越高，激励力量就越大。例如，对一个很想提升的人来说，提升对其的吸引力就很大；对一个把提升视为无所谓的人来说，其吸引力则为零；而对一个不愿提升的人来讲，其吸引力为负数。所以，效价的变动范围在－100％～100％。

"E"代表期望值，是指某一特定行动将会导致预期成果（或目标）的概率（可能性）。

效价和期望值这两种主观估计在实践过程中会不断修正和变化，发生所谓的"感情调整"。管理者的任务就是要使这种调整有利于发挥最大的激励力量。

根据上述期望公式，只有当人们对某一行动成果的效价和期望值同时处于较高水平时，才有可能产生强大的激励力量。但是，如果其中有一个变量为零，其激励力量就等于零，所以某些非常有吸引力的目标，会因难以实现而导致无人问津。因此，期望理论的公式还可进一步发展为：

$$M=V\times E\times I$$

其中的"I"代表工具性值，是指能帮助个人实现目标的非个人因素，如环境、任务、工具等。例如，在战争环境下，目标效价和期望值再高，也无法有效增强人们努力实现目标的动机；又如，外资企业良好的办公环境、设备和文化制度，也会成为吸引人才的重要因素。

期望理论包含三种关系，即个人努力与个人绩效的关系、个人绩效与组织奖励的关系、组织奖励与个人目标的关系，如图3—5所示。

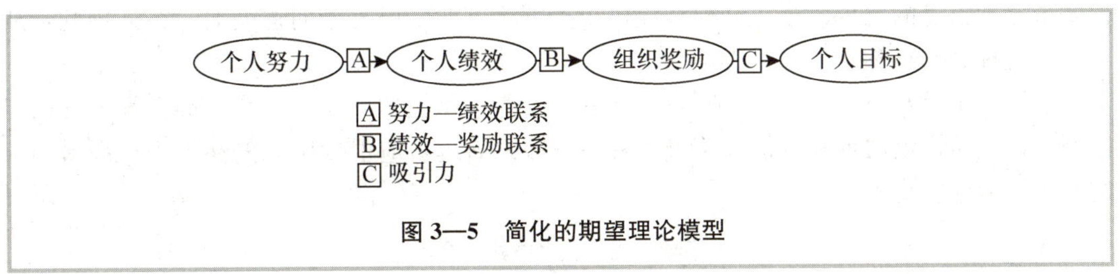

图3—5　简化的期望理论模型

（1）个人努力与个人绩效的关系是指个人认为通过一定努力达成预期绩效的可能性。人们通常希望通过一定的努力以达到预期的目标，如果个人主观认为达成目标的概率很高时，就会充分激发其自信心和工作动力；反之，如果个人认为目标太高，即使通过努力也不会产生很好的绩效时，就会失去内在的动力，导致消极怠工。

（2）个人绩效与组织奖励的关系是指个人相信一定水平的绩效的达成会带来相应奖励结果的程度。人们总是希望在取得一定成绩后能够得到物质上或精神上的奖励。如果在达成绩效目标后能够得到合理的奖励，个人工作热情和动力将得到有力的促进，反之则可能降低其工作积极性。

（3）组织奖励与个人目标的关系是指组织奖励在满足个人目标或需要方面的程度以及这些潜在奖励对个人的吸引力。人们总是希望自己所获得的奖励能够满足自己某方面的需要。由于人们在年龄、性别、资历、社会地位和经济条件等方面的差异性，他们对各种需要所要求达到的满足程度也不尽相同。因此，应结合具体情况采用不同的奖励办法以满足不同人的需要。

归纳而言，弗鲁姆的期望激励理论是一个循环往复的过程。有效的激励力会促使个人采取行动，而行动的实施可以取得相应的成果（目标达成），最终通过对结果达成满意与否的判断，促进下一循环激励力的形成（见图3—6）。因此，为了激励员工，管理者应该一方面使员工了解实现某项活动成果的吸引力，并尽可能增强这种吸引力；另一方面要采取措施帮助员工实现其期望，提高其实现期望概率，以便有效地增强激励力。

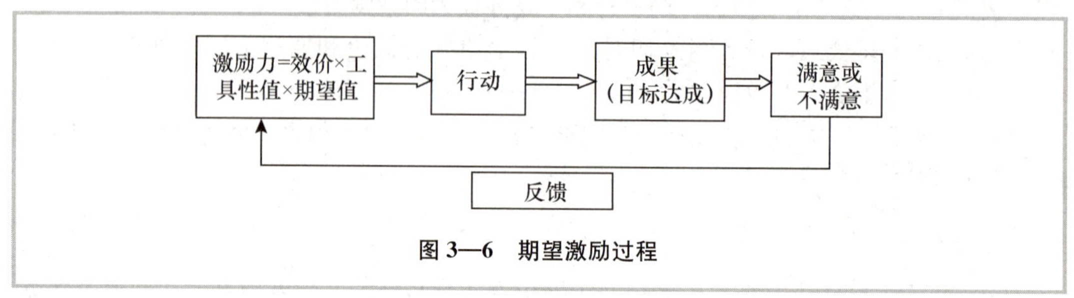

图3—6 期望激励过程

3.7.2 领导者—参与模型及其发展

1973年，弗鲁姆和耶顿合作提出了一种较新的领导权变理论，即领导者—参与模型，该模型将领导风格（即决策方式）同员工参与决策的程度相联系，其前提假设是管理者能够并且愿意调整领导风格，以适应不同的环境；并且管理者能够通过改变下属参与决策的程度来体现自己的领导风格。该模型提供了根据不同的情境类型而遵循的一系列规则，从而帮助管理者确定参与决策的类型和程度。

根据员工参与决策程度的不同，领导者—参与模型把领导风格分为三类五种：独裁专制型两种、协商型两种和群体决策型一种。有效的管理者应根据不同的环境来选择最为合适的领导风格（见表3—1）。

表3—1 领导风格（决策方式）分类

类型	领导风格（决策方式）	参与程度	代码
独裁专制型（A）	管理者运用手头现有的资料，自行解决问题，作出决策	最低	AⅠ
	管理者向下级取得必要的材料，然后自行决定解决问题的方法；向下级索要资料时，可以说明情况，也可以不说明；在决策过程中，下级只向管理者提供必要的资料，而不提供或评价解决问题的方案	较低	AⅡ
协商型（C）	以个别接触的方式，让有关下级了解问题，听取他们的意见和建议，然后由管理者作出决策	中等	CⅠ
	让下级集体了解问题，并听取他们的意见和建议，然后由管理者作出决策	较高	CⅡ
群体决策型（G）	让下级集体了解问题，并且与管理者共同提出和评价可供选择的决策方案，努力就决策方案的选择取得一致；在讨论过程中管理者的角色是组织者，不应用自己的思想去影响群体	最高	GⅡ

注：表中的A代表专权，C代表协商，G代表群体，英文字母后面的罗马数字代表该种类型的各种变形。

弗鲁姆认为，各种决策类型的最终有效性主要取决于管理者对决策质量、决策的可接受性以及决策成本等因素的重视程度，同时也取决于采用不同的决策方法所取得最终结果的差别程度。由于不存在对任何环境都适用的领导风格（决策方式），因此管理者在进行决策时，应将精力集中在对情境的正确判断上，以便更好地针对环境的要求选择合适的领导风格和决策方式。

为了进一步明晰领导者—参与模型的基本环境和问题，使管理者能够正确地判断自己所处的环境，有效地使用该模型选择决策方式，弗鲁姆用两种类型的七个问题来对决策环境的描述进行了概括，这两类问题分别与决策质量和决策所需的信息有关。管理者通过对这七个问题逐个作出“是”（Y）或“否”（N）的回答，用“决策树”的方法，根据选择法则的逻辑程序，筛选出一个或若干个可行的决策方式。用来确定决策方式的七个问题和“决策树”如图 3—7 所示。

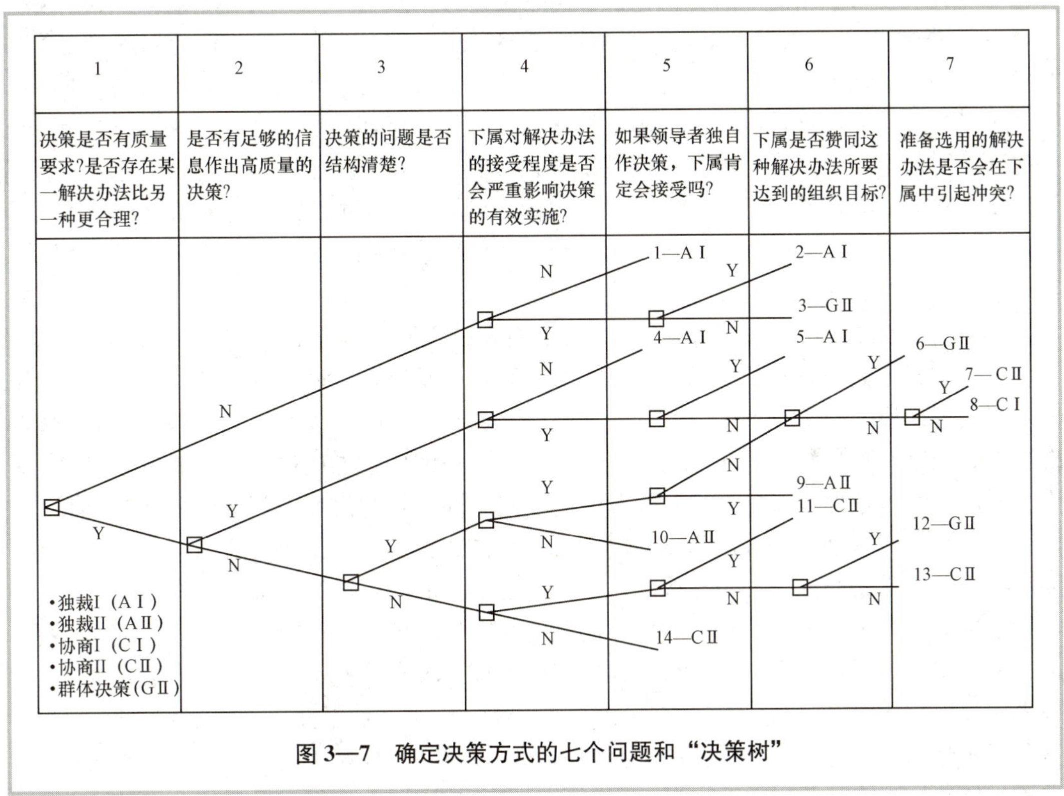

图 3—7 确定决策方式的七个问题和“决策树”

与“决策树”的思想相匹配，弗鲁姆还提出了七项基本法则来保证决策质量和决策的可接受性：

（1）信息法则。如果决策的质量很重要，而管理者又没有足够的信息或单独解决问题的专业知识，就不要采用 A Ⅰ 方式。

（2）目标合适法则。如果决策的质量很重要，而下属又不将组织目标当做大家的共同目标，则不应选用 GⅡ方式。

（3）非结构性工作问题法则。如果决策的质量是重要的，但管理者缺乏足够的信息和专业知识而无法独立地解决问题，并且该工作问题又是非结构性的，则需排除采用 A Ⅰ、

AⅡ、CⅠ这三种方式。

（4）接受性法则。如果下属对决策的接受是有效执行决策的关键，而由管理者单独作出的决策不一定能够得到下属的支持，则不应采取AⅠ、AⅡ方式。

（5）冲突法则。如果决策的可接受性很重要，而管理者的个人决策不一定能够被下属所接受，并且下属在方案的选择上可能存在冲突时，则不应采取AⅠ、AⅡ、CⅠ这三种方式。

（6）公平合理法则。如果决策的质量并不重要，但决策的可接受性却是关键，在这种情况下适宜采用GⅡ方式。

（7）可接受性优先法则。在下属是值得信赖的情况下，如果决策的可接受性是决策的关键，而专制的决策又保证不了其可接受性时，应采用GⅡ方式。

领导者—参与模型提出后，在社会上产生了巨大的影响，这促使弗鲁姆深入思考如何完善和改进该模型中存在的问题。他认识到在使用“决策树”时，只能回答“是”或“否”，这种绝对性的答案并不符合实际工作的需要。因为在很多情况下，管理者的回答属于“可能是”、“或许不是”这类不确定的答案。另外，所列出的七个问题并不能把复杂多变的环境因素全面涵盖。因为在建立模型时必然要筛选相关因子和简化逻辑关系，不可能把现实工作中的全部影响因素包括在内，否则会导致模型过于庞大、关系过于复杂等问题。但是，过于精简的筛选和简化又容易产生使模型偏离现实的风险。对此，弗鲁姆认为需要根据模型的具体运用情况予以适当的调整。

1988年，弗鲁姆和加哥合作出版的《新领导：组织中的管理参与》一书，对原来的模型进行了两方面的改进。一是增加了相关因素，二是增强了回答问题的相对性。模型中的权变因素由原来的7个增加到12个，具体包括质量要求、认可程度、领导人的信息掌握程度、问题结构化程度、认可的可能性、目标的一致性、下属冲突、下属的信息掌握程度、时间制约、地理分布、激励时间和激励发展。同时，对模型中问题的回答不再是绝对的“是”与“否”，而是增添了等级的划分，其中四个涉及重要性的问题，答案从“不重要”到“非常重要”分为五个等级；六个涉及可能性的问题，答案从“完全否定”到“完全肯定”分为五个等级；只有最后两个问题的答案保留了“是”或“否”的开关式选择。

通过实验证明，这个新模型被认为更切合管理的现实。但是，在另一方面也加大了管理者实际应用的难度。为了解决这一矛盾，弗鲁姆和加哥采用计算机程序化运行的方式，简化了实际的操作过程。从最初的“弗鲁姆—耶顿模型”到后来的“弗鲁姆—加哥模型”，弗鲁姆的领导理论随着时代的发展、认识的深入、技术的进步而不断改进。

3.7.3 思想点评

弗鲁姆的期望理论作为一种权变的领导理论模型，深受管理学者和实践者们的推崇。该理论的关键在于解释了努力与绩效、绩效与奖励、奖励与个人目标满足之间的关系，对管理者具有重要的指导意义。此外，弗鲁姆的领导者—参与模型，充分运用了决策研究的成果，尤其是运用“决策树”建立了帮助管理者进行决策选择的有效模型；同时，弗鲁姆将规范模型和描述模型有机结合，把社会学的研究路径和方法运用到了管理活动当中，为管理研究及实践开辟了广阔的前景。

3.8　约翰·斯塔西·亚当斯（John Stacey Adams）

约翰·斯塔西·亚当斯（1925—　）是北卡罗来纳大学著名的行为学教授、美国行为科学家和管理心理学家、公平理论的创始人。亚当斯于 1965 年提出的公平理论是当代过程型激励理论的重要代表。他的理论模型与先前的相比，突出之处在于把个人知觉与判断放在更重要的位置；通过社会比较来探讨个人所作的贡献与所得奖酬之间的平衡关系，着重研究了工资报酬分配的合理性、公正性及其对员工士气的影响。

3.8.1　公平理论

亚当斯在《工人关于工资不公平的内心冲突同其生产率的关系》、《工资不公平对工作态度和绩效的影响》、《社会交换中的不公平》等著作中提出了公平理论。公平理论又称社会比较理论，侧重于研究工资报酬分配的合理性、公平性及其对员工工作积极性的影响，它反映了"每一个人都应公平地得到报酬"这一原则在员工激励方面的应用。该理论的基本要点是：公平感会直接影响员工的工作动机和工作行为。人的工作积极性不仅与个人实际报酬的多少有关，而且与人们所感知到的报酬分配是否公平更为密切。人们总会自觉或不自觉地将自己付出的劳动代价及其所得到报酬与他人进行比较，并对公平与否作出判断。因此，从某种意义来讲，动机的激发过程实际上就是了解人们对公平的感知并对其行为加以引导的过程。

在公平理论中，公平感是个体的主观心理感受。根据不同的划分标准，公平感可以分为不同的类型。一种标准是按照比较的对象来区分，可将公平感区分为分配公平感和程序公平感。所谓分配公平感是指一个人在他的收入或工作结果上，感觉到的得到公平对待的程度；而程序公平感是指人们感觉到的在决策程序上得到平等对待的程度。另外一种标准是按照比较的标准来区分，可将公平感区分为绝对公平感和相对公平感。所谓绝对公平感是指人们将工作所获得的实际所得与自己认为应该获得的所得相比较，感觉到是否公平的程度；而相对公平感是指人们将自己工作所获得的实际所得，与别人在同一情境下所获得的所得进行比较，感觉到是否公平的程度。

根据公平理论，每个人都会在工作投入与产出之间寻找平衡感。亚当斯把这种投入与产出称为典型的工作输入与输出（参见表 3—2）。

表 3—2　　典型的工作输入和输出

典型的工作输入		典型的工作输出
努力、忠诚、勤奋工作、承诺、技能、能力、适应性、灵活性、容忍、决心、精神与情感、热情、对老板与上级的信任、对同事与下属的支持、个人牺牲等	人们需要在输入与输出之间找到平衡感	经济奖励：工资、薪水、报销、补贴、津贴、退休金、红利和佣金 精神奖励：认可、名誉、表扬、感谢、兴趣、责任、激励、出差、培训、得到发展、成就感和先进感、升职等

当我们感觉到“输入”能够得到全面、公平的报偿，那么我们便会乐于工作，并会继续在工作中投入同等的“输入”。但是，如果我们感觉到“输入”高于“输出”，则会产生不平衡感。通常，负激励的程度与输入和预期输出之间的不平衡程度成相应的比例。亚当斯认为，不公平感会导致个人内心的紧张。为了降低紧张程度和减少不公平的感觉，人们可能会选择下面的一些行为：（1）提高或降低他们的投入，直到一个可能公平的水平；（2）改变收益来获取公平；（3）离开组织或要求调到新部门，希望找到有利于平衡的环境；（4）改变对比群体，变换一个新的参照对象来减少不公平感产生的根源；（5）曲解自己的投入和收益；（6）曲解别人的投入和收益；等等。

概括而言，人们选择与自己进行比较的参照对象一般有三种：“他人”、“制度”和“自我”。“他人”包括同一组织中从事相似工作的其他个体，还包括朋友、邻居及同行等。“制度”是指组织中的薪酬政策及其运作程序。“自我”是指个体本身在工作中付出与所得的比率。

1. 与“他人”进行比较

这是一种横向比较，即个人要将自己获得的“报偿”（包括金钱、工作安排以及获得的赏识等）与自己的“投入”（包括教育程度、所作努力、用于工作的时间、精力和其他无形损耗等）的比值与组织内其他人作社会比较，只有相等时，个人才认为是公平的，如下式所示：

$$Op/Ip=Oc/Ic$$

其中，Op——自己对所获报酬的感觉；Oc——自己对他人所获报酬的感觉；Ip——对自己所作投入的感觉；Ic——自己对他人所作投入的感觉。当上式为不等式时，可能出现以下两种情况：

$$Op/Ip<Oc/Ic \qquad (1)$$

在这种情况下，个人可能要求增加自己的收入或降低自己今后的努力程度，以便使左方增大，趋于相等；第二种办法是个人可能要求组织减少比较对象的收入或者让其增加努力程度以便使右方减小，使公式趋于相等。此外，个人还可能变更比较对象，以便达到心理上的平衡。

$$Op/Ip>Oc/Ic \qquad (2)$$

在这种情况下，个人可能要求减少自己的报偿或主动多做些工作。但久而久之，便会趋于适应自己的所得，认为自己确实应当得到那么高的待遇。

2. 与“自我”进行比较

除了进行横向比较之外，人们也经常作纵向比较，即把自己目前投入的努力与目前所获得报酬的比值，同自己过去投入的努力与过去所获报酬的比值进行比较。只有相等时个人才认为是公平的，如下式所示：

$$Op/Ip=Oh/Ih$$

其中，Op——自己对现在所获报酬的感觉；Oh——自己对过去所获报酬的感觉；Ip——自己对现在所作投入的感觉；Ih——自己对过去所作投入的感觉。

当上式为不等式时，也可能出现以下两种情况：

Op/Ip<Oh/Ih　　(1)

当出现这种情况时，人会有不公平的感觉，这可能导致工作积极性下降。

Op/Ip>Oh/Ih　　(2)

当出现这种情况时，人不会产生不公平的感觉，但也不会认为自己多拿了报酬而主动多做些工作。

除了分配公平之外，程序公平成为近年来管理者和研究者重视的新领域。研究发现：在整个组织内部，明文规定的制度或不成文的规定都会影响到组织成员的行为。如果这些制度和规定的内容及制定过程是不公平的或非理性的，则员工对组织的忠诚度就会受到非常大的影响。因此，管理者都期望通过标准、规范的决策流程来形成尽可能公平的政策和决定，以避免让员工产生不公平感。

3.8.2　思想点评

亚当斯的公平理论在实践中得到了充分的验证，尤其是在报酬分配制度设计上的应用，更是得到了管理者们的广泛认同。公平理论给管理者的启示意义包括：首先，影响激励效果的不仅有报酬的绝对值，还有报酬的相对值。其次，在激励过程中应注意对员工公平心理的科学引导，使其树立正确的公平观。一是要认识到绝对的公平是不存在的；二是不要盲目攀比；三是不要按酬付劳。再次，按酬付劳是在公平问题上造成恶性循环的主要根源。为了避免员工产生不公平感，企业往往采取各种方法在企业内部营造出一种公平合理的氛围，以使员工产生主观上的公平感。例如，很多企业采用薪资保密制度，确保员工之间相互不了解彼此的收支比率，以免员工互相比较而产生不公平感。但是，公平理论的一些关键问题还有待进一步研究。比如，员工如何处理相互矛盾的公平信号？员工如何评价是否公平？员工怎样定义投入和产出？员工怎样综合和权衡投入和产出并得出结果？尽管公平理论并非尽善尽美，但还是为我们认识员工激励提供了重要的分析框架。

3.9　莱曼・W・波特（Lyman W. Porter）
爱德华・E・劳勒（Edward E. Lawler）

莱曼・W・波特是美国行为科学家。曾担任美国管理协会和工业与组织心理学会会长，并获得过工业与组织心理学会颁发的特别科学贡献奖以及 1994 年度管理协会的特别教育奖。爱德华・E・劳勒是美国心理学家、行为科学家、人力资源管理大师。劳勒曾被《人力资源主管》杂志评为“人力资源领域最具影响力人物”。美国《商业周刊》认为他是最优秀的六个管理大师之一；《人力》杂志则把他誉为“过去一个世纪以来的 25 位高瞻远瞩的人之一”。

3.9.1　波特—劳勒综合激励模型

波特和劳勒对弗鲁姆的期望理论进行了扩展。1967 年，他们在合作发表的《绩效对工作满意度的影响》一文中提出了一种绩效对满意度影响的理论模型（见图 3—8）。

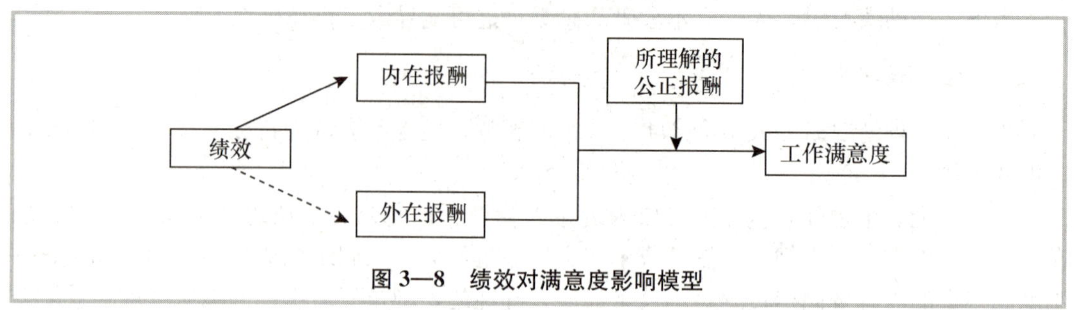

图 3—8 绩效对满意度影响模型

这个模型的具体内容是，一个人在达到一定绩效水平之后，会得到两种类型的报酬：一种外在报酬，包括工资、地位、提升和安全感等。根据马斯洛的需求层次理论，外在报酬往往满足的是一些较低层次的需要。由于绩效具有多维性和多因性的特点，并且工资、地位、提升等报酬的获得也取决于多种因素的共同作用，并不完全取决于个人的绩效水平，因此在图中用一条虚线将绩效与外在报酬联系起来，表示二者之间并非直接的、必然的因果关系。

另一种报酬是内在报酬，即一个人由于工作绩效良好而给予自己的报酬，如感到对社会作出了贡献，对自我存在意义及能力的肯定等。它对应的是一些高层次需求的满足，并且这些需求的满足与工作绩效是直接相关的，因此在图中“绩效”与“内在报酬”由实线连接。但需注意的是，在“内在报酬”与“外在报酬”之间还要经过“所理解的公正报酬”这一变量来进行调节。也就是说，一个人要把自己所得到的报酬同自己认为应该得到的报酬相比较。如果他认为两者相平衡，就会感到满足并激励他以后更好地工作；但如果他认为自己所得到的报酬低于“所理解的公正报酬”，那么即使事实上他得到的报酬并不少，他也会感到不满足甚至失落，进而影响他以后的工作积极性。

1968 年，波特和劳勒在《管理态度与工作绩效》一书中系统地提出了著名的波特—劳勒综合激励模型，来探寻影响员工工作绩效和满意度的原因（见图 3—9）。这个模型主要有以下四个特点：

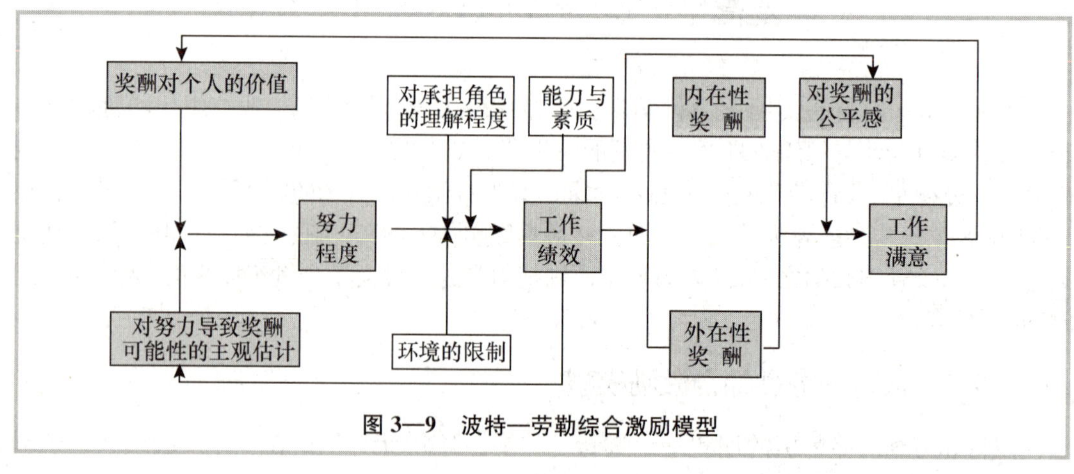

图 3—9 波特—劳勒综合激励模型

（1）“激励”影响一个人是否努力及其努力的程度。

（2）工作的实际绩效取决于能力的大小、努力程度以及对所需完成任务理解的深度。具体而言，“对承担角色的理解程度”就是一个人对自己扮演角色的认识是否明确，是否将自己的努力指向正确的方向，以及是否抓住了自己的主要职责或任务。

（3）奖励要以绩效为前提，不是先有奖励后有绩效，而是必须先完成组织任务才能产生精神的、物质的奖励。当员工感到他们的绩效与奖励之间的关联性很低时，奖励将不能成为提高绩效的有效激励。

（4）奖惩措施是否会产生满意取决于被激励者对所得报酬是否公平的感知。如果他认为所得报酬符合公平原则，便会感到满意并继续努力工作，否则就会感到不满而消极怠工。

3.9.2 思想点评

20 世纪六七十年代，波特—劳勒综合激励模型产生了非常大的影响，即使在今天仍具有重要的现实意义。波特—劳勒的激励理论启示管理者，激励目标的设置和激励手段的运用，并不一定能够获得所需的努力和使员工感到满意。要形成激励→努力→绩效→奖励→满意，然后从满意回馈到努力这样的一个良性循环，主要取决于奖励内容、奖惩制度、管理水平、考核的公正性以及个人心理期望等多种综合性因素。因此，波特—劳勒的综合激励模型作为一种过程型的激励理论比内容型的激励理论更为完整。该模型对管理实践的启示意义主要体现在：第一，奖励能使员工产生不同程度的满足感。对于管理人员来说，奖励分配的恰当与否至关重要。要想提高下属的工作满意度，奖酬的安排需与员工的期望之间保持一致。第二，管理人员应该注意到，不同个体之间对奖励的看法往往有显著的差别，同样的奖酬对不同的个体所产生的激励效果是不同的。

3.10 克莱顿·P·阿尔德弗（Clayton P. Alderfer）

克莱顿·P·阿尔德弗（1940— ）是美国行为科学家、心理学家、ERG 理论创始人。阿尔德弗的主要贡献是在发展马斯洛需求层次理论的基础上提出了 ERG 理论。1969 年，阿尔德弗在《关于人类需要的一种新理论的实证研究》一文中修正了马斯洛的观点，将人类需求层次压缩为三种，即生存需求（existence needs）、关系需求（relatedness needs）以及成长需求（growth needs），因此被称作 ERG 理论。

3.10.1 三种需求及其特点

（1）生存需求，是指全部的生理需求和物质需求，包括人的衣、食、住及在组织中的报酬、对工作环境和条件的要求等方面的基本需求。这类需求大体上与马斯洛需求层次理论中的生理需求和部分安全需求相对应。

（2）关系需求，是指与其他人（同级、上级或下级）和睦相处、建立友谊和有所归属的需求。这一需求与马斯洛需求层次理论中的部分安全需求、全部归属和爱的需求以及部分尊重需求相类似。

(3) 成长需求，是指一种要求得到提高和发展的内在需求和动力。成长需求不仅包括个人潜能的发挥从而能够有所作为和成就，而且还包括新能力的挖掘和开发。这一需求与马斯洛需求层次理论中的部分尊重需求和全部自我实现的需求相对应。

ERG 理论的特点是：第一，当某一需求仅得到了较少满足时，一般会产生更为强烈的需求，以要求得到更多的满足；第二，当较低层次的需求得到充分满足时，则愈发渴望满足较高层次的需求；第三，当较高层次的需求不能够得到充分满足时，则较低层次的需求就相对强烈。

3.10.2 “挫折—倒退”原理

阿尔德弗认为，ERG 理论所指出的三种需求并不完全都是生来就有的，有的需求是通过后天学习才形成的，如关系需求和成长需求。虽然他也同意需求是有层次的观点，但在他看来，人的需求不一定严格地按照由低级向高级发展的顺序。为此，他提出了著名的“挫折—倒退”原理，即一种需要得到满足后，则有满足更高层次需求的愿望；但如果更高层的需求受挫而难以实现时，就会倒退到原来的需求层次上去，并且把原来这一层次的需求看得比以往更为重要。

3.10.3 需求越级出现

阿尔德弗认为，人的需求还可以越级出现。例如，人可以在关系需求没有得到充分满足的情况下，产生成长需求。在企业中，各个员工的需求各不相同。有的员工是生存需求占主导地位，有的员工是关系需求占主导地位。管理人员应该充分了解每个员工的真实需求，采取适当的措施来满足员工的不同需求，以便有效激励和引导员工的行为，顺利实现组织和员工的目标。阿尔德弗强调，研究人类需求对管理者的意义就在于管理者应努力把握和控制工作结果，通过工作结果来满足人们的各种需求，从而激发人们的工作动机。

3.10.4 思想点评

阿尔德弗的 ERG 理论是对马斯洛需求层次理论的修正和发展，两者都假设需求是具有一定层次的，但 ERG 理论对各层次需求之间内在联系的阐述更具说服力。第一，需求层次理论是基于“满足—上升”的逻辑，即个体较低层次的需求相对满足后，会向更高层次需求前进；而 ERG 理论不仅包括“满足—上升”的逻辑，还包括“挫折—倒退”的逻辑。“挫折——倒退”表示在高层次需求没有得到相应满足或受到挫折时，需求的重点可能会转向较低层次。第二，ERG 理论认为在任何时间里，多种层次的需求会同时发生激励作用。从这一意义来说，ERG 理论更符合实际，比需求层次理论更为全面和严密。

本章小结

诞生于 20 世纪三四十年代，盛行于 20 世纪 50 年代，发展于 20 世纪 60 年代的行为科学学派，产生了许多具有代表性的管理大师和著名的理论观点。乔治·埃尔顿·梅奥的霍桑实验唤醒了管理者对工人和非正式组织的关注；亚伯拉罕・H・马斯洛的需求层次理论使人们了解到了人类需求的层次性及其对人员激励的重要性；弗雷德里克・赫茨伯格的双因素理论使管理者明晰了保健因素和激励因素之间的区别及其在管理实践中的具体应用；戴维・麦克利兰的成就激励理论为管理者激励员工开辟了新的视角；道格拉斯・M・麦格雷戈的 X 理论和 Y 理论则是对以往人性假设观点的一次重要突破；伯尔霍斯・弗雷德里克・斯金纳的强化理论为教学培训和行为塑造提供了科学依据；维克多・H・弗鲁姆的期望理论使管理者明确在员工目标的设置上要具有一定的挑战性；而约翰・斯塔西・亚当斯的公平理论则使管理者注意到薪酬分配的公平与否会影响到员工激励的效果；波特—劳勒综合激励模型探寻了影响员工工作绩效和满意度的重要因素；克莱顿・P・阿尔德弗的 ERG 理论和"挫折—倒退"原理丰富和发展了马斯洛的观点，使其更为贴合实际。总而言之，行为科学学派的产生、盛行和发展在对人的重视、人性的阐释和人的需求的理解等方面发挥了极其重要的作用，也对管理实践的发展和进步起到了重要的引导作用。

关键术语

霍桑实验（the hawthorne experiments）
需求层次理论（hierarchy of need theory）
双因素理论（the two-factor theory）
成就激励理论（achievement motivation theory）
强化理论（reinforcement theory）
期望理论（expectancy theory）
领导者—参与模型（leader-participation model）
公平理论（equity theory）
"挫折—倒退"原理（frustration-regression principle）

复习思考题

1. 简述乔治・埃尔顿・梅奥的霍桑实验。
2. 阐述亚伯拉罕・H・马斯洛的需求层次理论。
3. 弗雷德里克・赫茨伯格的双因素理论的主要观点是什么？
4. 简答戴维・麦克利兰的成就激励理论。
5. 道格拉斯・M・麦格雷戈的人性假设理论的主要观点是什么？
6. 简答伯尔霍斯・弗雷德里克・斯金纳强化理论的主要观点。
7. 简答维克多・H・弗鲁姆的主要理论贡献。
8. 约翰・斯塔西・亚当斯公平理论的主要观点是什么？
9. 简要介绍波特—劳勒综合激励模型。
10. 阐释克莱顿・P・阿尔德弗的 ERG 理论。

第4章

管理过程学派

管理过程学派在法约尔一般管理理论的基础上发展而来，又被称为管理职能学派、经营管理学派。该学派的主要代表人物有亨利·法约尔、卢瑟·H·古利克、詹姆斯·D·穆尼、拉尔夫·C·戴维斯、哈罗德·孔茨和斯蒂芬·P·罗宾斯等，他们分别从管理过程的角度阐述了自己对于管理的理解和看法。该学派经美国管理学家哈罗德·孔茨的发展与推广后，日益成为管理丛林中非常重要的主流学派，是继科学管理学派、行为科学学派之后影响最大、历史最久的一个管理学派。

4.1 亨利·法约尔（Henri Fayol）

亨利·法约尔（1841—1925）是欧洲杰出的经营管理思想家，西方古典管理理论的三位先驱者之一，管理过程学派的“开山鼻祖”。他在75岁高龄时才出版了划时代名著《工业管理与一般管理》，标志着一般管理理论的形成。他也因此被尊称为“一般管理理论之父”。法约尔最主要的贡献有四个方面：（1）从经营职能中独立出管理活动；（2）提出管理的五项职能；（3）提炼出14项管理原则；（4）提倡管理可以而且应该传授。他与泰勒一样，致力于探讨管理的科学性，并建立了一套系统的管理理论。但是，两人的思想还是存在一些明显的不同：泰勒的研究从工场与车间的现场管理出发，主要着眼于技术管理和作业管理；而法约尔则把整个企业组织作为研究对象，研究的是整个企业的经营管理问题。

4.1.1 区分了“经营”与“管理”，并强调了管理的普遍性

法约尔通过对企业活动的研究，指出“经营”和“管理”是两个不同的概念，管理包

含在经营之中。他认为企业的全部活动（或职能）有六种：（1）技术活动（生产、加工、制造）；（2）商业活动（购买、销售、交换）；（3）财务活动（筹集和有效利用资本）；（4）安全活动（保护财产和人员）；（5）会计活动（财产清点、资产负债表、成本和统计等）；（6）管理活动（计划、组织、指挥、协调和控制）。前五项活动都不负责制定企业的总经营计划，不负责建立社会组织，也不协调各方面的力量和行动。上述这些活动都属于管理活动。法约尔把管理活动从经营活动中提炼出来，进行集中研究，得出了普遍意义上的管理定义，即“管理是一种普遍的单独活动，有自己的一套知识体系，由各种职能构成，管理是通过完成各种职能来实现目标的一个过程”。

法约尔还将管理者和管理进行了区分：管理者是从企业拥有的所有资源中寻求尽可能大的利益以引导企业达到目标，即保证六项活动顺利完成的具体个体；而管理则只是这六项活动中的一项，由管理者保证其进行。在管理学家厄威克看来，法约尔对管理理论独一无二的贡献在于把管理作为一种独立职能加以分析，从而为通过职能分析来研究现代管理方法的演进铺平了道路。

4.1.2 管理的五项职能

法约尔认为，管理活动具有计划、组织、指挥、协调和控制五项职能，并对之进行了详细的分析和阐述。

（1）计划。

法约尔十分重视计划这项职能，认为管理意味着展望未来；在制订计划时，要考虑到下级管理人员和一般工人的意见；一个好的计划应具备统一性、连续性、灵活性和精确性四个特点。要制订具有这些特点的计划，就要对每天、每周、每月、每年、五年甚至十年的情况进行合理的预测，并随着时间的推移或情况的变化不断进行调整或修改。

（2）组织。

组织就是为企业的经营提供所有必要的原料、设备、资本和人员。组织分物质组织和社会组织。企业在获得必要的物质资源之后，就要进行社会组织活动，并开展经营活动。法约尔提出了社会有机体的概念，认为社会有机体中的每个成员都可以看做是一个个的细胞。通过多数成员的结合，社会有机体才能变化和发展，从而形成器官（管理机构）。随着结合起来的成员数量的增加，管理机构日益专门化和完善化。没有有机体，管理活动就不能存在；没有管理活动，社会有机体也就不能有效地形成和发展。企业组织结构必须贯彻统一指挥的原则，以便实现目标。随着企业的扩大和人员的增多，组织内必然形成一定的等级序列或金字塔结构，并在组织中维持一种比较狭窄的管理幅度。同时，由于高级管理者忙于实际管理工作，无暇进行学习和研究，因此有必要成立参谋机构以协助他们管理。参谋机构直接听命于总经理，不能直接给下级发布命令。

（3）指挥。

组织建立以后，需要依靠指挥这一职能使其发挥作用。法约尔认为，担任指挥工作的管理者应该做到以下八点：1）深入了解自己的员工；2）淘汰没有工作能力的人；3）深入了解企业与员工之间的协定；4）做出榜样；5）对社会组织进行定期检查；6）召集主要助手参与高层协商会议；7）不在工作细节上耗费精力；8）使员工保持团结一致、积极工作、勇于创新和忘我工作的精神。

（4）协调。

由于企业内部各部门间存在隔阂，缺乏充分沟通，互相不了解其他部门的工作等问题和弊端，法约尔认为，协调对于一个企业的顺利运营至关重要。各部门的工作都要与其他部门相协调，而每周的部门管理者例会是最好的沟通方法之一。

（5）控制。

控制就是要证实企业的各项工作是否与计划相符，其目的在于找出工作中的缺点和错误，以便纠正并避免重犯。为了有效控制，控制活动必须及时执行，并加以适当的奖励和惩罚；根据工作性质和对象的不同，控制活动应采取不同的方式。如果控制工作太多、太复杂、涉及的面太广，则应请专业的检查员或监督员参与。

这五项职能紧密联系，形成了一个完整的管理过程，为管理理论的研究提供了一个框架。它们既不是独有的特权，也不是企业经理或管理者的个人责任，而是与企业经营的其他活动一样，是一种需要管理者与整个组织成员共同参与的工作。法约尔提出的管理五项职能影响了整个 20 世纪的管理学，此后许多管理学者在此基础上继续研究，逐渐形成了管理过程学派或管理职能学派，法约尔也因此成为这一学派的创始人。

4.1.3 管理的 14 项原则

法约尔根据自己长期的经验提出了一般管理的 14 项原则。

（1）劳动分工。

法约尔指出，劳动分工是合理使用个人力量和集体力量的最好方法。劳动分工不只适用于技术性工作，而且适用于涉及一定人员或要求多种技能的工作。

（2）权力与责任。

在法约尔看来，权力和责任之间存在着一种因果关系。责任是权力的孪生物，是权力的必然结果和重要补充，凡是在权力行使的地方，就必然存在责任。管理者的权力包括正式权力和非正式权力，前者基于职务的高低，后者基于管理者个人的人格特质，包括智慧、经验、道德品质、行为习惯、管理能力和功绩等。

（3）纪律。

企业的顺利发展得益于严明的纪律。法约尔认为，纪律是由管理者所制定的，无论是哪个社会组织，纪律状况都取决于管理者的道德状况。高层管理者和下属一样，都必须接受纪律的约束。

（4）统一指挥。

统一指挥是指一个下属只应接受一个管理者的管理。这一原则的失效将危害纪律、破坏秩序和威胁稳定。因此，法约尔认为这条原则与泰勒的职能工长制不同，因为后者违背了统一指挥的原则。

（5）统一管理。

为了确保目标的顺利实现，只能有一个管理者和一项计划。统一管理是统一行动、协调力量和一致努力的必要条件。法约尔指出，统一管理和统一指挥的主要区别在于：通过统一管理来完善组织，通过统一指挥来发挥人员的作用。

(6) 个人利益服从集体利益。

利益原则是人类社会首要的也是基本的原则。法约尔认为，在一个企业里，一个人或一些人的利益不能位于企业利益之上，个人利益必须服从集体利益。然而，无知、贪婪、自私、懒惰以及人类一切冲动使人总是会为了个人利益而忘掉集体利益。为此，管理者应该坚定立场，树立榜样，尽可能签订公平协定并认真地监督协定的执行。

(7) 人员的报酬。

企业选择报酬的方式是一个难以解决的重要问题。法约尔没有给出具体方案，只是提出了一个基本原则。他认为人员的报酬是其服务的价格，应该合理并尽量做到让企业和企业所属人员（雇主和雇员）都满意。报酬率首先应取决于生活费用的高低、可雇人员的情况、业务的一般状况、企业的经济地位等，然后考虑的才是员工的才能，最后看采用报酬的支付方式；报酬支付方式应坚持公平、奖励有益努力和激发热情的原则。

(8) 集中。

这条原则主要讨论集权和分权的问题。二者本身无好坏之分，关键在于找到一个合适的尺度。影响集权和分权的主要因素是组织规模、管理者与被管理者的个人能力、工作经验以及环境特点等。

(9) 等级制度。

等级制度就是从最高权力机构直至底层管理人员的管理等级序列。这个等级序列对企业内的信息传达和统一指挥来说是非常必要的，但并不总是最迅速的途径。因此，尊重等级序列与保持迅速行动应该结合起来。为此，法约尔设计了一种有利于等级序列与迅速行动有机结合的“法约尔跳板”（又称“法约尔桥”），以使企业内不同等级线路中相同层次的人员能在上级同意的情况下直接联系，以减少信息迂回传递所导致的效率低下及损失。

(10) 秩序。

组织的秩序意味着在组织中的每一个人和每一种物都有一个位置，而且是恰当的位置。秩序包括物的秩序和人的秩序。物的秩序要求每件物品都在各自位置上，排列整齐且位置应事先选择好，以便尽可能地便利所有工作程序；人的秩序也就是社会的秩序，要求每个人都在指定的位置上，适当的人做适当的工作，要根据工作要求和人的特点来分配工作。

(11) 公平。

法约尔认为，善意与公道是公平的基础。公道是实现已订立的协定。为了鼓励员工全心全意、无限忠诚地履行职责，应该善意地对待他们；要特别关注员工希望公平和平等的愿望。企业管理者应经常发挥出个人最大的能力，努力使公平感深入各级人员心中。

(12) 人员的稳定。

法约尔特别强调，企业管理人员的稳定尤其重要。一个人要适应新工作，不仅要具备相应的能力，而且需要一定时间来熟悉该项工作。经验的积累是需要时间的，如果这个熟悉过程尚未完成，便被指派从事其他工作，工作效率就会受到影响。

(13) 首创精神。

首创精神是指人们在工作中的主动性和创造性，是组织充满生气和活力的保证。法约尔认为，提出一个计划并成功实现它是一个聪明人的最大快乐，也是人类活动最有力的刺激之一。它对于企业来说是一个巨大的力量，因此应尽可能鼓励和发展员工的这种精神。

（14）团结精神。

全体人员的团结是企业的巨大力量，为了实现团结，管理人员应避免使用可能导致分裂的分而治之的方法。他提倡应根据工人的偏好把他们编成团队，以降低工人的流动率。这样一来，工人就能长期在自己的团队中工作；通过拒绝接受不合格的或不受欢迎的工人，提高团队的凝聚力；作为团队成员，工人们的工作也会更加努力。此外，法约尔还认识到，人员间的信息交流特别是面对面的口头交流有助于增进团结，因此他鼓励口头交流，反对滥用书面联系的交流方式。

总的来看，上述 14 项原则都围绕一个中心展开，即社会组织或社会机构的设计和运行问题。社会组织的框架如何设计，首先要看如何分工，因此明确分工原则是设计组织结构的前提。分工具体化，就是要明确规定各个管理人员的权责范围；而权力和责任原则又是分工原则的发展和落实。等级制度、统一指挥、统一管理和集中等原则都是维护社会组织健康运行的必要条件。人员的报酬、公平、首创精神、团结精神等原则是保证和提高组织发展的内部动力所必需的物质条件和精神条件。总之，深入理解和全面贯彻这 14 项原则，才能保证社会组织合理建立和顺利运行。当然，法约尔同时也认为，在管理上没有什么绝对死板的东西，只是尺度问题。

4.1.4 管理人员的素质与能力分析

法约尔认为管理人员应该具有特别的素质和能力：（1）身体条件，即健康、精力充沛、谈吐清楚；（2）智力条件，即具有理解和学习能力、判断能力和适应能力等；（3）精神条件，即有干劲、坚定不移、愿意承担责任、主动、忠诚、刚毅、有尊严；（4）通用知识，即广泛了解不仅限于所从事职能的各方面知识；（5）专门知识，即任何职能所特有的知识，如技术、商业、财务、管理等专业知识；（6）经验，即从本职工作中获得的知识，就是将个人从工作中吸取的教训加以整理。

法约尔还用图表来说明人员在管理等级中所处的地位不同，其必须具备能力的相对重要性也不同。技术能力是大型企业下层人员和小型工业企业管理者的主要能力；管理能力是较高层管理者的主要能力。随着企业由小到大、管理者职位由低到高，管理能力在管理者必备能力中的相对重要性也不断增加，而其他诸如技术、商业、财务、安全、会计等能力的重要性则相对降低。

4.1.5 强调管理教育和创立管理理论的必要性和重要性

在西方现代管理史上，法约尔最早提出了管理教育的重要性和必要性。他认为，大公司和其他组织的日益增长要求今后的管理者必须接受管理方面的训练，而不是墨守以往技术教育、商业教育的成规，或只按自己的想法、原则与经验行事。因此，他大力提倡在大学和专科学校中开设管理课程，传授管理知识，通过管理教育来获取和提升管理能力。同时，他认为当时的法国“缺少管理教育”是由于“缺乏管理理论”，因此要创立一种管理理论的原因主要有三点：（1）管理是一种独立的、适用于所有类型事业的活动；（2）随着管理层级的不断提升，管理能力愈加重要；（3）管理是能够传授的。

4.1.6 思想点评

20 世纪初，由于缺少英语翻译，法约尔的作品曾在很长一段时间无法推广，其管理思想也被笼罩在泰勒的科学管理的光环之下，没有得到人们的充分重视。然而，当同时代的其他人集中研究工人和机械的性能时，他却把重点放在管理地位和管理者所需要的主要技能上，其真知灼见开辟了管理过程学派的先河。可以说，法约尔的一般管理理论是管理思想史上继泰勒的科学管理之后的第二座丰碑，他第一次系统、全面地概括和阐述了管理的基本原理、主要职能和一般原则。美国管理学家加里·哈默尔曾这样评价法约尔："为数众多的理论之父与为数不多的理论之母共创了现代管理理论。然而集 20 世纪管理者作品之大成者，首推亨利·法约尔，法约尔是欧洲第一位管理大师，遗憾的是，在他辞世后的 75 年里，欧洲没有培养出第二位法约尔式的伟人。"英国管理思想家厄威克在《管理备要》中也曾评价法约尔是"欧洲献给世界管理运动的最重要的人物"。

当然，法约尔的管理思想也存在一些不足之处，主要包括：只考虑了组织内在因素和企业内部管理，没有考察组织同外在环境的关系；管理原则缺乏弹性，有些还相互矛盾，如劳动分工原则与统一指挥原则相互冲突；同泰勒的科学管理理论一样，忽视了对人性的研究，把人看做是经济人和机械人。但即便如此，他的管理思想依然在为人们所认识、接受和重视，其管理原则对现今的管理实践仍有重要指导意义。

4.2 卢瑟·H·古利克（Luther H. Gulick）

卢瑟·H·古利克（1892—1993）是美国著名管理学家。古利克对古典管理理论的综合，集中体现在他与厄威克共同编写出版的《管理科学论文集》（1937 年）一书中。这本论文集汇集了反映当时管理学界主要不同观点的系列论文，并将自法约尔以来的有关管理职能方面的论说加以系统化，提出了著名的"管理七职能论"，即著名的"POSDCoRB"。

4.2.1 七种管理职能

古利克提出了著名的"POSDCoRB"，就是取自七种职能的英文单词首字母而组成的（其中，"协调"取了两个字母"Co"）。这七种职能分别是：计划、组织、人事、指挥、协调、报告和预算。古利克提出的这七种管理职能，基本包括了古典管理学派与管理过程论述相关的各个方面，并成为此后有关这类研究的出发点。

（1）计划。

计划是为实现企业设定的目标而制定出的行动纲要以及具体的实施方法。之后，人们将计划具体分为：1）为企业经营活动而设定目标；2）确定经营方针，保证企业目标的实现；3）为使方针具体化而制定严密而科学的活动程序；4）为某种特定项目而制定具体规划；5）对资金、劳动时间、产品单位和机械时间等进行预算；6）制定企业长远规划即战略性决策等。

（2）组织。

组织是指为了实现企业所设定的目标，建立权力的正式机构和组织体系，以便对各个工作部门加以安排、规定和协调的过程。传统的管理理论所强调的主要是正式组织机构，是使人适应机构，强调根据目标来决定活动和建立组织机构，而不受人事关系、感情等方面的影响。古利克则重视设立参谋机构并关注参谋机构与直线指挥人员的协调；认为参谋机构的主要任务是向高级管理人员提供咨询，不应直接向下发布行政命令，而指挥则需由直线指挥人员统一进行；建议除了专业参谋之外，还应设主要负责协助高层管理者制订和传达指示、监督工作进行的一般参谋人员。这些一般参谋人员负有协调各专业参谋人员工作的职能。不过他们不是以参谋身份，而是以高层管理者代表的身份出现。

（3）人事。

人事包括员工的选拔和训练、培养和适当安排等方面的职能。人事这一职能是企业持续发展的关键，必须按照企业长期发展的需要来开展。

（4）指挥。

指挥包括以下各项连续的工作：作出决策；以各种特殊或一般的命令和指示使决策具体化；作为企业的管理者发挥作用，包括对下属的管理、监督和激励等。古利克很强调“一个最高管理者原则”或“唯一管理原则”，不同意委员会式的管理方式，认为那会影响管理效率。

（5）协调。

协调的目的是使企业各部门间的工作能够和谐、协同，以共同实现企业目标，这是一种协同各部门工作的极为重要的职能。同时，古利克还提出了“一致性原则”。根据这项原则，为了避免摩擦和提高效率，应对企业活动进行分类，将类似的活动划归由同一个管理者管辖。

（6）报告。

报告是指使经理人员了解受其管辖的人的工作情况，并通过记录、调查和检查使自己和下属得到有关情报。传统管理学派在这一职能方面提出了所谓“授权原则”，即上级把处理日常工作的职权交付下级去行使，自己则保留对重大问题的处置权。

（7）预算。

预算包括所有以财务计划、会计和控制形式出现的控制活动。企业的控制活动主要是通过以下过程实现的：经济性的测定，实际成果与预算的比较，对实际成果与预算间差异进行的分析和原因总结，消除差异所采取的必要手段，以及在必要时改变目标和计划。

与法约尔的五职能论相比较，古利克继承了计划、组织、指挥、协调这四种职能，而将“监督”或“控制”归入“报告”和“预算”两种职能中。在法约尔的“组织”职能中包括了人员配备及培训，而古利克则将此项内容分离出来，形成了独立的“人事”职能。古利克的管理七职能说，基本上包含了当时学者对管理职能所持的不同观点，较为全面。

4.2.2 部门划分的原则

古利克发展了关于部门划分的理论，并且扩展了亚里士多德两千多年前的疑问：应该按照主题还是按照人来对人类活动进行归类？古利克提出如下假设：组织的目的在于协调。他在该假设基础上提出了“一致性原则”，该原则要求把类似的活动归于同一管理者之下，以免产生由摩擦所导致的效率低下。在根据该原则对各种活动进行归类时，古利克归纳了四种主要方法：(1) 按目的或者所执行的职能归类，如供水、控制犯罪、提供教育等；(2) 按所应用的程序进行归类，如工程、医务、速记、统计和会计等；(3) 按所处理或者服务的对象（人或物）进行归类，如移民、老战士和印第安人等；(4) 按提供服务的场所进行归类，如东区、中区、西区等。

根据古利克的划分，以上是较大的归类或者主要一级部门，其中任何一种都可被采用，具体选用哪种取决于哪种能最好地为组织目标服务。除了要遵循“一致性原则”外，古利克还在著作中将古典管理理论中有关管理原则的论述系统化，主要包括以下十条原则：(1) 劳动分工或专业化；(2) 按目标、程序、顾客或地区使工作部门化；(3) 通过等级制度协作；(4) 通过思想协作；(5) 通过委员会协作；(6) 合理授权；(7) 统一指挥；(8) 直线制和参谋制并存；(9) 实行分权化和控股公司；(10) 合理的控制幅度。

4.2.3　思想点评

古利克为管理和组织理论作出了重要贡献，他在管理学史上的地位与厄威克难分伯仲。这种地位的确立，与其说是由于他们在现代管理思想上的创新，倒不如说是由于他们在古典管理理论系统化方面所做的大量工作。古利克关于管理职能的划分主要以政府管理为背景，但这种划分方式也可用来说明一般管理。然而，通过贯彻一致性原则保证组织活动协调的思想，则是古利克有别于他人的特殊贡献。

4.3　詹姆斯·D·穆尼（James D. Mooney）

詹姆斯·D·穆尼（1884—1957）是美国管理学家，是管理过程理论的重要代表人物之一，曾被管理学家戴尔称为“伟大的组织者”。穆尼是管理过程学派的集大成者，其研究方法注重过程分析，与自然科学方法类似，其理论因具科学性而为人们广泛接受。穆尼对管理理论的贡献主要是深入阐述了组织和组织效率原则。此外，他在冲突管理研究方面也有较深造诣。

4.3.1　组织与组织效率

在《组织原理》一书中，詹姆斯·D·穆尼指出，组织是人们为了达到一个共同目标而联合的形式。穆尼说明了管理在组织中的作用，认为管理就是激励、指挥和控制组织的计划和程序。人的因素是随着管理而进入组织中的。管理同组织的关系就像复杂的心理结构同身体的关系，人的身体只不过是心理力量为达到目标和愿望而被运用的手段和工具。因此，组织既从属于管理，但又是管理实施的前提和基础。穆尼对组织目标给予了极大关注并对其进行了深入的探讨，提出了组织获得高效率的三项基本原则。

(1) 协调原则。

协调是人们为了追求共同的目标而互相影响、互相适应，以达到配合行动的一系列活动。在穆尼看来，组织的基础是利益或目标的共同性，它包括相互承担义务和提供服务。所有利益相关者必须对目标具有相同的理解。但是，这种相同的理解不会自发地实现，因此管理者必须尽力提供有利条件促使其实现。例如通过纪律来协调，而纪律又分两种：一种是管理者为大多数人制定的纪律；一种是管理者自我约束的纪律。

（2）阶层原则。

阶层是组织中的不同成员按其权力和责任的不同而在责任承担方面分成不同的群体。阶层原理的重要之处表现在管理者同被管理者之间的上下级关系。正因为如此，最高管理者可以使基层人员去完成任务。它的实现过程有其本身的原理、过程和结果。其原理是在阶层中拥有相应权力的基础上进行管理，使这项原理实现的过程就是授权。经过自上而下的层层授权，形成一个完整的阶层系列或者等级系列。穆尼认为，必须克服某些人不愿授权的状况。应该以正确的方式进行授权，通过授权产生秩序，使下级承担合理、可操作的任务。

（3）职能原则。

职能原则是阶层原则的结果，也是区分等级系列中各种职责，实行专业化的原则。穆尼把职能划分为三种：1）定性职能，即决定做些什么；2）应用性职能，即如何做才能把事情做成；3）解释性职能，即解释执行过程中的差异和问题。虽然在逻辑上讲这三种职能是有区别的，但在组织中它们却常常在一个人身上得到体现。

4.3.2 冲突管理

在穆尼看来，冲突作为一种普遍存在的现象，对决策活动和组织运行既有害又有利，是一个不可避免的两难困境。作为管理者，要做到有效地运用冲突，必须认识和研究产生冲突的原因及冲突所有的外在表现形式。只有从具体情况出发，在充分认识特定冲突的基础上，才有可能限制和消除冲突所具有的破坏性的一面，促进和利用其建设性的一面，进而正确处理组织运行过程中的冲突与矛盾，顺利实现未来的目标。

1. 冲突的三种类型

对冲突的分类有不同的标准。从冲突的主体角度可划分为：个体与个体之间的冲突、个体与群体之间的冲突、群体与群体之间的冲突。从组织系统的角度可划分为：政治领域的冲突、经济领域的冲突、军事领域的冲突，等等。但是，管理者协调艺术所研究的冲突，不仅包括冲突本身，而且还包括冲突主体对冲突的态度和对策。从这个角度上，穆尼提出了冲突的三种类型：战斗、竞争和辩论。

（1）战斗：半自动型的冲突。

在战斗型冲突中，行为者的自我控制与相互控制急剧减退，因为每个行为者的行动成为其他行为者类似的对抗行动的起点。从国家间的军备竞赛和大国的对抗中可以看到，一国的军备水平或军备支出会成为另一国军备水平或支出的基线，后者会决定以某种“安全”幅度——譬如10%的幅度超过前者，获得安全感。但是，后者这一新的、更高的军备水平又会成为前者安全的基础。

（2）竞争：具有战略性的理性冲突。

在理性冲突中，竞争者不仅必须懂得自己需要得到什么，还必须明白自己知道什么和不知道什么，可以做什么和不可以做什么。对行动的后果，他们的认识是不确定的，因为在一场典型的竞争中，竞争者必须将行动建立在最可能合理的推测和估计之上，但他们往往不能完全知道对手可能采取什么行动。

（3）辩论：容许改变形象和动机的争论。

敌对者在试图改变对方的动机、价值观或者对现实的认识时产生的冲突，从严格意义上可被称做“辩论”。首先，作为冲突类型的“辩论”，是在具有竞争性的同时，兼有共同发现、相互了解和相互教育的特点。其次，辩论还遵循着“相互可接受的重申”原则。根据这一原则，辩论能够让双方更好地找到可接受的有利解决办法，即学会用清晰、能打动人的方式陈述对手情况，并使对手也能理解和接受。最后，辩论的一个重要步骤在于找到能使对方确信自己观点真实性的依据。

2. 处理冲突的对策

穆尼认为上面提到的组织冲突的意义、破坏性和建设性，仅仅是人们从理性的角度对冲突的看法和态度。正确的应对冲突的策略可以化害为利，而错误的策略却可能化利为害，因此采取何种策略是管理科学和管理者所应关注的问题。穆尼总结了管理者可以采取的策略，具体有以下五种：

（1）回避。

这种方式无视冲突的存在。其运用前提是：冲突没有严重到损害组织的效能。管理者通过回避让冲突双方有和平共处的机会，从而自行解决冲突。

（2）建立联络小组。

当组织内的群体交往不很频繁，而组织目标又要求他们协同解决问题时，群体间就可能发生冲突，这时可以建立联络小组作为双方的联系桥梁。

（3）树立目标。

当群体间存在相互依赖的关系时，树立目标将有助于管理者处理组织冲突，并提高组织效率。

（4）采取强制。

这种方法在科层组织内最常见，通常是管理者利用组织所赋予的权力有效地强行处理群体之间的冲突。

（5）解决问题。

这是最有效也是最值得提倡的方法。通过将冲突双方或其代表召集在一块，让各方讲出分歧、辨明是非、找出原因、提出办法，并最终选择一个双方都比较满意的解决方案。

3. 安全阀理论

针对传统冲突处理对策的不彻底性和方法的消极性，穆尼提出一种新的有效策略——“安全阀理论”。他认为，矛盾和冲突不能掩盖、压制，而应让它表现、发生、显现出来，这样有利于不同观点、情绪的宣泄，使对立情绪的人在心理上获得平衡，从而有利于矛盾的缓和、解决。用辩证法的语言来说，调和不能解决矛盾，不能掩饰矛盾，只有斗争才能使矛盾得到解决。这里的解决就是指管理者需要创造一定的条件和环境，使不满情绪通过一定的渠道、途径和方式发泄出来，从而使组织稳定、有序运行。这里的发泄渠道、途径和方式就称为“安全阀”。“安全阀”是从其他学科中移植来的术语。比如，水利工程专家在水库设计、施工中，为确保水库安全，都设置“溢洪道”装置。当蓄水位达到一定高度时，多蓄的水便从“溢洪道”中自流出来。

4. 处理冲突的根本原则

穆尼指出，冲突和矛盾不可避免，如果累积下去就会由缓和到激烈，由一般形式发展到极端形式，轻则会干扰决策目标的实现，重则使组织瓦解。所以，协调的作用在于排除组织中的种种冲突，确保组织目标的实现，而协调的基本途径是通过沟通来进行的。有效沟通是一个主动和有目的运用信息的过程，而这个过程必受沟通习惯的影响和制约。习惯有优劣，有效沟通的目的是克服不良习惯对沟通造成的障碍，并养成良好的习惯来改善沟通效果。穆尼认为，沟通的不良习惯主要表现在十个方面，亦即沟通“十戒”：

一戒，对谈话对方的谈话主题没有兴趣；

二戒，被谈话对方的态度所吸引，而忽略了对方所讲的内容；

三戒，当听到与自己意见不同的地方，就过分激动而不愿再听下去，忽略了其余信息；

四戒，仅仅注重事实，而不注意原则和辩论；

五戒，过分重视条理，而对欠缺条理的人的讲话不够重视；

六戒，过多注意造作和掩饰，而不注意真情实质；

七戒，分心于其他事情，心不在焉；

八戒，对较难理解的言谈不求甚解；

九戒，当对方的言辞带有感情色彩时，则注意力分散；

十戒，在听别人讲话时还思考别的问题，顾此失彼。

同时，穆尼引用美国管理协会所提出的良好沟通的十项建议，并将其称为沟通的“十益”：

一益，沟通前把概念澄清，对某个信息能做系统的分析，则沟通才能明确清楚；

二益，发出信息的人确定沟通目标；

三益，研究环境和人的性格等情况；

四益，听取他人的意见；

五益，选择沟通时使用的声调、词句以及面部表情要适当；

六益，及时获取对方的反馈；

七益，保持传递资料的准确可靠；

八益，既要注意适应当前需要，又要注意结合长远目标；

九益，言行一致；

十益，听取他人意见要专心，要成为一名“好听众”，只有这样的人才会真正明白对方的意愿。

4.3.3 思想点评

穆尼被认为是管理学领域早期引领管理思想发展的先锋人物，在组织形态的理论体系建立以及拓展方面作出了划时代意义的贡献。以《组织原理》等经典著作为载体，他的理论和实践经验被广为传颂。他在管理实践中的成就得益于其出类拔萃的协调能力——在面对纷繁复杂的现有经营条件时，将美国式管理方法和技术的潜在功能开发到最佳状态。此外，穆尼对冲突的总结和分析，尤其是他所提出的冲突类型的划分方法，为解决冲突提供了更加有力的分析角度和工具，在目前依然被广泛应用；他提出的沟通“十戒”更是管理上的经典。

4.4 拉尔夫·C·戴维斯（Ralph C. Davis）

拉尔夫·C·戴维斯（1894—1986）是美国管理学家，曾担任许多大型公司的咨询顾问。概括而言，戴维斯的管理思想发展大体可划分为四个阶段：

1. 第一阶段

1928 年戴维斯出版了《工厂组织和管理原则》一书。在此书中他主要是从车间一级和作业的角度来看待管理，认为工厂管理的基本职能和原理具有普适性，组织的健全性至关重要。在建立组织时，要考虑以下几点：(1) 要执行的各项基本职能，以及它们之间的相互关系；(2) 职责的合理划分；(3) 职责的明确规定；(4) 制度的良好运行；(5) 组织的灵活性；(6) 对未来成长的准备；(7) 个人的特点和能力；(8) 理想的树立；(9) 管理者的水平。

戴维斯反对泰勒的职能工长制。他指出，如果实行职能工长制，员工就要向多个上级请示，容易导致多头领导的弊端。在人事方面，他推崇当时流行的工业心理学的观点，强调作业分析和科学地选择员工。

2. 第二阶段

在这一阶段，戴维斯对管理的研究从车间一级和作业的角度发展到更高的管理层次和更广阔的视野上，这主要得益于他在通用汽车公司工作时接触到的唐纳森·布朗和斯隆的管理思想。1935 年，戴维斯在出版的《企业组织和作业的原理》一书中，提出了管理的有机职能，即计划、组织和控制。

3. 第三阶段

戴维斯于 1940 年出版了《工业组织和管理》，进一步发展了“管理过程”的概念，但该书仍以相当大的篇幅探讨有关车间和生产的事项。

4. 第四阶段

戴维斯于 1951 年出版了《高层管理的基本原理》，该书更加突出地体现出他在管理理论和实践的角度以及层次方面发生了重要转变，他几乎完全从企业高层管理的角度来探讨行政管理问题。

4.4.1 有机职能

戴维斯认为所谓有机职能，就是企业从事生产和分配活动以满足经济需要的各种职能。有机职能适用于所有各类企业，主要包括以下三项：

(1) 计划。

计划是为解决企业的某项问题所需的各项财务、关系等因素的详细说明。计划为有效地实现企业的目标提供了基础，是创造性的脑力工作，通过计划可以使组织的使命易于了解并得到有效实施。

（2）组织。

组织包含了成功地实现企业目标所需做的一切。戴维斯认为，经营组织是由直线组织和参谋组织两种组织构成的，这两种组织都是由于有机职能的分化或转移而产生的。

（3）控制。

控制是对实现目标的各种活动的监督和调节。控制职能进一步分解为两类：第一类是在作业开始以前的预备性控制，即事前控制，包括例行计划、日程安排、准备和调度四项内容；第二类是在作业进行中的控制，即事中控制，包括指挥、监督、比较和改正，其目的在于保证正确地执行和调整偏差。关于控制幅度，戴维斯认为，一个上级所管理的下级人员，在体力劳动领域，不应超过 3～8 人。戴维斯并没有把协调列为一项单独的职能，而是将其贯穿在三项“有机职能”之中发挥作用。

4.4.2 强调管理哲学的重要性

戴维斯强调管理哲学的重要性，他于 1959 年在《高级管理》第 24 卷第 4 期上发表的《管理的哲学》一文中指出，一个经理人员如果没有一种管理哲学作为指导，尽管他可能非常聪明，但在创造性思维方面的能力也会极为有限；只有管理哲学才能为企业问题的解决提供依据。他在后来的一篇文章中指出，泰勒 1912 年在美国众议院特别委员会上所作的证词表明，科学管理是工业社会中经理人员的一种基本哲学，但泰勒的这种管理哲学并没有被同时代的人所理解。

4.4.3 思想点评

戴维斯作为管理过程学派的代表之一，同该派鼻祖法约尔相比，既有相同点，也有不同之处。相同之处是：两人都强调管理的普遍性，认识到管理教育的必要性和重要性。不同之处在于：戴维斯提出的有机职能中没有“指挥”这项职能，同时，他认为协调并不是一项单独的职能，它只有贯穿于三项有机职能之中才能发挥作用。法约尔把人事作为组织职能中的一项子职能，而戴维斯则较少注意人事方面的职能。戴维斯关注传统正式组织的观点，而没有提及当时非正式组织和行为科学的研究。

4.5 哈罗德·孔茨（Harold Koontz）

哈罗德·孔茨（1908—1984）是美国管理学家，管理过程学派的主要代表人物之一。孔茨著有许多管理学界里程碑式的著作，其中最著名的就是与奥唐奈、韦立克等人合著的教材《管理学原理》。该书于 1955 年出版，1980 年第 7 版时更名为《管理学》，至今仍是全球范围内使用最广泛的管理学教科书之一，已被译为近 20 种文字。在这些教材和专著中，孔茨发展了法约尔等人提出的管理要素和管理职能学说，是 20 世纪 60 年代以后公认的管理过程学派代表人物。此外，孔茨还首次提出“管理理论的丛林”这一说法，对管理理论及管理学派进行了系统的分类研究，在管理思想史研究上具有里程碑式的意义。

4.5.1 对管理和管理过程的界定

孔茨把管理解释为："通过别人把事情做成的各项职能。"他强调管理的概念、理论、原则和方法，认为管理工作是一种艺术，其基本理论和方法可应用于任何一种现实情况。他将管理职能划分为计划、组织、人事、指挥和管理、控制五项。他对这五项管理职能的解释如下：

1. 计划

计划是五项管理职能中最基本的职能，是指从各个抉择方案中选取未来最适宜的行动方针。它要在未来的各种行为过程中作出抉择，而其他职能都必须反映计划的要求。计划的种类很多，主要有：(1) 目的和任务。目的是生产和销售商品和劳务；任务是社会赋予企业的基本职能。(2) 目标。目标是指活动所要达到的结果。企业的目标构成了整个企业的基本计划，部门的目标则构成部门的计划，并为实现企业的目标服务。(3) 策略。策略表示一种总的方案、工作的部署重点和资源的利用方法。(4) 政策。政策是表现在计划之中的文字说明或协商一致的意见，以此来指导或交流决策过程中的思想或行动。(5) 程序。程序规定处理新活动的例行方法和时间顺序。(6) 规则。规则是根据具体情况规定采取或不采取某种特定的行动的标准。(7) 规划。规划是为了实施既定方针而必须有的目标、政策、程序、规划、任务安排、工作步骤、所用资源及其他要素的复合体，通常要有资金和预算的支持。(8) 预算。预算是用数字表示预期结果的一种报告书，可以叫做数字化的规划。

2. 组织

组织职能的目的是设计和维持一种职务结构，使人们能为实现组织目标而有效地工作。组织结构必须反映企业的目标和计划、管理人员可利用的职权、企业所处的环境条件(经济、技术、政治、社会以及伦理条件)，同时为组织配备恰当的工作人员。组织中直线机构和参谋机构的职权关系是一个重要问题，应根据上级是否对下级行使直接指挥监督权的分级原则来划分直线机构和参谋机构。直线机构对下级有指挥和监督权，而参谋机构则没有这些权力，只起咨询和顾问作用。孔茨认为授权是组织中的另一个重要问题。为了有效地授权，必须遵守以下原则：(1) 按照预期成果，授权给有能力达到预期成果的人；(2) 明确划分每一部门的职能权限；(3) 明确划分等级系列以及每一等级的职权范围；(4) 贯彻"职权—管理层次"的原则，即在明确划分每一部门职能界限和每一等级职权范围的基础上，每个管理人员应该在其职权范围内作出决策，而不应把这些决策责任推给上级；(5) 贯彻统一指挥原则；(6) 职责绝对性原则，即上级对下级进行工作授权和工作委派时负有绝对的责任；(7) 贯彻权力和责任相对称的原则。

3. 人事

孔茨认为，人事职能包括对员工的选择、雇用、考核、储备、培养和其他一些与员工相关的工作。其中，选拔员工的测验方法通常有以下四类：(1) 智力测验，其目的在于衡量员工的智力和记忆力、思想的敏锐性和观察复杂事物相互关系的能力；(2) 熟练和适应性测验，目的在于发现员工现有技术的熟练程度以及掌握这类技术的潜在能力；(3) 职业测验，其目的在于发现员工最适宜从事的工作；(4) 性格测验，其目的在于衡量员工的管理才能。员工考核一般采用个人品质和工作特征作为标准来评价。具体包括：与人友好共事的能力、管理能力、分析能力、勤奋、判断力、首创精神、业务知识、完成任务的能力、生产成果或节约费用情况、计划和指令的执行情况等。此外，还可根据目标的实现情况对员工进行评价。

4. 指挥和管理

孔茨认为指挥和管理就是引导下级人员有效地领会和出色地实现企业既定目标的过程。指挥与管理工作的三个重要原则是：明确目标的原则、协调目标的原则和统一指挥的原则。授权是指挥和管理的一种重要方法，而激励是指挥与管理工作的一项重要内容。激励可以看成是一系列的连锁反应：从需要出发，引起员工追求目标实现的愿望，促使其内心紧张（由于需要未得到满足），导致实现目标的行动，最后使愿望得到满足。

5. 控制

控制职能就是按照计划标准衡量计划的完成情况并纠正计划执行中的偏差，以确保计划目标的实现。在某些情况下，控制职能可能导致新目标的确立、新计划的提出、组织机构的改变、人员配备的变化或指挥和管理者方法上的重大改变。控制职能在很大程度上使管理工作成为一个闭环系统。

4.5.2 管理理论的丛林

孔茨于1961年发表了《管理理论的丛林》一文。这篇文章对管理学的不同学派进行了梳理和评析，成为当时乃至以后人们对管理学理论进行归类概括的经典。他认为，到20世纪60年代管理方面的学术论著如雨后春笋般纷纷出现，形成了管理理论的丛林。孔茨认为应该对管理学理论进行清理，并提出6个主要学派：管理过程学派、经验主义学派、人类行为学派、社会系统学派、决策理论学派、管理科学学派。这篇文章一问世，就引起了广泛的关注和讨论，并在1962年加州大学洛杉矶分校的一次管理学研讨会上引发了争论。孔茨的"丛林"学说成为这次会议的焦点。1980年，孔茨又发表了《再论管理理论的丛林》一文，指出管理理论经过20年的发展，丛林不仅没有消失，反而更加茂密。他对管理学派重新梳理，进一步将其划分为11个学派：管理过程学派、经验主义学派、人际关系学派、群体行为学派、社会协作系统学派、社会技术系统学派、系统学派、决策理论学派、管理科学学派或者数学学派、权变理论学派、经理角色学派。孔茨预测管理学派还会进一步增多，"走向统一的管理学"是不可能实现的理想。以孔茨的两篇论文为标志，全世界的管理学家都开始关注并讨论管理学的丛林现象，而孔茨本人，也赢得了"穿梭在管理理论丛林的先行者"这一声望。孔茨列举出的11个管理学派的主要观点如下：

1. 管理过程学派

这是孔茨最重视而且基本上是全面褒扬的一个学派。在孔茨眼里，这一学派才是管理理论的主旋律。之所以称其为管理过程学派，是因为它把管理看做是一种由组织进行的完成工作的过程。该学派的管理理论建立在以下7条基本信念的基础上：(1) 管理是一个过程，可以通过分析管理人员的职能，很好地对其加以理性剖析。(2) 可以从管理经验中总结出一些基本道理或规律，即管理原理。它们对认识和改进管理工作可以起到说明和启示的作用。(3) 可以围绕这些基本原理开展有益的研究，以确定其实际效用，扩大其在实际中的作用和适用范围。(4) 这些原理只要还没有被证明为不正确或被修正，就可以为形成一种有用的管理理论提供若干要素。(5) 就像医学和工程学那样，管理是一种可以依靠原理的启发加以改进的技能。(6) 即使在实际应用中由于背离了管理原理而造成了损失，管理学中的原理也如同生物学和物理学中的原理一样，仍然是可靠的。(7) 尽管管理人员的环境和任务受到文化、物理、生物等方面的影响，但管理理论并不需要包括所有知识才能起一种科学基础或理论基础的作用。

2. 经验主义学派

这一学派距离管理过程学派最近，主要通过分析经验（常常是案例）来研究管理。其依据是：管理学者和实际管理工作者通过研究各式各样的成功和失败的管理案例，就能理解管理问题，自然地学会有效地进行管理。孔茨把戴尔作为这一学派的代表。经验主义学派主张通过分析经验来研究管理，其基本立足点是比较。戴尔反对管理学中的“普遍原则”，认为那种试图建立起管理学普遍原理的著作忽视了具体个别的实际情况，严重脱离了实际。孔茨尖锐地指出，戴尔在反对“普遍主义者”的同时，却又奇怪地从实际管理者那些有价值的经验中提取“一般结论”或“一般准则”。孔茨断言，经验主义学派从研究中得出一般性结论时，实际上就已经变成了管理过程学派。管理过程学派不但不排斥经验，反而高度重视经验。

3. 人际关系学派

这一学派是从孔茨在 20 世纪 60 年代提出的人类行为学派中分化来的。这一学派的代表人物，毫无疑问属于主持霍桑实验的梅奥。人际关系学派注重管理中“人”的因素，认为既然管理是通过别人或同别人一起去完成工作，那么对管理学的研究就必须围绕人际关系这一核心来进行。人们在为实现目标而结成团体共同工作时也应互相了解。人际关系学派主要采用心理学和社会心理学的方法来研究人与人之间和群体内部的各种现象，从个人的品质、个性一直到文化关系，无所不及；同时，该学派也非常注重个人的心理反应和行为激励，因此在人际关系、管理艺术和激励等方面硕果累累，颇有建树。

4. 群体行为学派

这一学派是从人类行为学派分化出来的另一学派，因此同人际关系学派关系密切，甚至易于混同。不过该学派关心的主要是群体中人的行为，而不是人际关系，它着重研究各种群体行为方式。该学派的研究范围既包括小群体的文化和行为方式又包括大群体的行为特点，因此也常被称做“组织行为学”。“组织”一词可以表示公司、政府机构、医院或其他任何一种事业中一组群体关系的体系和类型。在这一学派的代表人物中，麦格雷戈是继承了梅奥的传统并对其加以创造性发展的后起之秀。如果说人际关系学派以心理学为基础，那么群体行为学派则以社会学为基础。因此，群体行为学派更偏重于组织，也更接近于管理；而二者的重合，则主要表现在社会心理学方面。

5. 社会协作系统学派

社会协作系统学派以组织理论为研究重点，从社会学的角度来研究组织。这一学派的创始人是巴纳德，其贡献主要在于协作系统的创见。孔茨认为，巴纳德思想的实质是社会学的，他把所有的合作群体都叫做“组织”，并力图弄清组织内的文化关系以及这种关系网络的系统性质。社会协作系统学派对管理学有着非凡的贡献。组织的信息沟通问题、组织权力的制度基础问题、外界对企业的影响问题、非正式组织的性质和作用问题等都由此获得了更深刻的探究和分析。因此，管理学家和经理人员可以更清晰地看待文化环境对组织的压力、组织内部的冲突及其解决途径，使组织的理论研究和实际运作更加理性和明智。但是，该学派对管理和组织的定义域过于宽泛，反而忽视了许多管理的基本概念、原则和方法。

6. 社会技术系统学派

这一学派是孔茨在20世纪80年代新增的。孔茨认为，英国学者特里斯特以及由他主持的塔维斯托克研究所创立了这一学派。他们既重视人的社会关系，也重视技术对人员的影响。他们通过对英国煤矿中的班组作业和自动掘进机作业的比较研究，来讨论技术因素的重要性。根据他们的研究，企业中的技术系统会对社会系统产生很大的影响，个体态度和群体行为都会受到技术系统的限制。但是，他们并不是技术至上者，而是给予人员的社会关系以同等重视，强调技术系统与社会系统的互动关系。孔茨强调，这一学派主张企业应该把技术系统与社会系统综合考虑，做到二者的协调发展，这对后来的工作团队建设有着重大影响。该学派在一定意义上弥补了此前管理学研究的不足，它强调社会系统和技术系统的相互作用，指出管理效果不仅与人际关系有关，而且与工作的技术环境有关。在孔茨看来，该学派对社会系统与技术系统相互作用的完整分析，对管理的有效性以及相关基础知识的补充作出了有价值的研究。但是，这一学派只关注管理工作的一个具体领域，而不是管理工作的全部内容。

7. 系统学派

这一学派也是孔茨在20世纪80年代新增补的。人们一般认为，管理学中的系统学派来自贝塔朗菲一般系统理论的哲学影响。但孔茨认为，系统学派来自巴纳德社会系统理论的分化。系统学派主张对管理进行系统分析，不应仅注重某个局部或者某个要素，而应注重整体以及整体之间的相互关系。这一学派在强调系统中的作用机制、系统的等级层次划分、系统与环境的相互影响以及提供管理者对内外部环境影响的洞察力方面有着显著优势。但孔茨同时也尖锐地指出，系统研究方法虽然看起来很新，但仔细琢磨后就会发现，它并不是一种新的科学思想方法。

8. 决策理论学派

决策理论学派的典型特征之一是其代表人物多数是经济学家。他们重视理性，热衷于构建模型和数学分析，经常使用效益最大化、边际效应、帕累托改进、相关系数和曲线、风险倾向等经济学术语。其中，尤以西蒙作为该学派的代表人物。但是，孔茨对西蒙的批评则较为直接，他针对西蒙“管理就是决策”的命题提出了反驳。孔茨指出，像西蒙那样认为决策是管理的中心、管理理论依托于决策而渐次展开的设想，可能偏离管理学过远。因为决策的核心是选择，而选择既有可能是组织的管理行为，也有可能是纯粹的个人行为。

9. 管理科学学派或数学学派

这个学派有一支庞大的队伍，基本特征是使用数学模型和程序。同决策理论学派的差别在于，管理科学学派更为务实，集中于生产研究。在运筹学与生产管理方面，伯法可视为代表之一。他们被称为运筹学家、系统分析家，而他们则往往称自己为“管理科学家”。他们有一个信念，就是任何知识都可以用数学关系和数学符号来表示，管理学也不例外。数学方法在管理中确实相当有用，能够为解决复杂的管理问题提供明确简洁的路径。但是，孔茨也毫不客气地批评说，数学只是工具。严格来说，管理科学学派并不能构成一个学派，因为他们不能提出通用的普遍性理论。在这里，孔茨继承了法约尔对数学在管理中所发挥作用的质疑。他把管理科学学派列为管理学派之一，并非出于对这一学派的认可，而是对现实情况的一种迁就。

10. 权变理论学派

这是20世纪70年代以后新出现的学派，代表人物之一是卢桑斯，他在1976年出版的著作《管理导论：一种权变方法》中，提出了权变理论的基本思路。权变理论主张研究情境与管理的对应关系，它强调管理者的行为取决于相应的环境条件。当然，管理者并不只是消极地顺应环境，还会积极地改变环境。权变管理最一般的表述是：“如果……那么……”。“如果情况是A，那么对应的管理是a；如果情况是B，那么对应的管理是b”。用汉语表达，权变理论强调的是因地、因时、因人、因事而制宜。孔茨对权变学派基本上持肯定态度，他自己也多次表述过“没有一种到处适用的最佳管理方法”。不过他同时也认为，管理情境过于复杂，要想找出环境与管理之间的对应变量关系十分困难。

11. 经理角色学派

这是当时最新的一个学派，该学派主要通过观察经理人的实际活动来明确经理角色的内容。对经理（从总经理到领班）实际工作进行研究的人早就有，但把这种研究发展成为一个众所周知的学派的却是明茨伯格。明茨伯格系统地研究了不同组织中五位总经理的活动，从经理实际在做什么出发，提出经理们并不是根据人们通常认为的职能分工行事，即只从事计划、组织、协调和控制工作，而是还进行了许多其他工作，进而归纳出了三类十种经理角色，把经理工作界定在人际关系、信息沟通、决策三个方面。孔茨非常赞同明茨伯格的工作，他认为明茨伯格再现了早期管理学观察实际工作的优良传统。不过他也指出，这一学派创建初期样本数量过小，只有五个观察对象；有些经理活动并不属于管理范围，同时还有一些重要的管理活动却没有纳入观测内容或者没有得到很好的分析。因此，这一学派还有待完善。

4.5.3　思想点评

孔茨作为管理过程学派的主要代表人物之一，吸取了法约尔管理职能理论的精华，同时对其他学者的观点进行了总结提炼，构建了管理过程理论的范式。该学派对后世影响很大，许多管理学教科书的内容都是按照该学派的理论架构编排的，同时该学派确定的管理职能和管理原则也为管理人员的训练提供了基础。此外，孔茨对于管理学派的划分和阐述也得到了管理学界广泛的认可。

4.6　斯蒂芬·P·罗宾斯（Stephen P. Robbins）

斯蒂芬·P·罗宾斯（1943—　）是美国著名管理学家，组织行为学的权威，管理过程学派的代表人物。他研究兴趣广泛，尤其在组织冲突、权力和政治，以及开发有效的人际关系技能等方面成就突出。近年来，他把大量的时间用在了撰写管理教科书上，这些教科书在美国的上千所大学，以及加拿大、拉丁美洲、澳大利亚、新西兰、亚洲、欧洲等地的数百所大学中使用。

4.6.1 管理学

罗宾斯认为，组织是为了实现特定目的的一种系统性安排，组织的成员分为管理者和操作者两种，管理者是指挥别人工作的人员，操作者是直接从事某项工作或任务的人员。管理是同别人一起或通过别人更加有效完成活动的过程。

1. 管理的四大职能

罗宾斯以管理过程为研究主线，将管理的职能分成计划职能、组织职能、管理职能和控制职能四个方面。其中计划职能是指规定组织的目标并制定整体战略和具体的细节方案；组织职能是指决定组织要完成的任务是什么、谁去完成、该如何分类组合这些任务以及谁是决定者等；管理职能是指如何激励下属和指导员工的活动，并进行有效的沟通和解决冲突；控制职能是指监控目标的执行，并将实际表现与预先设定的目标相比较，以纠正出现的偏差和失误。

2. 决策制定

罗宾斯强调，管理工作的实质是决策。决策制定过程包含八个步骤：（1）识别问题；（2）确定决策标准；（3）为决策标准分配权重；（4）拟订方案；（5）分析方案；（6）选择方案；（7）实施方案；（8）评价决策效果。决策贯穿于管理的四个职能始终，因此具有一定的普遍性。

3. 战略管理

罗宾斯认为，在日益变革的现代环境中，战略管理的重要性日益突出。战略计划使得组织的管理者有了具体的目标，并且使得组织成员的认识更趋一致。战略管理一般分成三个层次：公司层战略、事业层战略与职能层战略。公司层战略决定每一种事业在组织中的地位，而职能层战略要与事业层战略保持一致。战略管理过程实际上就是一个战略计划实施和评估的过程，包括以下九个步骤：（1）确定组织当前的宗旨、目标和战略；（2）分析环境；（3）发现机会和威胁；（4）分析组织的资源；（5）识别优势和劣势；（6）重新评价组织的宗旨和目标；（7）制定战略；（8）实施战略；（9）评价结果。

4. 工作设计与人力资源管理过程

罗宾斯认为，工作设计是指将任务组合起来构成一项完整职务的方式。工作设计有多种选择：工作专业化、工作轮换、工作扩大化、工作丰富化、工作团队、弹性工作时间等。罗宾斯指出人力资源管理过程有九个方面：（1）人力资源规划；（2）招聘与解聘；（3）筛选；（4）确定和选聘有能力的员工；（5）定向，即将某项职务的候选人安排到工作岗位上去；（6）培训；（7）绩效考评；（8）职业发展；（9）劳资关系。

5. 作业管理

罗宾斯认为，作业管理是指从劳动力、原材料等资源到最终产品和服务的转换过程中的设计、作业和控制。制造业和服务业的作业管理所面临的挑战就是不断提高生产率。作业计划的四个要素有：能力、位置、过程和布局，这些要素决定了作业计划的长期战略方向。此外，还有三种短期要素：进度、物料和需求。这三种短期要素决定着作业计划短期目标的实现。

6. 企业社会责任与管理道德

罗宾斯不同意古典理论按照股东利益来经营业务的观点，认为现代企业必须注意社会责任和管理道德问题。社会责任是指企业需有追求有利于社会长远目标的义务，而不仅仅是局限于法律和经济所要求的义务。由于受公众期望、长期利润、更好的环境、政府调节和社会弊端等因素的影响，企业必须承担社会责任。道德是指规定行为是非的惯例或原则，罗宾斯认为管理道德的标准有四种：第一种是功利观，目标是为绝大多数人提供最大的利益；第二种是权利观，目标是尊重和保护个人的自由；第三种是公正观，要求管理者公平、公正地加强和贯彻规则；第四种是社会契约整合理论，要求管理者根据实证因素和规范因素制定道德决策。由于这四种标准的存在，管理者日益发现自己正面临着道德困境。一个管理者的行为是否合乎道德，是管理者道德发展阶段与个人特征、组织结构、组织文化相互作用的结果。

4.6.2 组织行为学

1. 组织行为学的研究领域

罗宾斯提出，组织行为学更关注人在工作中的活动，其研究领域主要有两个：个体行为和群体行为。组织行为学的研究目的在于解释与预测行为。针对个体，他提出了四个核心概念：态度、个性、知觉和学习；针对群体，他认为群体行为并不等同于单个个体行为的简单相加。工作团队是为了实现某个特定目标而相互协作的个体组成的正式群体，这种团队形式有利于创造集体精神，使管理层有时间进行战略性思考，提高决策效率，促进员工队伍多元化，并提高工作绩效。

2. 组织结构

罗宾斯认为，组织的框架体系可由组织结构来描述。组织结构可根据复杂性、正规化和集权化来划分。复杂性是指组织分化的程度，体现在劳动分工、纵向等级层次和组织单位的地理分布等方面；正规化是指组织依靠规则和程序引导员工行为的程度；集权化是指决策制定权力的分布。组织结构的设立和变革称为组织设计，它应该遵循的原则有劳动分工、统一指挥、职权与职责、管理跨度和部门化。

3. 管理变革

罗宾斯认为，变革在于环境的不确定性，组织的变革需要一种催化剂，而管理者应充当变革推动者的角色。管理变革的方法有组织结构变革、技术变革、人的变革、组织文化变革等。他强调，必须激发创新，才能保持竞争力。常见的三种可以激发组织创新的因素是组织结构因素、文化因素和人力资源因素。

4. 沟通的作用

要想成为一个好的管理者，善于沟通是成功的因素之一。沟通是意义的传递与理解，其方法有口头方式、书面方式、非语言方式、体态语言、语调和电子媒介等形式。沟通过程中会存在很多使信息失真的障碍，管理者可以通过反馈、简化语言、积极倾听、控制情绪和注意非语言所要表达的意义等方式来克服这些沟通障碍。

4.6.3 思想点评

罗宾斯的著作视野宽阔、材料丰富、点评精辟。他在《管理学》一书中紧紧抓住管理固有的问题和管理实践面临的新问题的主线来展开讨论，以揭示问题内在的复杂性，挖掘理论本身的深刻内涵，从而提炼成功企业的管理实践。他不是用说教的方式阐述他的管理理论，而是以大量的研究材料和案例客观地展现各种流派的观点，以及各种实践的探索，让读者自己从中领悟管理的真谛。他的《管理学》、《组织行为学》的内容成为国内许多相关教材内容的标杆。

本章小结

管理过程学派的鼻祖亨利·法约尔以管理的五项职能和14项原则的基本框架奠定了该学派的基础；卢瑟·H·古利克在法约尔的基础上进一步梳理和分析了管理活动，提出了管理七职能说等；詹姆斯·D·穆尼作为管理过程学派的集大成者，深入阐述了组织与组织效率的原则；拉尔夫·C·戴维斯从管理实践出发，提出了有机职能的观点；而哈罗德·孔茨肩负着倡导和弘扬管理过程学派的使命，发展了法约尔等人提出的管理要素和管理职能学说，并首次提出"管理理论的丛林"这一说法，对管理理论及管理学派进行了系统的分类研究，使得管理过程学派一跃成为管理领域影响最大的学派之一；斯蒂芬·P·罗宾斯也以其代表作《管理学》和《组织行为学》成为管理过程学派众所周知的代表人物。

关键术语

管理的14项原则（fourteen principles of management）
七项管理职能（seven management functions）
组织效率原理（principles of organizational efficiency）
有机职能（organic functions）
管理理论丛林（the management theory jungle）
组织行为学（organization behavior）

复习思考题

1. 简述亨利·法约尔的管理14项原则。
2. 论述卢瑟·H·古利克的七项管理职能。
3. 詹姆斯·D·穆尼和拉尔夫·C·戴维斯对管理过程学派的主要贡献分别是什么？
4. 简答哈罗德·孔茨对管理过程学派的贡献。

第5章

经验主义学派

经验主义学派认为，古典管理理论和行为科学理论都不能充分适应企业发展的实际需要，企业管理的科学应该从企业管理的实际出发，以大企业的管理经验为主要研究对象，以向大企业的总经理们提供管理企业的成功经验和科学方法为目标，进而为企业的良好运营提出有效的对策和建议。作为该学派的主要代表人物，管理学大师彼得·F·德鲁克、欧内斯特·戴尔以及阿尔弗雷德·P·斯隆等，架起了现代管理理论与管理实践之间的沟通桥梁，推动了管理理论和管理实践之间的有机融合，促进了经验主义学派的发展和完善。

5.1 彼得·F·德鲁克（Peter F. Drucker）

彼得·F·德鲁克（1909—2005）是现代管理学的开创者，被誉为“现代管理之父”、“大师中的大师”。德鲁克始终从时代、社会和组织所处的内外部环境来透视管理，强调管理的人性和实践性。在德鲁克长达60多年的职业生涯中，共出版超过30部管理学方面的著作，发表数百篇论文。仅在《哈佛商业评论》上就发表了30多篇文章，其中6篇获麦肯锡奖，是该奖项的最高纪录保持者。在半个多世纪的管理文献中，德鲁克是整个管理领域内被引用得最多的作者，他的著作也被公认为是管理学中最好的著作。时至今日，这些著作和论文已被翻译成30多种文字在世界各地出版和传播。

5.1.1 开创现代组织与管理学

1943年，德鲁克受聘为当时世界最大的企业——通用汽车公司的顾问，对该公司的内部管理结构进行研究，并于1946年将其研究心得及成果写成《公司的概念》一书，该书讲述了拥有不同技能和知识的人在一个大型组织里如何进行分工合作。德鲁克声称，他已经“发现了正待被发现的管理实践”，并认为大企业的管理结构应该是非集权化的模式。该书最为突出的贡献就在于首次提出了“组织”的概念并奠定了现代组织学的基础。1954年11月6日，德鲁克出版了《管理的实践》一书，该书的出版标志着现代管理学作为一门学科的诞生。在该书中，德鲁克提出，管理是一门学科。这意味着管理人员付诸实践的是管理学而不是经济学，不是计量方法，也不是行为科学。无论是经济学、计量方法还是行为科学都只是管理人员使用的工具。

德鲁克认为，管理不仅是“企业管理”，管理作为组织的“器官”，只能通过它的职能来界定其内涵。作为工商企业的“器官”，管理的第一个职能是管理企业，第二个职能是管理管理者，第三个职能是管理工人与工作。进而，德鲁克认为管理更是一种实践。管理学缺少了管理实践便成了空中楼阁；管理实践缺少了管理学的理论阐释，只不过是一个个故事而已。在德鲁克看来，管理要解决的问题有90%是共同的，只有10%是不同的。管理在不同的组织里会有一些差异。管理沃尔玛和管理罗马天主教堂当然有所不同，其差异就在于，各组织所使用的名词（语言）有所不同，其他的差异主要体现在应用上而不是在原则上。所有组织的管理者，都要面对人事决策，而人的问题几乎都是一样的。所有组织的管理者都要面对沟通问题，管理者要花大量的时间与上司和下属进行沟通。因此，在所有组织中，90%左右的问题是共同的，而不同的只有10%。只有这10%需要适应这个组织特定的使命、特定的文化和特定的语言。换言之，一个成功的企业领导人同样能领导好一家非营利机构，反之亦然。

5.1.2 目标管理

1954年，德鲁克在《管理的实践》一书中提出了目标管理这一个划时代的重要概念。在管理思想的发展史上，古典管理理论偏重以工作为中心、忽视人的因素。行为科学理论偏重以人为中心、忽视与工作的结合。而目标管理则是一种综合了以工作为中心和以人为中心的管理技能和管理制度，在实现企业经营目标的同时，不仅提高了员工的满意度，也满足了工作需要和人的需求。目标管理的核心是员工参与，适用于高成就需要的员工和中、高层管理者。它的主要优势是：能够将管理者的工作由控制下属转变为与下属一起制定目标；依靠员工的积极性去完成工作，将“我想做”转变为“我要做”；强调员工参与和自我管理。

目标管理的步骤可以简单划分为三个步骤：第一步，设定目标。先由员工自己设置目标，再由管理者审查并与员工沟通协商，最后确定目标。第二步，实施目标。管理者充分授权，由员工自主实施和达成目标。第三步，评价目标。先由员工进行自我评价，再由管理者根据员工自我评价的结果及目标的实现情况作出最终评价。

目标管理必须具备的条件有：（1）高层管理人员的参加；（2）下级人员积极参与目标的制定和达成；（3）丰富的信息资源以确保目标的合理制定；（4）充分信任员工；（5）对实现目标的手段有控制权。

5.1.3 经理人员的两大任务和五项工作

德鲁克认为仅将经理人员定义为“对他人的工作负有责任的人”是不够的，经理人员应该是“对企业的绩效负有责任的人”。他们肩负着建立团队和权衡利益两大任务，必须能够建立一支单一有机体的团队，并能处理好当前利益与长远利益之间的平衡问题。同时，他们还要对整个企业及其各个组成部分的绩效负责。由此，德鲁克提出了经理人员的五项工作：制定目标、组织、激励与沟通、衡量和培养他人（包括自己）。

1. 经理人员的两大任务

（1）经理人必须建立一支单一有机体的团队。

协调是管理的精要所在，经理人员作为协调的关键，需要组织和协调企业内外部的大量活动。良好的团队绩效不仅是个体成员工作的简单集合，而且是各个成员绩效的系统整合和全面提升。因此，经理人员的任务就在于有效挖掘和激发全体成员的潜能以使得团队整体绩效水平大于个体绩效水平之和，从而创造出一个富有活力的高效团队。

（2）经理人员必须能够权衡当前利益与长远利益。

经理人员所做的一切既需要有利于当前的现状，又需要有利于企业的长期战略和目标。即使不能使这两个方面完全对等，至少也应使之取得合理的平衡。

2. 经理人员的五项工作

（1）制定目标。

一个经理人员首先要制定目标，明晰目标应该是什么以及为了实现这些目标应该做哪些具体的工作。同时，经理人员还需将这些目标准确地传达给与目标实现相关的人员，以便目标能够得以顺利实现。

（2）组织。

组织工作占据了经理人员管理活动的大部分时间。经理人员需要组织、制定、协调好各项活动、决策和关系；对工作进行分类，把工作划分成各项可以管理的活动，并把这些活动细化成各项可以管理的作业；整合各部门和相关作业并选择合适的人员来管理这些部门和执行作业。

（3）激励与沟通。

经理人员鼓舞和指导员工，对员工进行培训并为他们提供有挑战性的工作，激励他们在工作中不断努力、追求卓越。此外，一个经理人员还要通过日常的工作实践、员工关系、人事决策以及同下级、上级和同级之间经常的相互信息交流等做好沟通工作。

（4）衡量。

经理人员要为每一名员工确定一个衡量标准。衡量的标准不但要专注于提高组织的绩效，而且还要专注于个人绩效的提升。经理人员要对绩效进行科学合理的解释、分析和评价，并把这些衡量的意义和结果通报给他的下级、上级和同级。

（5）培养他人（自己）。

经理人员最重要的工作之一就是培养员工。这不仅适用于被管理的员工，而且适用于经理人员本身。人们在工作时不可避免地会犯这样或那样的错误。德鲁克认为，“一个人越好，他犯的错误就越多——因为他会努力尝试更多的新东西。我永远不会提拔一个从不犯错误，特别是从不犯大错误的人担任最高层的管理工作。因为，他肯定会成为一个工作平庸的管理者”。因此，经理人员应该遵循正确的方向来悉心培养下属，对下属的错误报以宽容的态度，以帮助他们顺利实现目标并快速成长。

5.1.4 有效的管理者

德鲁克关于有效的管理者的研究在很多组织中得到了广泛的宣传和推广，并在实践中发挥了非常重要的作用。他认为，管理者的效率往往是决定组织工作效率最为关键的因素；并不是高级管理人员才是管理者，所有负责行动和决策并能够提高组织工作效能的人都应该像管理者一样工作和思考。他对管理者工作中面临的现实问题的描述更是成为经典，被人们所广泛引用：（1）管理者的时间一般容易“属于别人”；（2）管理者除非采取积极行动去改变他们所生活和工作的现实，否则他们只好继续这样“工作”下去；（3）只有当别人利用管理者贡献出来的东西时，管理者才具有有效性；（4）管理者在组织之内，但是他如果想要有效的工作，还必须努力认识组织以外的情况。德鲁克说：“这四个现实问题，是管理者所无法改变的，是管理者存在的必要条件。”

通过长期的研究和观察，德鲁克提出了成为有效管理者必须要养成的五种思考习惯：（1）有效的管理者知道把时间用在什么地方。管理者应该清楚，自己掌握支配的时间是很有限的，他们必须要利用这点有限时间进行系统的工作。（2）有效的管理者要注重外部作用，把力量用在获取成果上，而不是工作本身。（3）有效的管理者应把工作建立在优势上，这包括他们自己的优势，他们上级、同事和下级的优势，以及形势的优势，即他们能做什么的基础上。（4）有效的管理者应把精力集中于少数的主要领域，坚持重点优先的原则。在这些领域里，优异的工作将产生杰出的成果。（5）有效的管理者应作有效的决策。有效的决策常常是根据“不一致的意见”作出的判断，而不是建立在“统一看法”的基础上；通常，快速作出的许多决策都是错误的决策；管理者需要作出的是正确的战略，而不是令人眼花缭乱的战术。

5.1.5 事业理论

德鲁克早在1954年就提出了事业理论。他经常问企业家和管理者的问题是：“我们的业务是什么?”“我们的客户是谁?”“客户的认知价值是什么?”这些反映了领导者和管理者对如何看待市场、如何鉴别顾客和竞争者的行为及价值、如何理解技术及其发展，以及如何认识本公司的优势和弱点等问题的基本观点和假设。领导者和管理者对这些问题理解得准确与否，在很大程度上影响甚至决定着企业的兴衰成败。

德鲁克认为，事业理论主要由三个部分构成：（1）有关组织外部环境的假设，包括社会及其结构、市场、客户和技术等，这决定了利润的来源；（2）有关组织使命的假设，这决定了什么样的结果对组织有意义；（3）为完成企业使命所必需的核心竞争力的假设，这决定了组织能否生存到愿景目标实现的时候。此外，德鲁克还指出，有效的事业理论至少应具有以下四个特点：（1）环境、使命和核心竞争力的假设都必须是符合现实的；（2）这三个方面的假设必须相互协调；（3）事业理论必须为整个组织内的成员所知晓和理解；（4）事业理论必须具有自我革新的能力，并能够不断地经受检验。

5.1.6 战略规划

德鲁克认为，战略可以将“事业理论”转变成行动，其目的是使企业能在变化莫测的环境中果断地把握机会以达成希望获得的结果。同时，战略也是事业理论的试金石。如果战略不能产生预期的效果，往往是事业理论需要重新思考的一个严重警告。同时，出乎意料的成功也是事业理论需要重新思考的征兆。一个企业只有在拥有了一套系统的战略以后才能判定一个机会是否真的是机会，组织是否在预期的方向上前进，还是走上了歧途、分散了资源。

战略规划不是预测，也不是企图消除风险和使风险最小化，而是为未来所制定的决策。战略规划是“决策——执行——衡量”的循环，即系统地制定企业目前的决策，并尽可能地了解这些决策对未来可能产生的影响；系统地组织执行这些决策；通过系统的反馈，对照既定的期望来衡量这些决策的成果。管理不在于“知”，而在于“行”，这是德鲁克管理思想的精要所在。最好的战略规划如果没有得到良好的执行，最终也只是一个美好的愿望。因此，衡量一个战略规划的重要标准是，管理者是否切实地把各项资源投入将来可能会取得成功的行动之中。如果不是这样，那就只有诺言和希望，而没有真正的规划。

5.1.7 绩效精神

德鲁克认为，组织的目的是使平凡的人做出不平凡的事。任何组织都不能依赖天才，因为天才总是稀缺的。对组织的考验，就是要使平凡的人取得更杰出的绩效，使得成员的长处能够充分发挥出来，并通过整合每个成员的长处来帮助所有成员都取得杰出绩效。这就是所谓的绩效精神。

绩效精神要求每个人都能够充分发挥自己的长处，即将重点放在他擅长做什么而不是他不能做什么上。同时，组织中的“士气”并不意味着“人们在一起和睦相处”，对其检验的标准应该是最终取得的绩效，而不是组织成员之间的互相迁就。如果人际关系不是以“在工作中取得杰出绩效而感到满足”为依据，那么这实际上就是一种不良的人际关系。因此，一个企业想要培养绩效精神，需在以下四个方面付诸实践：(1) 组织的重点必须放在高标准的绩效上；(2) 组织的重点必须放在机会上，而不是放在问题上；(3) 有关人事的各项决定，如工作岗位、工资报酬、晋升、降职和离职等，都必须体现组织的价值观和信念；(4) 在人事决策中，管理层必须表明正直是一个经理人员所应具备的唯一的绝对条件。

5.1.8 创新与企业家精神

德鲁克首次将创新与企业家精神视为企业需要加以组织、系统化的实务与训练，也视为管理者的重要工作与责任。他认为，创新的机会有七大来源，其中前四者来自企业或产业内部，后三者来自企业或产业外部：(1) 意料之外的事件；(2) 不一致的状况；(3) 基于程序需要的创新；(4) 产业结构或市场结构的改变；(5) 人口统计特性（人口的变动）；(6) 认知、情绪以及意义上的改变；(7) 新知识。此外，还包括四大创业型策略，包括孤注一掷、打击对方弱点、占据一个生存利基，以及改变产品价值与特性等。

5.1.9 知识管理

德鲁克指出，在20世纪，管理最重要、最独特的贡献，就是在制造业中将体力工作者的生产率提高了50倍之多；在21世纪，知识是组织和社会的重要资源，无论是智力密集型行业，还是资本密集型行业，知识的创造、传播、共享和利用，都是企业保持持续竞争优势的关键。有才华的知识工作者具有很大的生产率潜力，但同时也具有很高的知识成本。因此，21世纪是知识管理的世纪，管理的最大挑战莫过于如何提高知识工作者的生产力。在知识型社会里，管理者必须整合不同的知识领域，使之成为一个有机的整体。同时，知识工作者也面临着种种挑战。他们要学习如何管理自己，学会挖掘自己的特长，认识自己的工作风格，明确如何做出最大贡献，处理好与他人的工作关系，为自己的后半生创造机遇等。

科技革命和经济社会的发展促进了新型组织和管理模式的深刻变革。新型的知识型组织逐步建立了"知识管理"的管理理念，即"提供知识以找出应用现有知识创造效益的最佳方法"。具体而言，新型组织的管理理念主要有：（1）所有现代组织，不论大组织、小组织，都需要管理；（2）管理是对知识的应用并要对绩效负责；（3）知识型组织需要有一个共同目标，以指导每个"知识员工"进行协调行动，每个相关人员都要充分承担信息责任；（4）管理的职能在于管理知识信息、管理管理者和管理工作三方面。

德鲁克的管理思想博大精深。除了上述主要思想外，还包括成果管理、非营利组织管理、董事会职能与结构、自我管理等思想，限于篇幅，此不赘述。

5.1.10 思想点评

德鲁克的可贵之处在于，他从一个宽广的外部视角来审视管理，深入研究管理的范围及其必要条件，进而讨论组织的工作和管理的技巧，研究高层管理、管理任务、组织结构及战略等关键问题。德鲁克系统管理思想的有效性得到了各国企业管理者的认可和推崇。无论是英特尔公司创始人安迪·格鲁夫、微软董事长比尔·盖茨，还是通用电气公司前首席执行官杰克·韦尔奇，他们都曾提到自己的管理思想和管理实践受到了德鲁克的启发和影响。格鲁夫说："德鲁克是我心目中的英雄。他的著作和思想非常清晰，在那些狂热追求时髦思想的人群中独树一帜。"盖茨认为："在所有的管理学书籍中，德鲁克的著作对我影响最深。"韦尔奇说："全世界的管理者都应该感谢这个人，因为他贡献了毕生的精力，来理清我们社会中人的角色和组织机构的角色，我认为彼得·德鲁克比其他任何人都更有效地做到了这一点。"此外，《哈佛商业评论》评价道："只要一提到彼得·德鲁克的名字，在企业的丛林中就会有无数双耳朵竖起来听。"虽然德鲁克自称是"旁观者"，但正是这个"旁观者"，提出了很多超前的理论，这些理论不仅向人们展示了他非凡的预见力，更犹如一座灯塔，照亮了众多学者和管理者的前程。

5.2 欧内斯特·戴尔（Ernest Dale）

欧内斯特·戴尔（1917—1996）是美国著名的管理学家、管理学经验主义学派的主要代表人物之一。1960年，戴尔出版了他的两部成名作：《伟大的组织者》和《组织中的参谋工作》。《伟大的组织者》这本书，耗费了戴尔十年的时间，书中的内容包含了他曾发表过的多篇论文，渗透着戴尔的真知灼见。随着《伟大的组织者》的出版，经验主义学派的影响大增，戴尔也一跃成为经验主义学派著名的代表人物。

5.2.1 比较方法

作为经验主义学派的重要代表人物，戴尔认为，管理理论的来源只能是而且也必须是管理经验，并不存在普遍适用的管理法则。不同时期、不同管理目标、不同环境因素，造就了那些伟大的组织者。所有伟大的组织者，都是凭借他们在重要业务领域中的广泛经验积累才走到了公司的最高管理层，他们的经验是不可照搬的。但是，人们能够在可以比较的情况下，把他人的成功经验应用于自己的实际需要中。由此，戴尔主张用比较方法对企业管理进行研究，而不是从一般原则出发。他采用比较方法研究了美国杜邦公司、美国通用汽车公司、国民钢铁公司和威斯汀豪斯电气公司四家大公司的一些伟大的组织者——皮埃尔·杜邦，阿尔弗雷德·P·斯隆、欧内斯特·韦尔、罗伯逊等人的成功管理经验。

戴尔认为，可以通过运用比较方法来分析、描述和发现不同组织结构的“基本类似点”。收集、分析和研究这些“基本类似点”可以得出某些一般结论，从而应用于其他类似或可比较的情况，以作为一种对发展趋势进行预测的有效手段。比较方法不像哥白尼或爱因斯坦那样用少数定理来说明所有组织的全部问题，而只是在某些范围有限的问题上得出一些一般性的结论。例如，分权化对管理费用的影响；专权管理或个人控制对管理潜力发展的影响；平等主义或委员会组织对高层管理效率的影响等。通过比较得出一般结论的方法可以采用演绎法（从假设出发，到实际情况中去检验），也可以采用归纳法（从具体情况的观察入手，得出一般性结论），或把这两种方法结合起来。

1. 比较法注意事项

（1）要形成一个概念的框架。

在“小心求证”之前要有“大胆假设”。“研究者必须选择在不同情境中要考察的各种变数，并且这些变数可以有多种类型。”换言之，研究者必须选择特定的分析角度。例如，对组织的分析可以采取角色分析，并进一步将其划分为不同的亚角色，以此研究管理者的行为。

（2）注意可比性。

运用比较方法研究组织必须要有比较的价值和意义。两个差别很大的组织进行比较，其意义显然不大。

（3）以组织目标为基准。

对组织进行研究，势必会涉及评价的问题。戴尔认为，如果忽视组织自身的目标，那么对组织的评价工作将无法展开。以乡村俱乐部和美国通用汽车公司为例，乡村俱乐部的目标可能更多地侧重于成员之间的互相了解，从而增进感情和友谊；而美国通用汽车公司的财务目标则必然定位于获取更高的利润。如果我们在对组织的分析评价中忽视了它们自身的目标，以通用汽车公司的财务目标去衡量乡村俱乐部的目标，显然会使结果趋于偏颇。

（4）注意比较结论的恰当性。

戴尔认为，比较分析的结果，并不要求得出放之四海而皆准的真理或理论，而是要求得出的结论在特定的条件之下适用于特定的情况，从而为“准则”的进一步完善预留空间。戴尔特别强调，运用比较方法要防止把某一特定成功经验扩大到其他背景和情境不同的公司的倾向，一旦走到这种盲目扩大比较结论适用范围的歧途，就不再是经验主义者而是变成了普适主义者。

2. 大型企业的管理“准则”

运用比较方法，戴尔对杜邦公司、美国通用汽车公司、国民钢铁公司和威斯汀豪斯电气公司的主要领导人的管理实践进行了研究。虽然这四家公司分属于不同的行业，但都是美国甚至全球的著名企业。杜邦公司是化学、化工领域的“百年老店”，历经两个多世纪（杜邦公司创立于1802年）依然活力充沛；美国通用汽车公司则在很长一段时间内占据着美国乃至世界企业排行榜的榜首，成为美国自由企业制度成功的重要象征；国民钢铁公司则是当年美国数一数二的钢铁企业，在1929年爆发的经济大萧条中逆流而上，奇迹般地不断发展壮大；至于威斯汀豪斯电气公司，则是少数几家能够同通用电气展开百年抗争的美国公司。在20世纪，这四家公司都取得了巨大成功，戴尔在对它们进行的研究中，更多地将其成功归因于公司领导人的个人因素以及系统管理的及时建立。通过对这些公司的比较，戴尔总结出了大型企业的几条管理“准则”。

（1）通过责任会计制可以达到有盈利的控制。为了克服当时企业面临的控制成本过高、沟通不畅等诸多问题，责任会计制首先由杜邦公司的唐纳森·布朗、皮埃尔·杜邦等人创立，后来被美国通用汽车公司所借鉴，并随着杜邦和通用汽车的成功逐渐推广到全美甚至全世界。

（2）综合大企业和小企业组织结构的优点，促进作业分权化并在控制的基础上进行有效协调。实质上，戴尔在这里指的是阿尔弗雷德·D·钱德勒、彼得·F·德鲁克总结的“联邦分权制”（又称事业部制、M型组织结构），它既能充分发挥各事业部的优势和积极性，又能使总部的职能得到充分的发挥，从而有效协调各事业部的工作，使之向着共同的目标迈进。

（3）由集团控制代替一人控制，这在集团成员见解相同、能力不等、地位平等时可以取得最好的效果。这一准则的实质内涵是要求企业及时建立有效的高层管理团队，以代替企业发展初期创始人大权独揽、事无巨细的“恺撒式管理”。

（4）所有者与管理者的制衡，有助于发挥股东的“抗辩权”，从而作出更为合理的决策。英国的阿克顿勋爵曾说：“权力导致腐败，绝对权力导致绝对腐败。”对此，孟德斯鸠也曾指出：“要防止滥用权力，就必须以权力约束权力。”公司所有权与管理权的相互制衡，有利于维护组织成员的权益，避免由专断导致的决策失误。

（5）为企业制定一个长远的发展规划。戴尔认为，当企业处于转型阶段时，长远规划可以有利于避免过于重视眼前利益而忽视长远利益。

上述管理“准则”来自经理人员的实际经验，因此，戴尔非常强调这些准则适用的环境和条件，一旦环境、条件发生变化，势必要对这些准则进行相应的调整。

3. “伟大组织者”的共性

戴尔通过比较对伟大组织者们的共同表现作出了归纳。他指出，这些人取得成功的方法可以概括为以下几点：

（1）理性地制定目标。不同公司面临的环境和任务是不同的，因此制定出的目标也不尽相同，但伟大的组织者们都能够以高度理性的方式来确定本公司的目标，并合理地安排公司的资源。

（2）分工只是一种手段，而不是事先就能计划和确定的。分工应从属于组织目标，对于伟大的组织者而言，组织和分工都是实现绩效目标的有效工具。

（3）组织和管理工作是一门艺术，而不是科学。伟大的组织者都有自己的“准则”，但这种“准则”不是公式或教条，而是以实际的工艺技术、环境条件、人员情况为依据，并随着各种因素的变化而不断调整修正。

戴尔认为，“伟大的组织者”之所以能够取得巨大成功，是因为他们“几乎全都在他们所组织或改组的公司中有着大量的投资，因而他们自己的利益同股东的利益是密切相关的”。企业所有者同经营者之间有效的权力制衡，是这些伟大企业取得成功的共同因素。正是企业所有者同经营者之间潜在的或者现实的利益冲突，使得企业的经营决策和运行能够实现利益的合理均衡。

5.2.2　对各大公司的研究结果

1. 对杜邦公司的研究

戴尔认为，杜邦公司取得成功的主要原因是建立了系统化的组织和管理体系，而不是采用当时流行的“伟大理论”或者“恺撒式管理”。戴尔指出，有些更为复杂的、微妙的条件能够促使公司成功，他把杜邦公司的集体经营及其效率比作生物学的集体生活的效率，即成功来自组织系统内各个部分的有机统一。此外，促使杜邦公司成功的至关重要的因素还在于其所坚持的理性主义和实用主义的哲学思想。杜邦公司坚持基本的理性主义，秉承对理性、观察和实验方法的信奉，同时还注重通过采用以经验原则为依据的用以考察具体成果（利润）的实用主义方式对其予以平衡。

2. 对美国通用汽车公司的研究

戴尔还考察了美国通用汽车公司，并说明其是如何运用组织设计来解决创始人的继任者所面临的各种人事问题。戴尔将这一问题的解决归功于阿尔弗雷德·P·斯隆建立新型组织的实践。斯隆为了解决继任者所面临的各种难题以及为接班人的选定扫除障碍，决定大刀阔斧地进行组织改革。他提出了明确的改革目标：第一，明确公司各个单位的职能，在专业化的基础上进行合理分工。第二，规定中央部门的地位并协调中央部门同整个公司的关系，以便它能更好地发挥作用。第三，总经理作为公司的最高经营者，需承担公司的全部经营职责。第四，在实际可行的范围内尽可能地限制直接向总经理报告的经理人员的人数。其目的是使总经理无须过问那些可以放心地交由经理人员处理的事情，而更好地在公司的大政方针方面进行决策和指导。

3. 对国民钢铁公司的研究

国民钢铁公司的创立者欧内斯特·韦尔从一开始就对他的公司进行系统的规划，并且公司也是按照他所作的规划健康发展的，这在当时的企业界确属例外。戴尔将韦尔取得成功的方法归纳为以下几个方面：

（1）一项终生计划。

韦尔在决定离开美国钢铁公司时，就明确树立了建立美国最大的综合性钢铁公司之一的目标。他有意识地把位置选在维尔顿就是为了建立一个综合性的钢铁公司。

（2）灵活性。

韦尔虽然对自己的基本目标坚定不移，但是在实现目标的方法和途径上却很灵活。韦尔强调适者生存，采用高报酬来激励员工，并赋予下级管理人员高度的自由权和自主性。

（3）坚决执行计划。

即使在钢铁行业普遍收缩的情况下，韦尔也坚持将长期目标分解成为各年增长率，并采用"责任会计制"使每一个经理人员严格地在数量和质量上对成果负责，以确保资产、对工厂设备的投资能够稳定地增长。

（4）亲自监督和辛勤工作。

韦尔并不允许自己完全脱离业务细节，经常通过电话和走访等形式来亲自监督工作的进展。为了避免由于成功而可能产生的腐败现象，韦尔喜欢引用爱因斯坦的一句话："个人避免由于赞颂而腐败的唯一途径就是去从事工作。一个人往往想停下工作去听别人的赞颂。唯一的方法就是不去听赞颂而是继续工作、工作，没有别的方法。"

（5）平等的高层结构。

韦尔深切地感到需要有一个小规模的寡头组织来自由讨论所有的关键决策。他喜欢有主见的、杰出的高层管理人员，而不喜欢听命于人的小人物。

（6）言行一致。

虽然要用外交辞令来应对外部的银行家、政府人员，但他对内部的员工总是说到做到。

4. 对威斯汀豪斯电气公司的研究

20个世纪30年代，威斯汀豪斯电气公司面临着改组的困难和挑战，总裁罗伯逊既要把一个严密集权化的集团拆开，又要保证其间的相互协调与有效控制。这次改组计划大致可以分成三个部分：

（1）作业活动的分权化。

设立产品事业部和独立的子公司，授予经理人员更大的职责权限，使其只受总部规定的政策和控制手段的制约。

（2）建立总部职能管理参谋部门，实现"统一指挥"。

总部的制造副总裁不再指挥生产，而只负责帮助各事业部改进制造程序，协调各项作业和生产进度，制定工具和机器的规格，并进行相关检查。

（3）建立中央控制系统。

改组使得大量的职责和权力从高级管理层转移到了生产一线，为了使总裁能够了解下授权力的执行情况，以便能对成果迅速给予反馈，并及时发现和改正失误，公司采用了"弹性预算"的控制系统。根据这一方案，该公司所有可控作业都制定了变动成本标准，以确保每一作业单位的经理能对背离标准的任何一项重大变动承担责任。

5.2.3 思想点评

戴尔主张用比较方法对企业管理进行研究，而不是从一般原则出发，所以他的思想都是以大企业的管理经验为主要研究对象提出来的。他的咨询经历为管理学界带来了丰富的实践经验，同时也发展了一些调查研究技术，为各大公司的咨询工作提供了有效的方法和途径。因为比较方法及经验主义理论的成功，戴尔被现代管理学界的研究者赞誉有加，被称为“有着伟大头脑的杰出代表之一”。与德鲁克相比，戴尔更加“精深”，而德鲁克则更加富有“远见”。

5.3 阿尔弗雷德·P·斯隆（Alfred P. Sloan）

阿尔弗雷德·P·斯隆（1875—1966）是前美国通用汽车公司总裁，事业部制组织结构的创始人。在他的领导下，美国通用汽车公司的销量超过福特汽车公司，成为世界上最大的汽车公司。美国《商业周刊》75周年时，斯隆获选为“过去75年来最伟大的创新者之一”的称号。1963年，斯隆出版的自传《我在通用汽车的日子》堪称是管理学的一个里程碑，该书几十年来多次重印，至今仍新版不绝。书中对美国通用汽车公司的计划和战略、持续经营、财务成长以及领导等企业管理政策的早期创新和发展进行了详细描述，这些宝贵的理论和实战经验对现代管理理论的形成和发展产生了直接影响。直到今天，我们依然可以感受到斯隆管理思想给管理学界所带来的巨大影响。

5.3.1 创建事业部制——“集中决策、分散经营”

斯隆最大的贡献就在于设计出了一种有效的组织模式——事业部制，使集权和分权在一定条件下得到了较好的平衡。具体而言，斯隆的事业部制体现了两条重要的原则：(1) 每一作业单位的主要经理人员的职责应该不受限制，以使各作业单位能够充分发挥主动性并得到合理的发展；(2) 某些中央组织的集权职能对公司的合理发展和有效协调是绝对必要的。

斯隆将企业活动在组织上划分为两大类：重大控制和经营控制。重大控制被看做是从股东经过董事会到董事会选出的两个委员会之间的一种权力路线，两个委员会即财务委员会和经营委员会；而经营控制则由总经理领导各个作业性事业部在重大控制规定的范围内行使。此外，总经理还配有一个由一些“助理”和一个拨款委员会组成的个人参谋部。拨款委员会就各个作业性事业部提出的资产改进和采购的可行性进行调查，并可以从综合顾问部获得所需的技术资料和建议。另外，斯隆还设计了一个财务和会计综合参谋部来负责整个公司的财务和会计活动，并通过总经理来协调各个事业部的财务与会计活动。

在分权制的原则下，企业的最高领导主要致力于制定企业的主要目标，制定工作效率的评价标准以及组织选拔、培养和考核管理人员等活动；而总部下属的各个单位本身作为自治性的事业单位，其负责人则要对本单位的生产、工程、销售、采购、会计、人事等方面负责。企业最高管理者的决策同各个自治单位管理者在其本身业务范围内的决策有着密切的关系，他们在基本政策的制定上应该经常讨论。总体而言，斯隆构建的事业部制在美国通用汽车公司运转良好，同时也给其他面临组织管理问题的大公司提供了可贵的参考经验。因此，斯隆为美国通用汽车公司设计的以“集中决策，分散经营”为管理原则的组织结构被称为“斯隆模型”，斯隆本人也被誉为“事业部制的鼻祖”；而且还被阿尔弗雷德·D·

钱德勒和彼得·F·德鲁克称赞为“管理英雄”。

5.3.2 市场策略与竞争

斯隆担任美国通用汽车公司首席执行官期间，一直坚持三项市场策略：产品种类的多样性、对研发的重视和与制造商的整合。通用汽车产品种类的多样性表现在生产不同价位产品的众多生产线。斯隆力主引入不同价格的车型来迎合具有不同购买力的顾客；每年变更车型以刺激需求；引进彩色车；接受通过以旧换新的方式来购买新款车；创立高档车以品质而不靠廉价取胜；成立分期付款购车的融资机构等。这些做法在今天早已司空见惯，可在当年都属首创。

斯隆对研发的重视表现在把公司的大量资源投入到了新产品的研究方面，因为他相信新技术是未来汽车行业的发展动力。斯隆将汽车经销商视为战略伙伴，确认双方共生共荣的合作关系。斯隆经常走出总部遍访全国各地的经销代理，实地了解顾客需求，倾听其意见，并将所听所闻应用到增加产品种类和新型技术的开发上。

斯隆沿袭了杜兰特的思想，把零配件制造商与不同的制造部门结合在一起。这种整合策略大大降低了生产成本，与从外面供应商处购买零配件相比，可以使各部门对其产品的零配件有更深入的了解。事实证明，对通用汽车的零配件供应商进行的垂直统一管理，是一项成功的商业决策，大大减少了美国通用汽车公司与外部供应商的合同数量。外部供应合同的减少，则使美国通用汽车公司可以完全依赖内部员工的生产；与完全依赖外部的供应商相比，美国通用汽车公司减少了很多不必要的麻烦。

5.3.3 思想点评

斯隆首创的事业部制已成为现代大公司的基本结构。他的组织设计之所以能获得巨大成功，首先在于符合了人的本性，即追求成就、追求权力的本性；其次在于对人性的固有缺点的认识，即对人性中因自私而目光短浅、急功近利的弱点的清醒认识。现代组织要有效率，必须符合人性，而组织要实现远大的目标，又必须超越人性的局限。这个道理不仅适合于企业，也适合于任何有组织的人类活动。

本章小结

经验主义学派是以向大企业的总经理们提供企业管理成功经验和科学方法为目标的管理学派。其中著名的代表人物彼得·F·德鲁克、欧内斯特·戴尔以及阿尔弗雷德·P·斯隆等，均在当时的环境下深入、系统地研究和总结了大企业的管理实践和经验。彼得·F·德鲁克提出的目标管理、经理人员的两大任务和五项工作、如何成为有效的管理者、事业理论、战略规划、绩效精神、创新精神以及知识管理等思想，对21世纪的公司管理和管理实践具有重要的指导意义。欧内斯特·戴尔的比较方法也为各大公司的咨询工作提供了有效的方法和途径；而阿尔弗雷德·P·斯隆的事业部制则至今仍是各大企业所采用的重要的组织结构形式，并且斯隆在美国通用汽车公司的管理实践更是推动和促进了现代制造企业管理的发展和进步。

关键术语

经验主义学派（the empirical school）
目标管理（management by objectives，MBO）
事业理论（the theory of the business）
比较方法（comparative approach）
事业部制（multidivisional structure）

复习思考题

1. 简述彼得·F·德鲁克的主要思想及贡献。
2. 阐释欧内斯特·戴尔的比较方法。
3. 简述阿尔弗雷德·P·斯隆的主要贡献。

第 6 章

组织理论

马克斯·韦伯作为“组织理论之父”，首次系统提出并阐述了著名的官僚制理论，开启了组织理论学派的研究先河。该学派的主要代表人物有马克斯·韦伯、林德尔·F·厄威克、沃伦·G·本尼斯、查尔斯·汉迪、汤姆·彼得斯、彼得·M·圣吉、梅雷迪思·贝尔宾、戴夫·尤里奇、吉姆·柯林斯和杰里·I·波拉斯等，他们侧重于从组织结构、权力分配、团队角色等不同的角度来探讨和研究组织管理的话题，为管理理论和实践的发展提供了有益的观点和指导。

6.1 马克斯·韦伯（Max Weber）

马克斯·韦伯（1864—1920）是德国著名社会学家、政治经济学家和管理学家，被公认为现代社会学和公共行政学最重要的创始人之一，与泰勒、法约尔并称为西方古典管理理论的三位先驱，被尊称为“组织理论之父”。韦伯是现代社会学的奠基人之一，后人把马克斯·韦伯、卡尔·马克思和爱弥尔·涂尔干并列为现代社会学的三大奠基人。韦伯的研究兴趣十分广泛，涉及社会学、政治学、经济学、历史、宗教、哲学、音乐等许多领域。他的观点对于其后的社会学家、政治学家和管理学家都有着深远的影响。他对组织管理理论的伟大贡献在于明确而系统地提出了官僚制的概念，并指出组织应以合理、合法权力为基础，这样才能有效地维系组织的秩序和促进目标的达成。

6.1.1 理想的官僚制及其特点

韦伯认为官僚制是指通过职务或者职位，而不是通过个人或者世袭地位来对组织进行管理的形式。他指出，理想的官僚制既不同于凭借传统力量建立的管理体制，也不同于依据神授的权力或服从者对某种神秘信仰而建立的管理体制。官僚制是一种严密的、合理的组织和管理形式，它存在着一种正式的管辖范围，这种范围一般是由规则（法律或行政规定）来确定的。同时，官僚制具有熟练的专业活动、明确的职责划分、严格执行的规章制度以及金字塔式的等级服从关系等特征。官僚制的组织结构分为三层：上层是最高领导层，相当于现在许多组织中的高级管理阶层，其主要职能是制定整个组织的重大决策；中间层是行政官员，相当于现在组织中的中级管理阶层，其主要职能是贯彻上级领导层的重大决策并拟订具体的实施方案，将下层的意见和建议反映给上层领导；基层是一般工作人员，相当于现在组织中的基层管理层，其主要职能是依据上级的指示，从事实际工作。他认为，官僚制即使从纯技术的角度观察，也比以往的其他管理体制具有明确的优越性。韦伯指出以理性—法律权力作为基础的官僚制具有以下几个基本特点：

（1）确定的目标。

组织应有确定的目标，人员的一切活动都必须遵守一定的程序，其目的都是为了实现组织的目标。

（2）分工明确。

对组织的全部活动进行专业化的职能分工，依据这种职能分工确定管理职位，并详细规定各个职位的权力和责任范围。

（3）明确的等级制度。

按照等级序列原则来进行管理，形成一个自上而下、等级森严的指挥体系。每个成员都要为自己的决定和行动对上级负责，受上级的控制和监督。同时，为了使每个人都能完成其所承担的责任，必须给予其相应的权力，使其有权对他的下级发号施令。

（4）非人格化的人员关系。

组织成员之间是一种指挥和服从的关系，这种关系是由职位的高低来决定的，是组织通过正式规定来明确的。个人之间的关系不能影响到工作关系。

（5）规范的选拔与录用。

每个职位的工作人员都必须经过考试、培训、筛选等一系列规范的选拔录用程序来决定。每个工作人员必须是称职的，同时也是不能被随便免职的。

（6）实行委任制。

所有的管理人员都是任命的，而不是选举的（某些特殊职位除外）。

（7）管理职业化。

管理人员有固定的薪金，并且有严格的考核制度和规范的升迁途径。管理人员的升迁完全由其上级来决定，下级不得表示任何意见，以防止破坏上下级之间严格的指挥系统。

（8）公私有别。

管理人员在组织中的职务活动应当与私人事务区别开来，公私事务之间应有明确的界限。管理人员只负责管理组织，而不是组织的所有者，并不拥有组织财产的所有权。

（9）遵守纪律。

管理人员必须严格遵守组织中的规定和纪律，这些规则不受个人感情的影响，适用于一切情况。组织对每个成员的职权和协作范围都有明文规定，以确保其能正确地行使职权，从而减少内部的冲突和矛盾。此外，组织中的管理行为、决定和规则，都要以书面的形式记载，业务的处理和传递也均以书面文件为准，保证业务处理的准确性和规范性。

韦伯认为，这种理想的行政组织是最符合理性原则的，其效率是最高的，在精确性、稳定性、纪律性和可靠性等方面都优于其他组织形式。这种组织形式适用于各种大型组织，包括企业、教会、学校、国家机构、军队和各种团体。

6.1.2 权力的分类

韦伯指出，任何组织都必须以某种形式的权力作为基础，才能变混乱为秩序。他认为存在着三种纯粹形态的社会权力，即被社会接受的权力。

（1）传统权力。

依据传统惯例或世袭得来的权力。对于传统权力，韦伯认为，人们对其服从是因为领袖人物占据着传统所支持的权力地位，同时，领袖人物也受着传统的制约。人们对传统权力的服从表达的是在习惯义务领域内的个人忠诚。

（2）超凡权力。

来源于对个别人的崇拜与追随的权力。其依据是对个别特殊性和超凡的神圣、英雄主义或模范品质的崇拜。

（3）法定权力（理性—法律权力）。

这种权力的依据是对标准规则“合法性”的信念。

在这三种权力中，传统权力的效率较差，因为其管理者不是按照能力来挑选的，只是单纯地为了保存过去的传统。超凡权力则过于感情化，并且是非理性的，其依据的不是规章制度，而是神秘或神圣的启示。因此，这两种权力都不宜作为官僚制的基础，韦伯认为，只有法定权力才能作为行政组织体系的基础，其最根本的特征在于它提供了公正。原因在于：1）管理的连续性使管理活动能够有秩序地进行。2）以“能”为本的择人方式提供了理性的基础。3）管理者的权力并非无限，而是受到了一定的约束。

6.1.3 思想点评

韦伯与法约尔一样时运欠佳，他提出的官僚制理论具有超前的先进性，但由于当时的社会文化和历史条件还没有形成对行政组织理论的需求，使其理论提出后并没有受到应有的重视，直到20世纪四五十年代才在美国获得承认。韦伯理论的创新之处在于他强调规则、强调能力、强调知识的行政组织理论，致力于提高官僚制的准确性、连续性、纪律性与可靠性，为社会发展提供了一种高效率、合乎理性的管理体制。同时，韦伯关于组织中三种合法权力的精辟分析，也对企业和组织的管理具有重要的启示意义。

在某种程度上，官僚制本身也存在着诸多不足，包括过分重视集权和等级制度、忽视人际关系与非正式组织、过度强调规章制度等。但是，官僚制对20世纪初经济发展的推动发挥了不可低估的作用，而且直至今天仍然在发挥着重要的作用。官僚制已成为各类组织普遍运用的典型结构，并广泛应用于国家机构、军队、政党、企业和各种社会团体及其管理之中。

6.2　林德尔 · F · 厄威克（Lyndall F. Urwick）

林德尔·F·厄威克（1891—1983）是英国著名管理史学家、顾问、教育家，公认的管理学权威。厄威克一生著述颇丰，其中较为著名的是《管理的要素》和《管理备要》。

6.2.1　古典管理理论的系统化

厄威克在管理理论方面的主要贡献是对古典管理理论进行了综合，并加以系统化。1937 年，由美国管理学家卢瑟·H·古利克与厄威克合编出版了《管理科学论文集》。该论文集反映了当时各种不同的管理思想，并集中反映了正式组织的结构设计和如何提高组织效率的问题，将自法约尔以来有关管理职能方面的论说加以系统化，提出了著名的“管理七职能论”，即计划、组织、人事、指挥、协调、报告、预算七大职能。

厄威克指出，由于自然科学同社会科学之间的差异，使得管理学仍是一门不精确的科学，但是大量的管理知识足以使它成为一门更科学、更系统的学科。因此，他选择了一些重要的管理学著作，系统地分析其思想、概念和原则。他发现，许多管理学家虽然没有或者很少从对方汲取营养，但是却常常采取类似的研究途径并得出了相近的原理。在 1944 年出版的《管理的要素》一书中，厄威克将科学管理理论和古典组织理论结合起来，继承了泰勒关于管理过程要以实践和科学调查为基础的指导思想，引入了法约尔的计划职能和穆尼等人对组织职能的分析，并重新发展和分析了控制职能。厄威克认为，控制职能就是运用指挥原则，支配与监督下属的活动。他将控制职能进一步细分为三种派生的职能，即配备人员、选择安排、纪律和训练；与此相适应，指挥原则也被分为三项派生原则，即集中、报酬和公平。最后，他从对古典管理理论的综合中总结出管理的直接结果是：秩序、稳定、主动性和集体精神。

6.2.2　组织理论

1. 组织设计理论

厄威克是组织设计理论的主要代表之一。组织设计理论是为了实现组织的经营目的而探索应该如何设计组织结构的理论。他在《作为一个技术问题的组织》一文中指出，组织原理是谋求以最经济、最有效的方式实现目标的方法。管理是为经营目的服务的，组织是为管理服务的。组织设计的作用有两个：（1）决定从事经营的各成员职务；（2）决定这些职务之间的相互关系，其目的是在于有效地解决经营技术问题。

2. 组织原则

在厄威克之前，古典管理理论的代表人物曾提到过许多管理原则，但都没有从总体上掌握各个原则之间的有机联系，也无法确定管理实践中各个原则的具体运用。为此，厄威克在 1938 年出版了《组织的科学原则》一书，该书对泰勒、法约尔等著名管理学家的原则进行了分析和归纳，从总体上把各种管理知识相互联系起来，提出了适用于一切组织的八项基本原则：

（1）目标原则，即所有的组织都应有一个目标。

（2）相符原则，即权力与责任必须相符。

（3）职责原则，即上级对直属下级的职责是绝对的。

（4）组织阶层原则，即组织结构上下级关系明确。

（5）控制幅度原则，即一个上级所管辖的相互之间有工作联系的下级人员不应超过 5 人或 6 人。

（6）专业化原则，即每个人的工作应该限制为单一的职能。

（7）协调原则，即在统一领导的前提下，协调各阶层和各机构之间的关系。

（8）明确性原则，即对每项工作都要有明确的规定。

厄威克在以后的著作中，把自己的思想同法约尔、穆尼、赖利、泰勒、福莱特、格雷库纳斯等人的观点结合起来，提出了 29 条主要管理原则和一些次要管理原则。

6.2.3 管理史方面的成就

厄威克在管理史学上的成就主要体现在《管理备要》一书中，该书副标题是“70 位先驱者生活和工作的历史记载”。他认为，如果不对管理学的历史及先驱思想家的工作有所了解，就难以掌握管理学的内容、范围及发展情况。这本书比雷恩的《管理思想的演变》要早 20 多年，介绍了 70 位管理思想先驱，在全世界范围内系统地考察了管理理论的发展和演变，并且第一次以科学、系统的方法总结和探讨了各种管理问题的相关观点，是一部非常著名的管理思想发展史文献。

6.2.4 思想点评

厄威克对管理学的成就不是提出了什么新的理论和方法，而是对前人提出的理论和原则加以综合，使之系统化。这在当时是相当了不起的贡献。此外，他在组织理论、管理学史和管理教育等方面的贡献也可圈可点，非常具有开创性。他的大部分思想贡献主要体现在他在各种管理学研讨会上发表的报告和演讲中。他力图探求更为广泛的一般“管理原则”，乐观地认为可以找到一般管理理论，而这在一定程度上来说是不科学、不可行的。

6.3 沃伦·G·本尼斯（Warren G. Bennis）

沃伦·G·本尼斯（1925—　）是美国当代著名组织理论和领导理论大师、组织发展理论的创始人。本尼斯在管理学界久负盛名，在组织理论和领导理论方面有着丰硕的成果，40 年间共撰写和编辑了近 30 本专著、1 500 多篇文章。他通过对官僚组织的批判，提出了以科学精神为主导的临时组织，并积极引领组织理论向有机模式转变；对管理与领导的区分，也成为管理学界的经典；所说的“领导者做正确的事，管理者把事做正确”，几乎人人皆知；提出的领导活动中的愿景、沟通、定位和自我调整四大主题，对于领导实践具有重要指导意义。在本尼斯的学术生涯里，他一直致力于人与组织的融合，试图以自己的努力，来促进人与组织的平衡。1993 年和 1996 年本尼斯两度被《华尔街日报》誉为“管理学十大发言人”，其论述管理问题的优秀书籍两度获得麦肯锡奖，并被《福布斯》杂志称为“领导学大师们的院长”，英国《金融时报》则赞誉他是“使领导学成为一门学科，为领导学建立学术规则的大师”。

6.3.1　对官僚制的批判

本尼斯认为官僚制否定了专制主义、主观武断和感情用事，以组织等级取代了社会等级，以制度依附解除了人身依附，因此官僚制在工业革命时期发挥了极为重要的作用。然而，随着工业社会的发展，官僚制暴露出了十大缺点：（1）妨碍个人成长和个性成熟；（2）鼓励盲目服从；（3）忽视非正式组织的存在；（4）僵化的权力和控制系统；（5）缺乏充分的裁决程序；（6）无法有效解决上下级之间、部门之间的矛盾；（7）压制和阻隔内部沟通，湮没创新思想；（8）无法充分利用人力资源；（9）无法吸收新的科学成果；（10）扭曲人的个性。总之，官僚体制下最大的问题是使人屈从于规章制度，将其变成了组织的附属物。

本尼斯进而从现实主义的角度分析提出，由于面临着四种威胁，官僚制已难以适应现在的环境。

（1）迅速而难以预测的变化。知识技术的快速更新、人口的急剧增长等都是官僚制没有遇到过的情况。

（2）组织规模的增长使得官僚制难以应对日益复杂化的局面，如管理费用的剧增、组织制度和结构的陈旧等。

（3）研发活动的重要性以及现代技术的复杂性，要求组织重视知识型员工和员工之间的协作。同时，员工的年轻化、高流动率等也使得官僚制在这些因素面前日益显得僵化、呆板。

（4）管理理念的变化。这个变化主要表现为：第一，关于人性的认识。从“经济人”假设到“社会人”假设，再到“复杂人”假设，个人不再是无知的、简单化的，而是复杂的，其需求是多样的。第二，关于权力的思考。权力不再是建立在强迫和威胁之上，而是建立在协作和理性之上，强调个人的意愿以及相互间的合作。第三，关于价值观的变化。组织价值观不再是官僚制所具有的忽视个性、机械地看待人的价值观，而是基于人道、民主的理念，重视个人需求及其创造性。

6.3.2　组织发展理论

本尼斯认为，在管理理论的发展过程中，一直存在着由官僚体系与个人发展的冲突所造成的二元对立：个人与组织、民主与法制、社会平等与金字塔结构、参与管理与等级层次、人际关系与科学管理、正式与非正式、外向与内向、机械论与有机论、关心人与关心生产、X 理论与 Y 理论。新的组织理论应当从这种二元对立中走出来。他认为，麦格雷戈的 Y 理论、梅奥的人际关系理论等都为新的组织理论提供了前提。然而，此前的研究，主要着眼于组织内部，而事实上官僚体系崩溃的真正原因在于环境的变化。所以，组织理论变化的着眼点要放在“外适应”上。现代组织面对的核心问题可分为五类：

（1）整合。

整合是指如何将个人需求与组织目标统一起来。在重视个人提升的前提下实现组织的发展，这是个体和组织难以回避的问题。

（2）社会影响。

社会影响即群体关系问题，其核心是权力及其分配。集权式管理变得不再符合管理实际的需要，而授权与发扬自主性则显得日益重要。

（3）协作。

协作主要是应对和解决组织内部冲突问题。在官僚制结构下，组织过于庞大和复杂，这不可避免地容易出现意见分歧和利益冲突的情况。在承认差异的前提下实现合作，是组织面对的一大难题。

（4）适应。

组织如何面对动荡的、不可预测的环境，是官僚制不得不应对的挑战。

（5）复兴。

复兴是指组织重获力量、完成自新的过程，这事关组织的发展或衰落。

本尼斯在预测未来组织的基础上，展望了1966年之后的25～50年的组织生活，提出了组织发展理论。就未来组织形态而言，他认为绝对不是自上而下的金字塔式组织，而可能是网络、集群、跨职能团队、临时系统、专门工作组、模块和矩阵等形式。未来组织将更加精简，基于共同目标而建立并具有更少的管理层级，能够参与跨国的合作和联盟。本尼斯用一个关键词来描述未来组织：临时的。它意指反应迅速、适应力强的临时系统。本尼斯把这类组织称为“有机适应型组织”，具有如下特征：具有很强的灵活性，易于适应变化的环境；一般围绕待解决的问题而成立，以任务为中心；由具有不同专业技能的人组成，重视团体协作，共同解决问题；按有机模式而非机械模式管理；由有能力解决问题的人来领导，而非论资排辈。未来组织很可能体现罗莎贝丝·摩丝·坎特的5F：快速（fast）、专注（focused）、灵活（flexible）、友好（friendly）、有趣（fun）。未来组织将不再是威严的、冷冰冰的金字塔，而是一个随环境变化可重新组合的有机体。这种“有机适应型组织”不仅解决了组织适应环境的问题，而且也解决了组织目标与个人需要之间矛盾冲突的问题。

6.3.3 领导理论

本尼斯认为，组织和领导是无法分开的，新型的组织需要新型的领导者。英雄造时势的伟人论和时势造英雄的大爆炸论都难以经得起时间的考验，新的环境需要新的领导理论。因此，他进而提出了“转型领导力”的概念，认为在知识经济时代，随着知识型员工的增多、专业技术水平的提高、创意与想象力的极度重要等都呼唤着新型领导者的出现。在新形势下，新型领导力更加重要：能够充分调动员工的积极性，能让人们在工作中感到热情、满足和有价值，能够引导人们去践行组织的愿景，并促进组织成员的成长。

1. 领导者与管理者、追随者

本尼斯认为，管理者与领导者存在着明显的差异：（1）管理者照章管理，领导者则勇于创新；（2）管理者是“仿制品”，而领导者是“原创品”；（3）管理者维持现状，领导者则力求发展；(4) 管理者重视系统和结构，而领导者重视人员；(5) 管理者依赖控制，领导者则激发信任；(6) 管理者着眼于短期目标，而领导者着眼于长远目标；(7) 管理者想的是怎样做以及何时做，领导者想的是做什么以及为什么做；(8) 管理者始终盯着盈亏数字，而领导者放眼于发展前景；(9) 管理者忍受现状，领导者则挑战现状；(10) 管理者是典型的好士兵，而领导者则坚持做自己；(11) 管理者把事做正确，领导者做正确的事。

本尼斯认为，任何组织的成功，不仅需要伟大的领导者，同时也需要伟大的追随者。英雄的时代已经一去不复返，在环境日益多变和复杂的今天，团队合作彰显出越来越重要的作用。领导者与追随者如影随形，他们之间具有许多共同的品质，如倾听他人的意见、与同事合作、共同面对问题等。本尼斯认为，组织的各个层次都需要有领导者，好的领导者是领导者的领导者，他们应培养潜在的领导者以形成有效的领导团队。领导者必须创造机会，排除障碍，使潜在领导者有足够的成长和发展的空间。

2. 领导者品质及领导力学习

大多数组织评价领导者的典型标准有七条：(1) 技术能力，即对本行业的熟悉程度和专业能力；(2) 概念能力，即战略思维能力；(3) 业绩记录，即个人已取得的成果；(4) 人际能力，即与上下级的关系处理能力，包括沟通、授权和激励的能力；(5) 鉴赏力，即挖掘与培养人才的能力；(6) 决断力，即在繁复的信息包围中做出决定的能力；(7) 人格，即自我认识的品质。本尼斯认为，一个领导者能够处于领导职位，一般不会缺少相应的技术能力、概念能力和业绩记录；在未来的社会中，领导者将因包括人际能力、鉴赏力、决断力和人格在内的“软能力”而显得优秀、超群。其中，人格是最为重要的，是领导力的关键。

对于领导者的特征，本尼斯认为，领导者的首要特征是真实性，即要有独特的“呼声”，有自己的标志，能够听到自己内心的声音。如何才能找到真实的自我？本尼斯给出的答案是自重。自重不是妄自尊大、自我吹嘘、自我陶醉，而是认识到自己的长处并弥补自己的短处；是严于律己，注重培养和开发自己的长处，以不断增长自己的才干；是能够察知自身优缺点与组织需求的匹配程度。一个成功的领导者，必须把积极的自重和实现目标的乐观心态结合起来。在自重的基础上，领导者还需具备的要素有：(1) 明晰愿景和方向，领导者知道自己的目标，知道为什么做和怎样去做，并具有为之奋斗的勇气和毅力；(2) 热情，领导者热爱自己的工作、生活，并能将其强烈期望转换为具体的行动；(3) 诚信，由自知之明、坦诚和成熟组成，领导者了解自己并能够通过学习来不断地发展自我；(4) 信任，这是领导者与同事和追随者之间的一种非常重要的关系状态；(5) 好奇心与胆量，好奇心驱使领导者不断地学习和尝试，使其不害怕失败和错误并敢于面对逆境。同时，本尼斯还提出了支撑领导力的三根支柱，即抱负、能力和诚信。对于一个领导者而言，这三项要素是相互制衡、缺一不可的。

此外，本尼斯发现领导者都是那些能够充分表现自我的人；领导力的本质就是充分自由地表现自我。领导者是后天造就的，这更多地依赖于自身的努力，而不是生来就有的天赋。因此，本尼斯对领导力的观点建立在两个假设之上：领导力是每个人在人生中的任何阶段都可以学习的；成为领导者的过程就是成为一个完整的人、一个合格的人、一个不断表现和施展自己才能的过程。因此，领导者的素质与能力是可以习得的：一是要了解自己；二是要了解世界。

（1）了解自己。

了解自己是一个认识自己、创造自己的过程。在认识自己的过程中，要倾听自己内心的声音，而不是盲从于他人的看法和评价。实现自知有四条经验：第一，相信自己是最好的老师，即知道自己"应该"成为什么人，通过学习来挖掘自身的潜力，充分表现自己，而不是依赖别人；第二，敢于担负责任，而不归咎于他人；第三，自信可以学习任何想学习的东西；第四，真正的理解来源于对经历的反思，即领导者的目光不仅要向前看，而且还要向后看，从往事中学习。另外，了解自己的方式还有：向别人学习，即别人的感受和反馈也要纳入考虑的范围；开放式学习，即不带任何偏见与成见，对新观念与新事物持开放态度。

（2）了解世界。

在了解世界方面，本尼斯讲到了罗马俱乐部提出的三种学习模式。第一，维持性学习，这是最常见的学习方式，学习的目的是获得已知的知识、见解和规则，用以维持和适应现有的生活状态。第二，震撼性学习。当人们遇到危机和重大事件时，会因冲击而引发学习，审视现状，并重新认识所处环境，以应对危机和重大事件。第三，创新性学习。这种学习首先要相信自己，在生活和工作中进行主动的自我引导。前两种学习属于传统模式，是"无意识的顺应"，依赖于这两种学习的人生是被动的而不是主动的，而真正的领导力来自第三种创新性学习，即能够做到"有意识的参与和转变"。

4. 领导活动的四大主题及领导风格

为了寻找优秀领导者的共性，本尼斯与伯特·纳努斯花了两年时间对 90 位领导者（其中，60 人是成功的 CEO；30 人是公共服务领域的优秀领导者）进行了调研及访谈，最终将研究结果归结为《领导者》一书，提出了领导活动的四大主题，即愿景、沟通、定位和自我调整。

（1）通过愿景唤起专注。

本尼斯提出，愿景可以指明前进的方向，凝聚人心，使员工更富有热情和创造力并产生行动的动力；愿景是组织有效性的一个标尺，能够帮助组织成员辨识各种事物对组织的利弊，指导和协调人们的行为。为了构筑愿景，领导者可以从组织的过去、现在、未来获得启发。愿景是一种组织梦想，只有这个梦想在组织中引起共鸣，才能真正成为组织成员行动的动力来源。因此，构筑愿景不仅是领导者的事情，而且需要组织成员共同参与其中。同时，杰出的领导者兼具构筑愿景的想象能力和实施愿景的管理能力。在构筑愿景之后，领导者所要做的就是向组织成员传达愿景，使愿景融入组织文化中。

（2）通过沟通赋予意义。

若愿景只是领导者个人的愿景，那它的影响范围是很有限的。领导者需要把组织愿景传递给全体成员，使每个员工都认同并追求组织愿景，以形成一种社会结构。所谓社会结构，其实质就是组织意义的载体。要实现社会结构的塑造或转型，第一步是创造一个新的愿景，第二步是增强组织成员对新愿景的投入度，第三步就是新愿景的制度化。

（3）通过定位取得信任。

在本尼斯看来，信任是组织良好运作的基本条件，它把领导者和追随者联系在一起。

对于领导者本人来说，要维持和激发信任，必须做到以下四点：1）始终如一。领导者是前后一致的，对愿景有坚定的信念。2）言行一致。领导者言出必行，行为与价值观保持一致。3）可信赖性。领导者在关键时刻、危难时刻能够挺身而出，支持和帮助自己的同事。4）诚信正直。领导者能兑现自己的誓言与承诺，维护他们的道德标准，并用行动证明他们的价值观。

（4）通过自我调整促进组织学习。

所谓自我调整，就是领导者结合组织的实际情况促进组织学习的过程。作为自我调整的实现方式，组织的学习是与外部环境的变化相适应的，是与未来趋势的预期相配套的，更是与新的组织目标相吻合的，通过持续有效的学习，组织可以获取并运用新工具、新知识、新行为方式和新价值观体系。

在四大主题的基础上，本尼斯指出领导风格也有不同的模式。领导者在官僚制结构和新型组织结构中的领导风格是不一样的，前者是 COP 范式，即控制（control）、命令（order）和预测（predict）；后者是 ACE 范式，即联合（align）、创造（create）和授权（empower）。在 COP 范式中，领导者起推动作用；在 ACE 范式中，领导者起拉动作用。领导者从 COP 范式到 ACE 范式的转变是一个长期而艰巨的过程。体现 ACE 范式的领导者是一种新型领导者，他们是艺术家，而不是专家；是教练，而不是指挥官。他们的能力并不体现在个人成就上，而是体现在激发员工能量上。

本尼斯还指出要打破五个关于领导的神话。第一，必须认识到领导能力不是稀世之物；第二，领导不是横空出世，而是“造”出来的；第三，大多数领导者都是平常人（或看起来完全无异于他人），而不是伟人；第四，领导不是组织高层的专利，各个层级都有相应的领导；第五，领导不是如何控制支配、如何发号施令和如何操作摆布，而是如何使大家众志成城，共同追求美好目标的实现。

6.3.4　思想点评

本尼斯对传统的官僚制组织体系进行了深刻的批判，他提出的组织发展理论为组织理论的研究提供了重要的思想基础。但是，他对未来组织的展望却缺乏经验和事实基础，也不能进行科学证实。同时，他只对未来组织进行描述，并没有提出一套可实际操作的组织结构设计方法，因此很难被直接用来指导组织的管理。但是，本尼斯的领导理论博大精深，特别是他关于转型领导力、领导者与管理者的区别、领导者与追随者的关系、领导者品质、领导力学习以及领导活动的共性等方面的论断，深刻地影响了各类组织的领导实践和高等学校的领导学教育。本尼斯作为领导学大师及奠基者，在领导理论与实践方面的探索及其所取得的丰硕成果，在管理思想史上无疑具有里程碑式的意义。

6.4　查尔斯·汉迪（Charles Handy）

查尔斯·汉迪（1932—　）是英国当代最著名的管理大师，被誉为“管理哲学之父”。2001 年，《金融时报》票选十大管理名师，汉迪的得票数仅次于彼得·F·德鲁克，获得第二名，因此被誉为“大洋彼岸的德鲁克”。作为当代英国最负盛名的管理大师，汉迪不仅具有严谨的逻辑思维能力，同时还具有非凡的想象力，出版了十几部在大西洋两岸乃至全世界都颇具影响的著作，使他成为新秩序的预言家。他提出了各种管理思想，描述组织与个人工作方法变革的一些主要发展方向，并以“四种管理文化”、“组织与人的关系”及“未来工作形态”等新观念而闻名于世，成为继德鲁克之后在世界上拥有读者最多的管理学权威。由于他在理论方面的成就主要是通过推理和亲身实践得来，因此也获得了“艺术管理大师”的称号。

6.4.1 四种管理文化

1. 权力文化

权力文化的组织类似于一张蜘蛛网，蜘蛛网会从一个中心点放射出众多的线路。同样，权力文化的组织也会根据职能和产品的不同而划分出各个不同的部门。在这种文化中，将蜘蛛围绕在中央的环状线路代表着权力和影响力，其重要性随着离中心点距离的增长而减弱。宙斯是代表这种文化的保护神，即这种文化中的领导人。宙斯象征了父系家族的传统：不是很理性但往往散发着慈爱的力量，冲动而富有领袖魅力。因此，权力文化又可称为宙斯式文化。

2. 角色文化

角色文化假定人是单纯理性的，人能够通过并应该通过概念逻辑的方法去分析、研究任何事物。组织的任务也因此被严格规整地划分成各个部分，并用一整套的员工手册、预算案、资料库等规则和程序紧紧结合起来。太阳神阿波罗作为这种文化的保护神，代表了秩序与法规，所以该文化又被称为阿波罗式文化。其优势在于稳定性、可预期性，让人有安全感；而缺点则是否定人性、僵化无弹性和忽视变化等。

3. 任务文化

任务文化把管理和不断成功地解决问题联系起来，通过别出心裁的管理方式来组建组织。通过发现问题，针对问题提出解决方法，适当地调整资源与策略，并将组织相关的人员组成团队来进行运作，最终以问题解决的实际情况作为判断依据。雅典娜是这种文化的保护神，所以这类文化又被称为雅典娜式文化。其优点是组织成员之间互相尊重、互相帮助，使员工能够感受到热衷投入而团结一致的参与感，因此适合于开发阶段；缺点是代价昂贵且为时不久。

4. 个性文化

个性文化又叫狄奥尼索斯式文化，狄奥尼索斯是酒神与歌神，他代表个性文化。个性文化实质上是一种存在主义的文化。它源于一个假定：这个世界不是某个较崇高目的的一部分，我们也不是某位神灵操纵的傀儡。尽管我们不由自主地来到了这个世界，但是我们可以主宰自己的命运，我们能够对我们自己和这个世界负责。其优势在于，组织的成员既自由又可享受组织提供的帮助、资源与商讨交涉的权力；缺点则是由于组织根本无法对任何人施加制裁，因此所有的协调都将沦为无止境的协商。

6.4.2 三种组织形式

汉迪认为，我们正处于一个不连续变化的时代，各种变化可能都是意想不到的，这要求我们要用不连续的创新思维来思考问题，即要敢于怀疑、打破陈规、以非常规的方式来考虑问题。在未来，人们的工作环境将产生巨大的改变，呈现出以下趋势：第一，不再是劳动密集型生产；第二，向知识型企业转变；第三，向服务业发展。工作环境的变化将带来组织结构的变化，汉迪提出了三种新的组织结构类型。

1. 三叶草组织

三叶草是一种小小的、像苜蓿般的植物，每一花茎上长有三片叶子。这种植物是爱尔兰国家的象征，被爱尔兰的守护神圣帕特里克用来代表上帝的三种面貌，即三位一体。汉迪使用这种植物来说明当时的组织模式。

三叶草的第一片叶子代表核心工作人员，汉迪称之为“专业核心”，他们由资深专家、技术人员和管理人员组成。这部分人对组织来讲是至关重要的，是组织的核心竞争力，他们使得本组织区别于其他组织，失去了这些人也就相当于失去了组织。

三叶草的第二片叶子代表与企业存在合同关系的外包人员。把那些不重要的、可以让他人代劳的工作以订约的方式外包给以此工作为专长的人员，并通过业绩而不是时间给予其相应的报酬。

三叶草的第三片叶子是指具有很大自由度的专家或者自雇工作者，例如兼职员工或是顾问。这些人是职业领域中成长最迅速的一部分。

汉迪认为后两种人员是把自己看成是拥有独特顾客组合和项目组合的“组合式工作者”，他们并不完全依赖于某一种收入来源。

2. 联邦组织

“联邦”是指各种不同的个别团体聚合在一面共同的旗帜下，使用某种共同的身份。这种组织形式保持了个别团体的规模和独立性，是一种自治和合作的有效结合，其结果是整合了两个团体的优点：大团体使它们在进入市场和金融领域时能迅速占据优势，而无须耗费时间扩张规模；小团体则使它们能够保存自己所必需的灵活性和每一个团队成员追求的“共同体感”。

3. 3I 组织

汉迪给出了一个成功与效率的新公式：3I＝AV，AV 表示增加的价值（added valued），3I 分别代表智慧（intelligence）、信息（information）和思想（ideas）。在竞争激烈的信息社会，人们想从知识中获取价值，仅靠自己的智慧是不够的，还需要处理有用的信息和依靠有价值的思想。3I 组织必须关注那些知识起关键作用并且脑力劳动比体力劳动重要的领域。

6.4.3 悖论的平衡方法

汉迪在《空雨衣》一书中总结了当代社会所面临的九大悖论：智慧悖论、工作悖论、生产力悖论、时间悖论、财富悖论、组织悖论、时代悖论、个人悖论以及正义悖论。这些悖论过去与未来都会存在，使人们感到困惑并影响组织的发展。他提到，有一天在明尼阿波利斯市的一个雕塑公园里看到一尊雕像，那是一件铜铸的无人穿着的空雨衣。这件空心雨衣正是人们无法摆脱的悖论的象征。汉迪期望能在变化与矛盾中获得平衡，提出了解决悖论的三种方法：一是在持续成长的同时施行新变革的“S 形曲线”；二是必须在想做与做得到之间取得平衡的“甜甜圈理论”；三是充分运用妥协艺术的“中国式契约”。

1. “S形曲线”

汉迪认为，每个人在其一生中都会有得意和失意，每个组织在其生命周期间内也都会有繁荣和衰败，即使一个强大的国家也难免有兴盛与危机。生命常常是一条S形曲线，如果能在第一条曲线上升时，即开始着手培养第二条曲线，一旦第一条曲线走向衰落，就可以立即转向上升中的第二条曲线，从而步步登高，而不致坠落巅峰、一蹶不振。然而，在现实中这一点很难做到。一个重要原因就是，当第一条曲线将要向下而还未向下时，恰是人生最为春风得意的时候，这个时候人们不仅不容易看清未来，而且会在内心误以为未来的成功仍然需要依赖已有的模式，这种简单的经验主义思维最终会导致人们作茧自缚，在迅猛变革的时代遭受严重挫折。对个人来说，理解S形曲线的关键是要认识到生命是不断变化的，由于主客观条件的变化，未来不会像过去一样，因此你在过去曾经创造过辉煌的方式不一定能使你获得未来的成功。对组织来说，理解S形曲线的关键则在于创新。即使事实上没有创新，也要不断地寻求创新的方式，以便在需要的时候作好充分准备。

2. “甜甜圈理论”

这里所说的“甜甜圈”是一种里外颠倒的甜甜圈：中间是实的，周围是空的，是一种只存在想象世界里的概念式甜甜圈。“甜甜圈理论”不仅可单独用于工作和生活中，还可应用在组织中。汉迪认为，人们应将为生活和追求事业而从事的活动放在甜甜圈的中间，而外围则代表从事的其他活动。在工作中，大多数人总是做指定的工作，自主的空间很小，几乎没有自由决定的权利，更无法展示个性。这对于组织来说或许是高效的，但对于个人来说，则常常感觉无效或是没有意义。理想的工作应是以甜甜圈的中心为重心，外围为自由发挥的空间。对于组织来说，工作和员工是组织的核心，与组织相关的外部世界是甜甜圈的外延。个人、工作与组织的甜甜圈是相互关联的，它们各自自成体系又相互开放，每个人要做的是在每个圈内与三个圈之间找到合适的平衡点。

3. “中国式契约”

汉迪发现，“中国式契约”的真正意义，不仅在于告诉我们如何建立长久的生意关系，更在于它阐明了一个原则：妥协是进步的先决条件。彼此间相互信任，并对共同的未来充满信心；唯有双方各让一步，才能创造双赢的局面。汉迪认为，在目前这个以“悖论”、“不确定性”和“非理性”为特征的时代，仅通过签字画押就想获得一个确定性的和一劳永逸的契约，已经越来越没有可能。对企业来说，真正有效的是一种通过为各利益相关方持续不断地创造价值，来播种、培育和维护动态的、心照不宣的契约关系，一种在超越确定性中寻求确定的契约。

6.4.4 组合式职业

汉迪曾预测未来的生活方式将会是组合式的生活，全职就业的人数比率将不到就业人口总数的一半。在汉迪49岁那年，父亲去世。他父亲是爱尔兰教会牧师，汉迪发现，一条小小的讣告，让无数人放下一切事务，从各地专程赶来。他父亲的老上司——大主教告诉在场的人，他父亲是一个特别的人，帮助了许许多多的人。这一切，让汉迪反思自身：“我繁忙的生活和所谓的成就，跟父亲所影响的这么多人比起来，又算得上什么呢？”因此，汉迪提前从组织中退休，开始实践自己的“预言”，离开组织的庇荫自谋生路，当一只“跳蚤”（即自由职业者），脱离了“大象”（大型组织）的世界。

汉迪从各个方面探讨了组织与个人之间的关系，认为人生只有固定薪金的工作这一工作类型是错误的，这种想法“忽视并贬抑了其他类型的工作及其从业者。这个狭隘的工作定义，把社会的经济需求置于我们存在的目的之上”。这种对工作的想法扭曲了社会。除了有薪工作外，还有其他三种类型的工作：家庭工作、义务工作及学习工作。在成为自由人之后，汉迪开始实践他自己的理念，寻找在这四项工作中的最佳均衡。他开始时大体上过这样的生活：100天学习，150天做有薪工作，25天做义务工作，90天做家庭工作、假日休闲。汉迪后期思考的重点，也正是通过对自身经历的反思倡导我们过由收费工作、免费工作（如公益）、学习、回家做的工作以及休闲组成的“组合式人生”。

6.4.5 思想点评

在当代管理思想家中，就天赋、创造性和思想性而言，无人可及汉迪。他能做到跳出管理世界的圈子，从圈外看到圈内。“三叶草”、“空雨衣”、“大象”和“跳蚤”：在过去30多年里，汉迪借助他的书籍及其标题，不断探究英国语言的隐喻潜能。这些概念引人入胜，并引人深思。他关于“未来组织形态和工作方式”的一系列预言已经被西方发达国家的社会经济变革历程所证实。沃伦·G·本尼斯认为，汉迪的著作将管理类作品带到了一个新的深度，“如果说彼得·F·德鲁克使管理登上大雅之堂，汤姆·彼得斯将其推而广之，那么查尔斯·汉迪则赋予了管理所缺失的哲学的优雅和雄辩”。汤姆·彼得斯认为，“汉迪的著作深得我心。组织的基本模式将如何发展，工作生涯的未来将会怎样，对于这些重要问题他都给出了深入浅出的精辟回答。阅读他的著作是我生命的里程碑，他的观点深深震撼了我”。吉姆·柯林斯则提出，“汉迪总是如此的优雅，他是管理领域真正的大家，在世界众多的管理思想家中堪称翘楚”。如果说德鲁克开创了管理学这个学科，属于现代管理学的开山鼻祖的话，那么汉迪则沿着德鲁克开创的思路继续前进，探究组织和人以及社会三者之间的关系问题。德鲁克告诉你组织是什么和为什么，汉迪则告诉你面对组织时个人该怎么办；德鲁克关注的是体系，而汉迪关注的则是人本身。

6.5 汤姆·彼得斯（Tom Peters）

汤姆·彼得斯（1942—　）是全球著名管理学大师，在美国乃至整个西方世界被称为“商界教皇”。彼得斯著述颇丰，而且每一本都是具有世界影响的畅销书。彼得斯与沃特曼合著的《追求卓越》一书，自1982年出版以来，连年荣登《纽约时报》非文学类排行榜，被译成十几种文字风靡全球，三年中仅在美国发行量就达600万册，被称为“美国工商管理圣经”，成为第一本销量超过百万的商业书籍，并在《福布斯》杂志评选出的“20本最具影响力的商业图书”中排名第一。《追求卓越》出版之后，彼得斯又相继推出《乱中求胜》、《解放管理》、《汤姆·彼得斯的管理经验》、《重新想象》等企业管理经典之作，在商业领域引起了巨大反响。《财富》杂志评价彼得斯为“管理领袖中的领袖”；《经济学家》杂志称他为“超级领袖”；《洛杉矶时报》称其为“后现代企业之父”；《商业周刊》根据他的叛逆言论和创新思想形容其为“商业最好的朋友和最可怕的梦魇”。彼得斯则将自己描述为反叛王子、勇于失败的斗士、令人振奋的公司领导者和市场的拥趸等。

6.5.1 卓越公司的八大特质

1977 年，彼得斯和沃特曼开始了对卓越公司的研究，不久，安东尼·G·阿索斯和理查德·坦纳·帕斯卡尔也加入了这个团队。他们的主要任务是寻找出让企业更加出色的经营管理特点。

什么样的公司才算“卓越”？彼得斯和沃特曼首先设立了六个方面的指标，包括财产增长额、股票价值增长额、市场价值与账面价值的比率、投资效益、股票收益、销售盈利，然后选择那些在这六个指标上领先于其他企业 20 年的公司，选择企业的范围以《财富》杂志所列的 500 强为准，最后选择出制造、信息、服务、销售、交通和食品等行业的 43 家“卓越”的组织，其中包括 IBM、通用电气、得州仪器、惠普、宝洁、强生、麦当劳、杜邦等各行业中的翘楚。在这一研究中，他们提出了著名的“7S”模型，即对企业经营进行七个方面的分析，具体包括战略（strategy）、结构（structure）、体制（system）、技能（skill）、人员（staff）、作风（style）和共享价值观（shared values）。经过将近四年的调查研究，彼得斯他们总结出卓越公司的八大特质：

第一，贵在行动——将想法付诸行动，敢于尝试和探索。

第二，接近顾客——在产品和服务上接近顾客的需求。

第三，自主创新——鼓励和呵护所有员工身上的企业家精神，即使公司规模再大，也能够像小公司一样灵活运作。

第四，以人为本——真正将员工视为企业不可或缺的资产，倡导“家的感觉”。

第五，价值驱动——卓越企业不仅会赚钱，还会创造意义。

第六，固守本业——“专注于自身”以保持商业优势，避免过度快速扩张。

第七，精兵简政——组织结构简洁、人员精干。

第八，宽严并济——将集权与分权巧妙结合，给予员工极大的自由，使其自主做事。

6.5.2 变革思想

彼得斯在《管理的变革》一书中强调，变革是企业获得生存的唯一出路。他所强调的变革主要有：

（1）超越变化。

曾盛行于 20 世纪 80 年代的求变和改进的口号已不足以适应时代的潮流，要放弃一切传统约束，以放弃和变革来代替变化一词。只有变革、永远的变革，才能使公司立于不败之地。这里没有所谓风暴后的宁静，所谓的宁静，是飓风来临前的宁静。

（2）超越放权。

由于自 1994 年以来，众多公司权力下放的结果是一种失败，并没有给下属企业带来真正意义上的自主。因此，需要解散组织以解放想象力。

（3）超越授权。

与充分授权相比，使每一项工作都成为一种生意可能更能调动员工的积极性、热情和创造力，将百分之百的雇员都转变为商人，将公司化整为零，使企业成为一个由生意人和实业家所构成的组织。

（4）超越忠诚。

当你具有独立承包商的气质时，就增加了你在公司就职和升迁的机会，因为这种气质，不仅是你的梦想，更是老板的愿望。

（5）超越分解。

将公司变成一张网，解散公司日常笨重的官僚机构，而以运转灵活、独立的问题解决群体取而代之。

（6）超越策划。

让所有的员工都参与策划。

（7）超越培训。

激发每个人的好奇心。

（8）超越完美。

公司不应该在降低 TGW（不合格率）上下工夫，而应该在提高 TGR（合格率）上下工夫。不仅仅要使顾客对产品感到无可挑剔，还必须使顾客高兴地将之作为称奇的产品，真正使他们赏心悦目，心悦诚服。

6.5.3 对人的认识

彼得斯非常重视管理中人的直觉与情感，认为这是管理创新的源泉。他注意到人性的复杂性，认为管理真正复杂的地方往往都是源于复杂的人性。他借鉴了管理心理学与行为科学的研究成果，以“Y 理论”为根本出发点，来提倡人的潜力与人性中积极的一面，并试图寻求更科学的办法来调动人的最大潜力。他批评了一些普遍存在的有关人性的问题：（1）以自我为中心，为来自他人的赞扬而感到快慰，有普遍认为自己是优胜者的倾向；（2）人是环境的奴隶；（3）人们通常将成功看成是由自身因素决定的，而把失败归咎于体制，以便使自己开脱出来；（4）大多数人在寻求安全感时，好像特别乐于服从权威，而另一些人在利用他人向他们提供有意义的生活时，又特别乐于行使权力。

基于上述基本立场，他对人性进行了自己的总结：（1）人们需要有意义的生活；（2）人们需要一定的控制权；（3）人们需要受到鼓励和表扬；（4）人们的行为在一定程度上形成态度和信念，而不是态度和信念形成行为。

6.5.4 思想点评

彼得斯的文笔犀利，观点常常语惊四座，这位管理大师每次出书几乎都会在欧美工商业界引发一场强烈的“地震”。虽然有人指责彼得斯，说与其说他是个管理学者，不如说他是个记者。不过，20 世纪 90 年代管理思想家关注的许多问题，都在他的《解放管理》中预演了一遍。《财富》杂志称，“我们生活在一个汤姆·彼得斯的时代”。《商业周刊》则这样评价这位管理奇才：“无论你对汤姆·彼得斯的言论喜欢还是嫌恶，他都称得上是继彼得·F·德鲁克之后最优秀和最具有影响力的管理学天才。”领导力大师沃伦·G·本尼斯是唯一一个同时与彼得斯、德鲁克都私交甚密的人，他说：“如果说德鲁克创建了现代管理学，那么正是汤姆给它注入了生气。”

6.6 彼得·M·圣吉（Peter M. Senge）

彼得·M·圣吉（1947— ）是“学习型组织之父”，麻省理工学院斯隆管理学院资深教授，国际组织学习协会创始人和主席。1990 年，圣吉出版的《第五项修炼：学习型组织的艺术与实务》，连续三年荣登全美最畅销书榜榜首，短短几年间在全世界范围内引发了一场创建学习型组织的管理浪潮，被西方企业界誉为“21 世纪的企业管理圣经”，并被《哈佛商业评论》评为“过去 75 年中影响最深远的管理书籍之一”。美国《商业周刊》也因此推崇圣吉为“当代最杰出的新管理大师之一”。

6.6.1 学习障碍

圣吉曾提出过非常著名的疑问：一个组织中的每个个体，其智商均达到 120 以上，但为什么这个组织的整体智商却可能只有 62？为什么 1970 年名列《财富》杂志“500 强大企业排行榜”的公司到了 20 世纪 80 年代却有 1/3 已销声匿迹？在他看来，这完全是因为组织中存在“学习障碍”阻碍了组织的学习和成长。

（1）很多组织成员喜欢“局限思考”。

组织成员容易将自身与工作混淆，或是将自己的责任、思考和学习局限于职务范围之内。现代组织功能导向的设计，将组织功能分工细化，更加深了这种学习的障碍。

（2）归罪于外。

这种情况可能每天都在一些公司上演。行销部门责怪制造部门：我们一直达不到销售目标的原因，是我们产品的品质跟别人无法竞争。制造部门于是责怪设计部门，而设计部门又责怪行销部门：如果他们不干扰我们的设计，让我们自主设计产品，我们已经是行业界的领导者。这种职业化的互相推诿让圣吉深恶痛绝，他将其称为“归罪于外并发症”，并认为这是局限思考的副产品，是以一种片断的方式看待外在的世界。如果只专注于自己的职务，我们便不会看到自身行动的影响是怎样延伸到职务范围以外的。

（3）缺乏整体思考的积极主动。

积极主动往往只是被动反应的一种伪装掩饰。无论是在工商界还是在政界，如果我们只是对“外部的敌人”采取更积极的攻击性战斗，我们还是在被动反应。只有当我们认识到，我们是自身问题的始作俑者之一，才能达到真正的积极主动。这种主动是我们思考方法的结果，而不是我们情绪状态的产物。

（4）执著于事件。

圣吉指出，如果大家的思想都被短期事件主导，那么一个组织就不可能持续地从事有创意的生成性学习。同样，如果员工只注意个别事件，那最好的结果就是能在事件发生之前做出预测以便做出最佳反应，但这不可能让员工自主地学会如何进行创造。

（5）煮蛙寓言。

圣吉经常用“温水煮蛙”的故事来告诫那些对缓缓而来的致命威胁视而不见的企业，

鼓励它们学习看出那些缓慢、渐进的过程，必须要放慢我们认知变化的步调，并注意那些细微以及不太寻常的变化。

（6）从经验中学习的错觉。

最深刻的学习来自直接的经验，但许多最重要的决策所带来的结果恰恰是我们无法直接体验的。

（7）管理团队的神话。

圣吉指出，企业中的管理团队经常把时间花在争权夺利，或避免任何使自己失去颜面的事发生，同时佯装每个人都在为团队的共同目标而努力，维持一个组织团结、和谐的外貌。

6.6.2　五项修炼突破学习障碍

一个组织如何突破学习障碍，成为学习型组织？圣吉提出了五项修炼。

1. 自我超越

自我超越是不断澄清和加深我们的个人愿景的修炼，是持续集中我们的能量、增加我们的毅力，并客观地观察现实的修炼，它是学习型组织的精神基础。精通“自我超越”的人，能够不断实现他们内心深处最想实现的愿望，他们对生命的态度就如同艺术家对待艺术一样，全心投入、锲而不舍，并不断追求超越自我。有了这种精神动力，个人的学习就不是一个一蹴而就的项目，而是一个永无尽头的、持续不断的过程；而组织学习根植于个人对于学习的意愿与能力，也会不断学习。

2. 改善心智模式

改善心智模式是要发掘并客观审视自己内心世界深处的秘密。心智模式是根深蒂固的，影响着我们如何了解这个世界，以及如何采取行动的假设或成见。我们通常不易察觉自己的心智模式，以及它对行为的影响。在管理的许多决策模式中，决定什么可以做或不可以做，也经常是一种根深蒂固的心智模式。如果你无法掌握市场的契机和推行组织中的变革，很可能是因为它们与我们心中隐藏的、强而有力的心智模式相抵触。

3. 建立共同愿景

共同愿景是组织中人们所共同持有的意愿。一个缺少共有使命、价值观与目标的组织，必然难以取得巨大的成就。共同愿景常以一个伟大的领袖为中心，或激发自一些共同危机。但是，如果有选择的余地，大多数的人会选择追求更高的目标，而并非只解决暂时的危机。圣吉强调建立共同愿景的重要性，指出共同愿景应是众多个人愿景会聚而成；而组织所缺少的，是将个人愿景整合为组织共同愿景的修炼。因此，只有当为实现愿景而产生的工作不再被团队成员视为与自己无关时，这一愿景才成为共同愿景。

4. 团队学习

团队学习是发展团队成员整体搭配与实现共同目标能力的过程。在现代组织中，学习的基本单位是团队而非个人。通过团队学习，团队中的成员可以取长补短，不仅可以使团队整体的绩效大幅提升，而且能够使团队中的成员也得到快速的成长。团队学习包括两个方面：深度会谈和讨论。深度会谈是指在全体成员中让想法自由交流，以发现个人无法完成的洞悉和领悟。深度会谈和讨论相互补充，但要想获得互补的益处，就必须将两者区分开来。许多团队不能将两者区分开来，因而也无法做到有意识地在两者之间进行转换。

5. 系统思考

企业与人类社会都是一种“系统”，是由一系列微妙的、彼此息息相关的因素所构成的有机整体。这些因素通过各不相同的模式相互影响，牵一发而动全身。作为系统中的一小部分，人们往往不由自主地倾向于关注系统中的某一片段或局部，而无法真正把握整体。因此，系统思考的修炼就在于扩大人们的视野，让人们需要通过系统思考来全面地考虑问题，从而能够抓住问题的本质，从根本上解决问题。

圣吉指出，第五项修炼“系统思考”的地位要远远高于前四项修炼。因为要使组织行为有效、完整且长远，需要站在整体的角度上纵观全局、系统思考。圣吉的五项修炼，突破了传统的静态思考和表面推动，真正地从改善心智和内因驱动出发，真正地把团队和个人的愿景结合起来，以实现终身学习。如果说前四项修炼只是升华前的积累，那么只有通过第五项修炼，才能厚积薄发，建立起真正的学习型组织。

6.6.3 思想点评

在圣吉之前的管理学者大都是用西方传统的片断思考方式看待企业，将企业管理切割成各种功能管理。圣吉突破了原有方法论的模式，以系统思考代替机械思考，以整体思考代替片断思考，以动态思考代替静止思考。由于引入了全新的方法，圣吉不再是“头痛医头，脚痛医脚”地观察企业的问题，而是直逼本源，试图通过一套修炼办法提升企业的“群体智力”。在《第五项修炼》一书中，圣吉为经理人提供了工具和概念性原型，以更好地理解组织的结构和互动问题，但实际上公司的习惯很难打破。实践证明，将公司转型为学习型组织的过程困难重重，主要原因是经理们需要交出他们传统的权力。

6.7 梅雷迪思·贝尔宾（Meredith Belbin）

梅雷迪思·贝尔宾（1926— ）是英国著名管理学者，团队工作理论的先驱，被誉为“团队角色理论之父”。贝尔宾以咨询顾问的身份，曾向国际经济合作组织、美国劳工部、欧共体（欧盟前身）委员会以及多家大型企业与公共机构提供决策咨询，在从事管理活动的过程中显示了其卓越的研究、讲演和咨询能力。1988年，他创立了贝尔宾协会，致力于研究组织互联空间——一种以计算机为基础的人力资源管理系统，今天这一系统已被广泛应用。

6.7.1 团队角色理论

贝尔宾在1981年提出了著名的团队角色理论，认为一支结构合理的团队应该由八种人组成，即推进者、执行者、完美主义者、智多星、监控者、协调者、凝聚者和信息者。在此基础上，他又在1988年增加了“技术专家”的角色定位，从而形成了完整的“贝尔宾团队九角色模型”。

1. 以行为为主

（1）SH——推进者（shaper）。

特征：推进者是那些具有大量的精力、较高的智力并迫切追求功名的人。通常，他们是具有强烈进取心的性格外向者。他们喜欢挑战并关注成功；喜欢领导和驱动其他人行动；如果遇到障碍会积极地寻找出路；倾向于对任何形式的失望和挫折表达强烈的情绪反应。

功能：推进者通常会是好的管理者，因为他们积极行动并在压力下奋力进取。他们给团队注入活力，并且在发生复杂情况或事情进程缓慢时发挥重要作用。正如名字所显示的，他们会在集体讨论和活动时推动事物的发展进程，因此是保证团队积极行动的最有效成员。

（2）IMP——执行者（implementer）。

特征：执行者具有实践的常识和良好的自我控制能力。他们喜欢刻苦工作并以系统的方式解决问题。执行者对项目和团队感兴趣，而对自己个人兴趣的追求并不关心。因此，执行者可能会缺乏自发性并表现为过于刻板。

功能：执行者由于可靠和拥有执行力而对一个团队非常有帮助。好的执行者常常由于在解决必要任务时具有好的组织技巧和能力而晋升到高级管理者的职位。

（3）CF——完美主义者（completer finisher）。

特征：完美主义者认真、勤奋、有序并时刻具有紧迫感。他们是理想主义者，追求完美，关注细节且能够持之以恒。完美主义者无法容忍那些草率做出部署的人；他们不经常委托别人，而是倾向于自己完成所有的任务。

功能：完美主义者非常胜任那些需要精力高度集中和高精确性的工作任务。他们在管理中以自己追求的高标准和坚持到底的信心而胜出。

2. 以理性思考为主

（1）PL——智多星（plant）。

特征：智多星是改革者和发明家，具有高度的创造性。他们善于运用想象力，能够提供促进事物重大发展所需的创意和观点；他们独立、聪明且具有原创性，常常以非传统的方式工作，却不善于与他人交流不同观点，倾向于与其他成员保持一定距离。

功能：智多星的主要功能是提供新的建议并解决复杂的问题，通常在一个工程的初始阶段或者当项目进展失败时非常需要他们。他们通常会是一些组织、工程的创始人和新产品的原创者。

（2）SP——技术专家（specialist）。

特征：技术专家是指那些具有技术技巧和专业知识的个人。他们的优势集中在坚持专业的标准和推进专业领域的发展。

功能：技术专家在一些团队中是不可或缺的，因为他们提供了基于项目的专业知识和技术。作为管理者，由于他们掌握着技术支持，所以经常被要求基于深层次的经验来作出相关决定。

（3）ME——监控者（monitor evaluator）。

特征：监控者具有清醒、理智和谨慎的特点，他们不会在问题思考清楚之前作出结论；通常拥有突出的判断力和分辨力；他们讲求实际，但缺乏鼓动和激发他人的能力。

功能：监控者善于权衡正面和反面的选择，最适合分析问题和情境；可以将繁杂的材料简化和澄清模糊不清的问题；能够对他人的贡献和作用提出评估观点和建议。

3. 以人事为主

（1）CO——协调者（coordinator）。

特征：协调者具有使其他人朝着共同目标工作的能力，他们的显著特征是成熟、自信和值得信任。协调者不一定是团队里最聪明的成员，却具有更宽广的全局性视野并通常受人尊敬。

功能：当组织需要各种技能和个性特征的团队时，协调者通常能发挥重要的作用。与处理直接的上下级关系相比，他们更善于处理相近或者相等阶层的同事关系。

（2）TW——凝聚者（team worker）。

特征：凝聚者擅长人际交往，他们温和、友善地对待他人，具有较强的应对不同环境和人员的灵活性和适应性。他们是良好的倾听者，通常是一个集体中最受欢迎的成员。

功能：凝聚者是团队成员关系的润滑剂，能够防止团队内出现个人与个人之间的矛盾，并能促进团队的合作。

（3）RI——信息者（resource investigator）。

特征：信息者通常是热心的、机灵的性格外向者。他们具有强烈的好奇心，随时准备接收任何新鲜事物；他们善于与团队内外的人们沟通交流和收集信息，是天然的调查者。

功能：信息者善于社交活动和具有刺探他人信息的能力，善于收集和报告团队外的观点和资源，是建立对外联络并执行对外协商的最佳人选。

6.7.2 思想点评

贝尔宾团队角色理论主要研究群体中的个体及其与团队其他个体是如何分工合作的理论。个体在群体中扮演一定的角色，并且按照角色的规范行动。在不同规模的群体中，个体的角色功能需求不尽相同。个体在扮演不同功能的角色时，所需的能力也差异巨大。因此，一个团队中角色种类越多，团队越平衡，也就越容易取得成功。团队角色理论表明，最重要的是发展和塑造团队中的各种角色。一个团队要成为高绩效的团队，必须具备以下特征：角色齐；容人短处，用人所长；尊重差异，实现互补；增强弹性，相互补充。

6.8 戴夫·尤里奇（Dave Ulrich）

戴夫·尤里奇（1953— ）是美国密歇根大学商学院教授，人力资源领域的管理大师，被誉为人力资源管理的开拓者。尤里奇教授主要研究如何使组织通过人力资源建立快速发展、学习、协作、责任和领导力等方面的能力；同时，他还在评估企业策略与人力资源实践和企业核心能力方面作出了突出贡献。他已发表 100 多篇论文，出版 10 余部著作，其中，《人力资源教程》、《人力资源管理的未来》、《基于结果的领导》和《无边界组织》等成为极其畅销的管理学著作。由于其在人力资源管理领域贡献卓著，尤里奇获得过诸多荣誉。例如，1997 年获得国际人力资源管理协会颁发的“Warner W. Stockberger 成就奖”；1998 年获得人力资源管理协会颁发的专业知识领导力终身成就卓越奖；2000 年被《福布斯》评为世界五大企业教练之一；2001 年被《商业周刊》评为管理教育家第一名。

6.8.1　人力资源管理与人力资源管理者角色及其发展

随着经济全球化趋势的演进、飞速发展的技术变革和创新以及日益差异化的顾客需求等给企业带来的挑战和冲击，使得企业人力资源管理被提升到了战略的高度。企业只有快速构筑自身的人力资源竞争力，才能维持生存并促进持续发展。对于企业来说，竞争对手可以模仿企业的资金渠道、战略和技术，却不能模仿企业中的人，因此需要对人力资源的职责、作用、角色的技能进行动态的思考，以实现其价值的创造功能，并建立企业的持续竞争优势。为了迎接挑战，企业人力资源管理者不再只是从事着传统的企业人力资源管理工作，其角色也逐渐处于转变之中，如表 6—1 所示。

表 6—1　　人力资源管理者角色转变

传统人力资源管理者角色	当代人力资源管理者角色
职能型	战略型
质	量
管制	协助
短期	长期
行政	咨询
以运作为重点	以经营为重点
面向内部	面向外部和顾客
被动反应	主动出击
行为型	解决问题型

尤里奇在 1996 年出版的《人力资源教程》一书中指出，作为企业获取竞争力的帮手，人力资源管理应更注重工作的产出，而不是致力于从事的工作和行为。根据人力资源管理者工作的方向和行为（方向是从面向未来/战略性工作到面向日常/操作性工作；行为则是从管理流程到管理人），他归纳了人力资源管理的四个基本角色，分别是管理战略性人力资源、管理组织的机制结构、管理员工的贡献度、管理转型和变化，如图 6—1 所示。

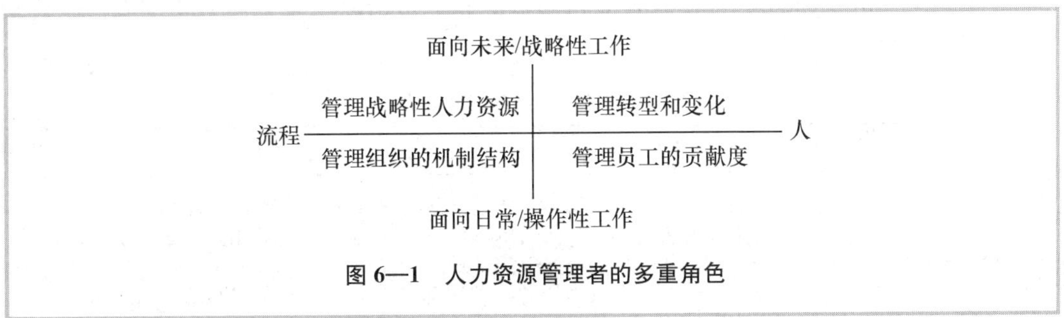

图 6—1　人力资源管理者的多重角色

在此基础上，尤里奇根据每个角色的结果所对应的有效产出、形象化比喻和行为定义了人力资源管理者的角色（见表 6—2）。

表 6—2　　人力资源管理者角色的定义

角色/区分	有效的产出/结果	形象化比喻	行为
管理战略性人力资源	实施战略	战略伙伴	把人力资源和经营战略结合起来
管理组织的机制结构	建立有效的机制结构	行政专家	组织流程的再造："共享的服务项目"
管理员工的贡献度	提高员工的能力和参与度	员工激励者	倾听并对员工的意见作出反应：为员工提供所需资源
管理转型和变化	创建一个崭新的组织	变革的推动者	管理转型和变化："保证应变的能力"

其中，战略伙伴角色主要集中于把人力资源的战略和行为与经营战略结合起来。人力资源部门应参与企业战略规划、传播人力管理技术、推动员工群体的沟通，并成为首席执行官的战略伙伴；同时，在战略执行的过程中通过各种人力资源管理政策和制度的制定以及对人力资源管理实践的调整来帮助企业获得并保持竞争优势。在这一角色中，人力资源管理者以战略伙伴的角色出现，通过提高组织实施战略的能力来保证经营战略的成功。

行政专家角色是人力资源的传统角色。它要求吸引、保留、激励与开发组织所需的人力资源，即把组织所需的人力资源吸引到组织中来，将他们保留在组织之内，调动他们的工作积极性，并开发他们的潜能，以取得人力资源的最大使用价值，发挥人力资源的最大能动性，在实现组织目标的同时全面培养员工。他们通过两种方法来提升行政效率：(1) 保证人力资源的有效性；(2) 通过招聘、培训和奖励管理者来提高生产率、减少浪费，从而提高整个企业的效率。

员工激励者角色意味着人力资源管理者需要帮助维持员工和企业之间的心理契约，把精力投入到员工日常关心的问题和需求上，积极地倾听和回应；并为员工营造一个积极的学习氛围和工作环境，激发员工的学习动力和工作成就感。

变革的推动者角色要求人力资源管理者本着尊重和欣赏企业传统和历史的同时，具备为未来竞争的观念和行动。当人力资源经理行使变革职责时，他们的工作会对组织系统产生直接的影响，这些影响包括对组织使命、战略、结构、组织文化、工作氛围、政策、流程、管理实践及领导模式的再造以及再定义等。

2005 年，尤里奇和他的合作者在《人力资源管理价值新主张》一书中发展了人力资源管理者的角色（见表 6—3）。

表 6—3　　人力资源管理者角色的发展

20 世纪 90 年代中期	21 世纪	思想的进化
员工激励者	员工激励者 人力资本开发者	员工对组织成功越来越重要，员工激励者聚焦于今日的员工；人力资本开发者聚焦于如何让员工为未来做好准备
行政专家	职能专家	人力资源管理活动是人力资源价值的核心，有些人力资源活动通过高效的管理手段（如技术手段）来完成，有些通过政策及干预来完成，扩大了"行政专家"的角色

续前表

20 世纪 90 年代中期	21 世纪	思想的进化
变革的推动者	战略伙伴	作为战略伙伴有多方面的表现：业务专家、变革推动者、知识管理者和顾问。变革推动者只代表战略伙伴角色的部分内涵
战略伙伴	战略伙伴	如上所述
	领导者	前四种角色的总和等于领导力。人力资源管理者的工作包含领导人力资源管理部门、与其他职能部门合作、保证公司管理秩序，以及监控人力资源团队的含义

6.8.2 企业人力资源管理者技能

尤里奇认为，人力资源管理者的素质可以影响 19%可控的企业绩效。他的研究结果显示，“只有大约 50%的企业绩效处于管理层的控制之内，其他 50%可能是源自政府、环境等不可控因素。在可控的企业绩效里，19%取决于人力资源管理者的素质”。显然，提高人力资源管理者的素质，已经成为提高企业绩效的一个重要途径。尤里奇用一个三角模型来描述未来的企业人力资源管理从业者应掌握的四种技能，如图 6—2 所示。

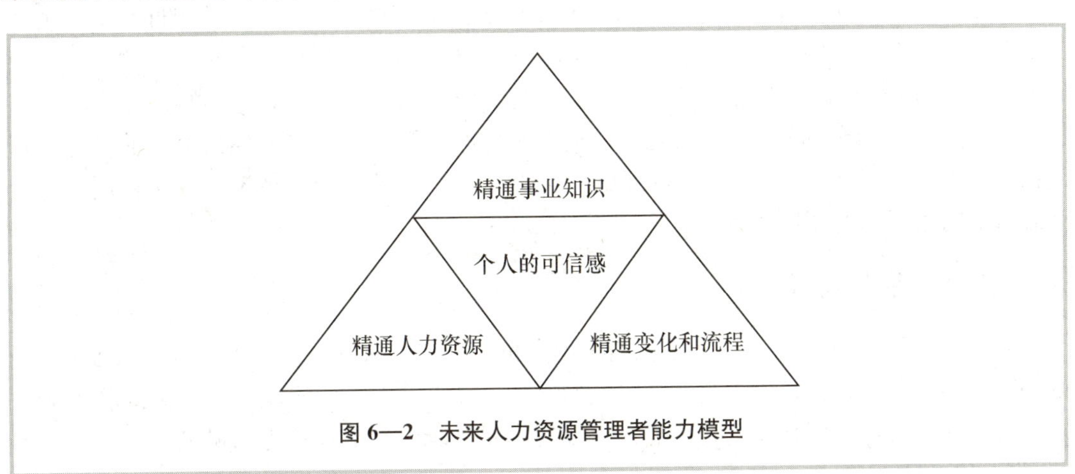

图 6—2 未来人力资源管理者能力模型

(1) 精通事业知识，要求人力资源从业人士成为企业核心经营和管理层的一部分，了解并参与基本的业务活动，具备强烈的战略业务导向能力。

(2) 精通人力资源，是指人力资源管理要确保基本的管理和实践相互协调，并担当起行政职能。

(3) 个人的可信感，是指人力资源从业人士应具备良好的人际影响能力、问题解决能力和创新能力。

(4) 精通变化和流程，要求人力资源管理者懂得如何领导企业变革与重组。

6.8.3 思想点评

尤里奇把注意力放在“人力资源提供的是什么”，而不是“在做什么”上，重点关注与探讨了公司的人力资源管理如何为股东、客户、员工和经理创造价值；并认为在当前的竞争环境下，传统人力资源管理的事务性角色正趋于自动化和被外包；他认为企业人力资源管理如何向更具战略重要性的角色演变是帮助企业取得业务成功的关键领域；同时他指出，要扮演好这一角色，人力资源管理者需具备相应的能力。此外，尤里奇还重新定义了人力资源管理的四种角色，这不仅促使人力资源管理者转变了观念并认识到自身价值的重要性，而且还能够促使他们向更加专业化的方向发展。

6.9 吉姆·柯林斯（Jim Collins）杰里·I·波拉斯（Jerry I. Porras）

吉姆·柯林斯（1958— ）是美国管理学专家及商业畅销书作家。多年来，柯林斯坚持从实证的角度研究企业管理方略，先后写出了《基业长青》、《从优秀到卓越》、《再造卓越》等管理学巨著，对当代企业管理实践产生了深远的影响。杰里·I·波拉斯（1938— ）是斯坦福大学商学院组织行为与变革荣誉教授。他与柯林斯合作出版了《基业长青》一书，为21世纪的组织提供了一个宏伟蓝图。

柯林斯与波拉斯合著的《基业长青》是公认的一部经典商业著作，重印近百次，被译为20多种文字在全球发行；《今日美国》称其为“继《追求卓越》之后最引人注目的企业研究力作”。柯林斯的《从优秀到卓越》一书在全球范围内也广受好评，被评选为《福布斯》20世纪20本最佳商业畅销书之一，盘踞亚马逊畅销书排行榜五年。他们的研究及理论被《财富》、《经济学家》、《商业周刊》、《今日美国》、《哈佛商业评论》、《产业周刊》等杂志广泛报道，引起了巨大反响。

6.9.1 基业长青

1988—1994年间，柯林斯与波拉斯采用严格的标准，从《财富》等杂志500强工业企业和服务类公司两种排行榜中选出18家高瞻远瞩的公司，并系统地为每一家高瞻远瞩公司精心选择了一家对照公司进行研究，以发现高瞻远瞩公司基业长青的秘诀。

1. 12个迷思

柯林斯与波拉斯的研究结果表明，必须破除12个迷思，公司才能基业长青。这些迷思是指流行于公司和经营者中的错误理念。他们认为，任何一个公司无论是长青还是昙花一现，都有意无意地由一种理念所指引，失败的公司在于依据了错误的理念。这12个迷思及实际情况分别是：

（1）伟大的公司靠伟大的构想起家。

事实是，在18家高瞻远瞩公司中有15家公司在开始时并没有伟大构想。重要的是建立一个公司，并根据形势变化不断修改自己起初的构想并与时俱进。

（2）高瞻远瞩公司需要杰出而眼光远大的魅力型领导者。

事实上，这种领导往往会由于独裁或得到员工的极度崇拜而对公司长期发展有害。高瞻远瞩公司历史上若干最出众的首席执行官，并不是高姿态魅力型领导的典型，他们专心致志地构建一种大而持久的制度，并不刻意成为伟大领袖。他们追求的是制造时钟（构建永续发展的组织），而不是成为报时人（只依靠伟大的领导人、伟大的构想或创造产品的人）。

（3）最成功公司以追求最大利润为首要目的。

事实是，高瞻远瞩公司追求一组目标，赚钱只是目标之一，而不见得是最重要的目标。它们虽然都追求利润，但同时为一种核心理念所指引，这种理念包括核心价值和超越了只知赚钱的使命感。

（4）高瞻远瞩公司拥有共通的“正确”价值观。

事实上，没有什么放之四海而皆准的“正确”核心价值观，不同公司应有不同的价值观，只要适于本公司都能成功。

（5）唯一不变的是变化。

事实是，高瞻远瞩公司几乎都虔诚地维持核心理念，很少改变。它们的核心价值观稳如磐石，不会随着时代的风潮改变；在某种程度上，核心价值观经历百年而一成不变。

（6）绩优公司事事谨慎。

事实是，高瞻远瞩公司勇于投身并巧妙地运用“胆大包天的目标”，以激励进步。这种目标像攀爬高山，像登陆月球，也许风险很高，但却使得组织成员充满活力，迸发出巨大的前进动力。

（7）高瞻远瞩公司是每一个人的绝佳工作地点。

事实是，只有切实符合高瞻远瞩公司核心理念和规范准则的人，才会发现那里是他们绝佳的工作地点。

（8）最成功公司的最佳行动都来自高明、复杂的战略规范。

事实是，高瞻远瞩公司的一部分最佳行动来自实验、尝试错误和机会主义，即靠机遇。

（9）公司应高薪雇用外来的首席执行官，才能刺激根本变革。

实际上，高瞻远瞩公司首席执行官都是自己培养的。世界 500 强的企业当中，有超过 75％的企业领导人是从内部提拔的。

（10）最成功的公司最注重的是击败竞争对手。

实际上，公司最大的竞争对手是自己，不是要击败对手，而是要战胜自我，要克服自我满足。能够击败竞争对手是它们不断自问“如何自我改进，使明天做得比今天好”的附带结果。

（11）鱼与熊掌不能兼得。

事实上，高瞻远瞩公司不会用非此即彼的二分法使自己变得残酷无情。它们采用“兼容并蓄的融合法”，以一种看似矛盾的观点追求鱼与熊掌兼得。

（12）公司高瞻远瞩，主要依靠“愿景宣言”。

事实上，高瞻远瞩公司地位的获得，主要不是因为发表了愿景宣言；虽然它们通常有类似的声明，但重要的不是宣言，而是行动。

2. 如何实现基业长青

（1）做造钟者，不要做报时者。

柯林斯指出：“伟大公司的创办人，通常都是制造时钟的人，而不是报时的人。他们主要致力于建立一个时钟，而不只是找对时机，用一种适销对路的产品打入市场；他们并非致力于培养领袖人物充满魅力的人格特质，而是致力于构建高瞻远瞩公司的组织特质，他们最大的创造物是公司本身及其代表的一切。”“造钟”就是建立一种机制，使得公司能够依靠组织的力量在市场中生存与发展，而不必依靠某个人、某种产品或某个机会等偶然的东西。随着市场的进一步完善与规范，企业必须越来越依靠一个好的机制，包括好的组织结构、好的评价考核体系等。

（2）拥护兼容并蓄的融合法，反对二分法。

高瞻远瞩公司不受二分法的限制，而是用兼容并蓄的方法让自己跳出这种困境，使它们能够同时拥有若干层面的两个极端。它们不在非黑即白之间选择，而是想出办法，兼容黑白。

（3）保存核心，刺激进步。

高瞻远瞩公司能够应对环境不断变化的挑战，除了“基本的”信念之外，还准备改变本身的一切，即“保存核心，刺激进步”，如图6—3所示。

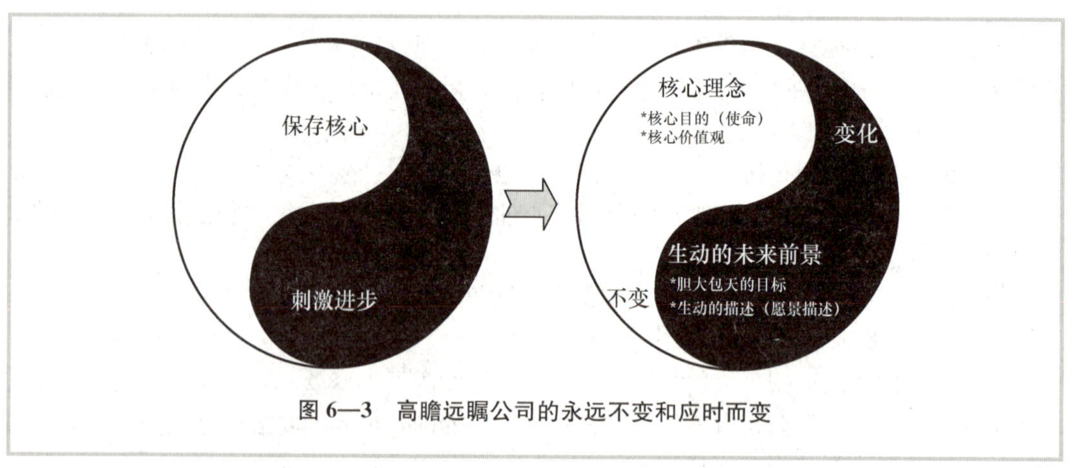

图6—3　高瞻远瞩公司的永远不变和应时而变

如何才能保存核心、刺激进步？高瞻远瞩公司主要采取以下一系列机制：

第一，胆大包天的目标。胆大包天的目标可以促使大家团结——这种目标光芒四射、动人心弦，具有冒险性和刺激性，能够激发所有人的力量，只需略加解释，或者根本不需要解释，大家立刻就能了解。

第二，“教派般的文化”。柯林斯指出，“利润是生存的必要条件，而且是达成更重要目的的手段，但对很多高瞻远瞩的公司而言，利润不是目的，利润就像人体需要的氧气、食物、水和血液一样，这些东西不是生命的目的。但是，没有它们，就没有生命”。利润之上的更高追求在伟大的公司里，更是被作为像“教派般的文化”那样被灌输。“利润之上的追求”如果不明确、不具体，就会是空洞的“大口号”。高瞻远瞩公司一般非常重视培训、严格选拔、提倡精英主义、保守秘密、控制信息以及强调与众不同。

第三，“自家长成”的经理人。柯林斯经过研究后发现，“18家伟大的公司在总共长达1 700年的历史中，只有四位首席执行官来自外部”。“自家长成”的经理人熟悉和了解本公司文化，更易带领本公司进行变革。优秀领袖的一贯性，也就是保持核心的一贯性。

第四，择强汰弱的进化。高瞻远瞩公司除了采用目标确定但不连续跳跃的胆大包天目标来刺激进步以外，还采用进化式进步。高瞻远瞩公司不是高明的远见和战略性规划的结果，而是大致上由一种基本程序带来的结果——尝试许多实验，抓住机会，保留作用良好又符合核心理念的部分，修正或放弃作用不好的部分。

第五，永远不够好。高瞻远瞩公司的关键问题不是“我们做得有多好”，也不是“我们怎样做才能表现得更好”，而是“我们怎样做才能让明天比今天更好”。它们设定强大有力的机制来产生永不满足的心态，消除自满从而在外部世界发出要求之前，就刺激变革和改善。

(4) 追求持续一贯的协调一致（持之以恒）。

高瞻远瞩公司的根本在于转化核心理念和独特追求进步的精神，使之融入组织结构的所有层面，化为愿景、战略、政策、程序、文化、工作设计、会计制度等，即公司的一切作为；并采取各种机制来保持核心理念和刺激进步，追求一贯机制和理念之间的协调一致。

6.9.2　从优秀到卓越

柯林斯认为，优秀是卓越的大敌。为了探索从优秀公司成长为卓越公司的内在机制，柯林斯和他的研究团队历时 5 年，对 1965—1995 年 30 年间出现在《财富》500 强排行榜上的每一家公司（共 1 400 多家）进行了研究和筛选，最终确定了 11 家实现从优秀到卓越跨越的公司，包括吉列、金佰利—克拉克、富国银行、菲利普·莫里斯、雅培等公司；进而将 28 家公司中的 11 家实现跨越的公司与另外 11 家直接对照公司和 6 家未能保持卓越的对照公司（间接对照公司）进行比较研究，得出了如何让公司从优秀到卓越的令人振奋的答案，如图 6—4 所示。

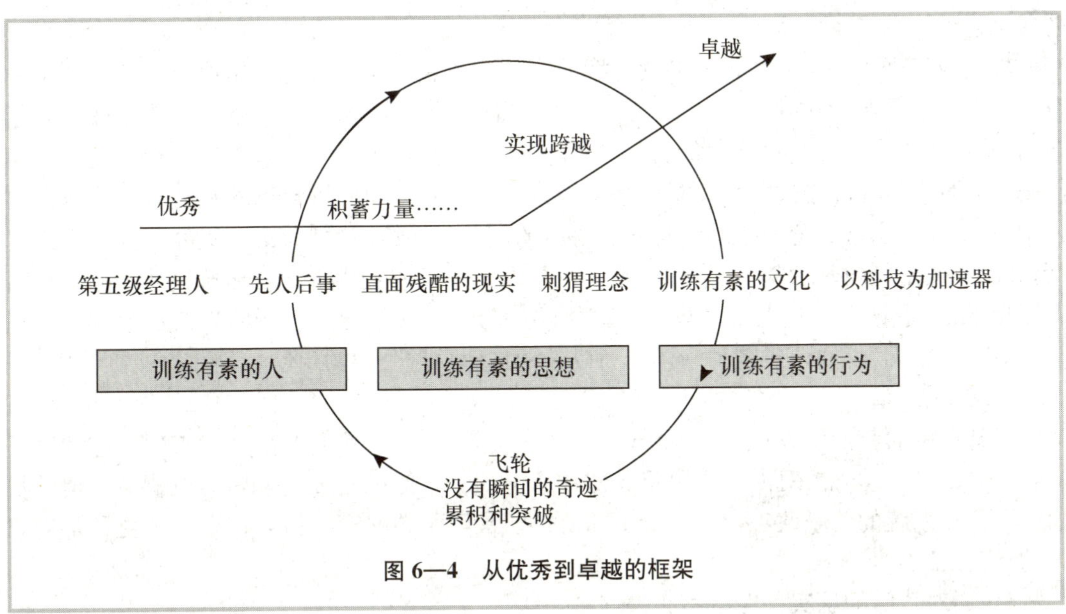

图 6—4　从优秀到卓越的框架

1. 第五级经理人

柯林斯发现，领导人是成为卓越企业最重要的因素，而且从优秀到卓越的公司经理人具有很多共同的特性。为了区别于一般企业的领导人，他把这些领导人称为“第五级经理人”（见图6—5）。柯林斯的实证研究表明，所有从优秀到卓越的公司在蜕变期都出现了第五级经理人，而对照公司却普遍缺乏第五级经理人。

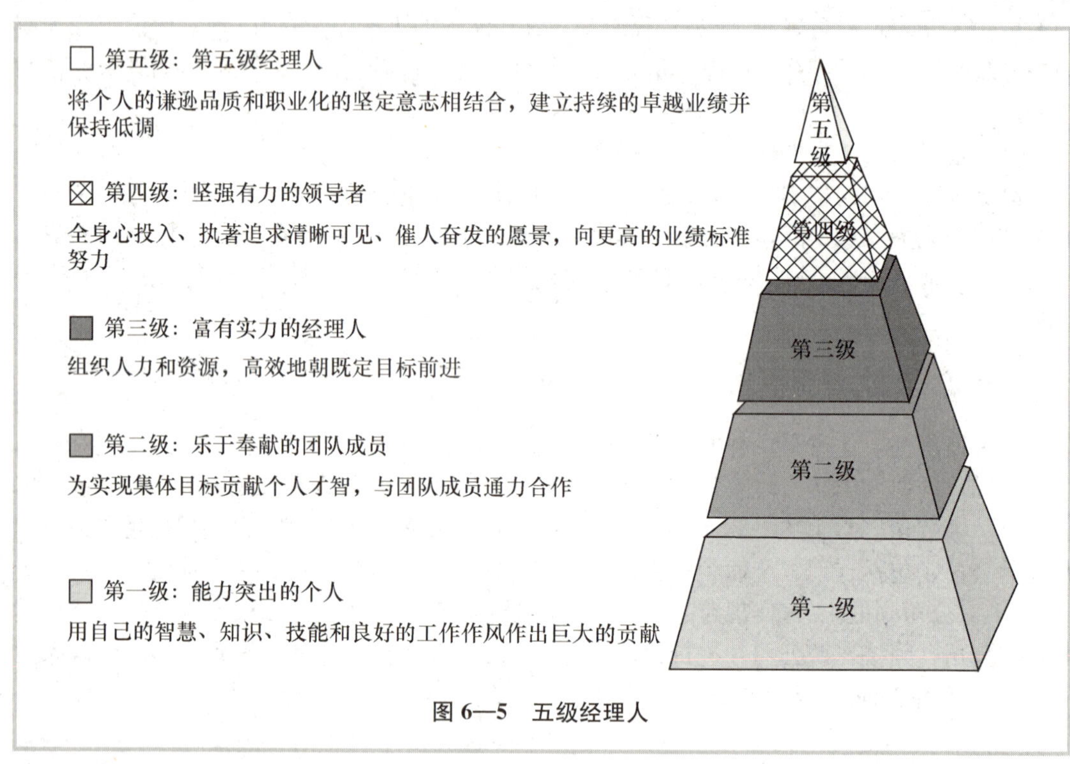

图6—5 五级经理人

第五级经理人是个人的谦逊品质与职业化的职业意志相结合的一个典范，他们普遍具有双重人格：平和而执著，谦逊而无畏。一方面，第五级经理人具有令人折服的谦逊。“他们从不谈论自己”，从他们身上看不出那些才能超凡的领导人所表现出的个人魅力，他们是一群默默无闻却创造着不平凡业绩的人；另一方面，他们将自己的雄心壮志都倾注在公司上，“他们永远都把公司的利益而非自己的利益放在第一位”。第五级经理人更多的是“造钟者，而不是报时者”。在柯林斯看来，与乐于表现个人性格魅力和卓越才华的“报时者”相比，“造钟者”立志于“建立一家能够经历一代代领导人和产品兴衰过程的、永远充满活力的公司”，并像建筑师一样全力以赴地构建卓越公司的组织特色。

2. 先人后事

柯林斯的研究团队发现，实现跨越的公司遵循“让合适的人上车”、“组建卓越的管理团队”的原则，即先找对人，再决定要做什么。同时，他们还发现公司的报酬与公司的发展并不存在系统的关联性，合适的员工才是公司最重要的财富。另外，卓越的公司都有强大的经营团队。

3. 面对残酷的现实，但绝不失去信念

只有那些面对残酷的现实并以此为起点的优秀公司，才能实现向卓越的跨越。实现跨越的公司把自满视为大敌，领导不是始于远见卓识，而是始于让人们面对残酷的现实，并采取积极的行动；他们积极营造一个让大家说真话、多争论的氛围，并在此过程中始终保持必胜的信念，以使公司能在与优秀、强大对手的竞争中成长壮大。

4. 刺猬理念（三环内部的简化）

柯林斯引用《刺猬和狐狸》的寓言故事来形象地阐述刺猬理念和三环理论。狡猾的狐狸总是想出各种办法来对付刺猬，然而刺猬每次都是通过蜷缩成一团、依靠身上的尖刺来应对。尽管狐狸比刺猬更聪明，但是刺猬总是屡战屡胜。刺猬制胜的一个重要原则就是简单，它们把复杂的世界简化成了单个有组织性的观点、理论和原则。柯林斯提出，刺猬理念是一个简单、明确的概念，它来自对以下三环交叉部分的深刻理解：第一，你在什么方面能成为最优秀的；第二，是什么驱动了你的经济引擎；第三，你对什么工作充满激情。一个发展成熟的刺猬理论，需要全部的三环，即三环中的交叉部分，如图 6—6 所示。

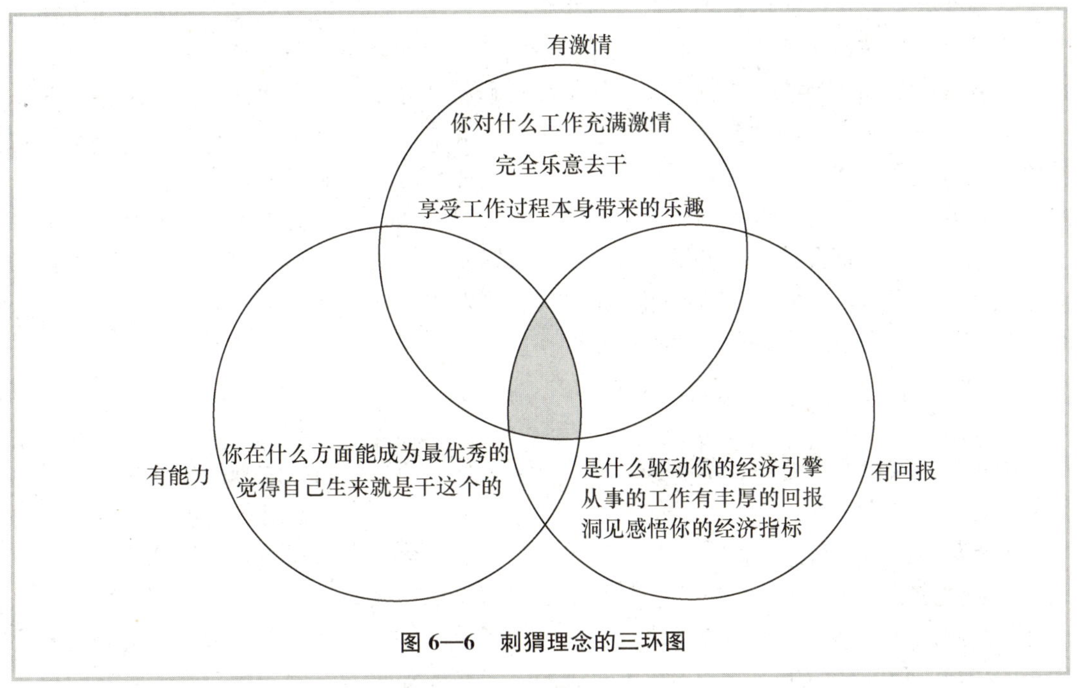

图 6—6　刺猬理念的三环图

5. 训练有素的文化

训练有素的文化具有双重性，一方面要求人们遵守一贯的制度；另一方面，给予人们在制度框架下的自由和责任。实行严格的管理，可以弥补员工能力和纪律的欠缺，但却扼杀了优秀员工的创新性，解决的方法就是用训练有素的文化替代官僚主义和等级制度，并将训练有素的文化和创业精神结合起来，从而会得到激发卓越绩效的神奇力量。

6. 以科技为加速器

柯林斯研究团队在和 84 位卓越公司主管的访谈之中，80%的被访问者都没有把科技列为转变期内最重要的五大因素之一。因此，柯林斯认为，科技本身并不是公司发展的主要原因，而是促进企业从优秀到卓越的加速器。只有科技服从于刺猬理念，才能成为加速企业发展的根本推动力，否则只能是加速其灭亡的工具。

7. 飞轮和厄运之轮

当所有上述要素组合在一起就能产生飞轮效应，每一个组成部分都对飞轮产生了一个推力。在训练有素的人、训练有素的思想和训练有素的行为的综合作用下，经过力量的积蓄，飞轮开始转动并且越转越快，实现跨越和持续卓越。在转变的过程中，没有“瞬间的奇迹”，只有“累积起来的变化”、“演变”和“进化”。这一点对于那些急于实现跨越的公司尤其值得重视。对于那些不想通过飞轮逐圈旋转来积累动能，而是设法直接跨越，企图通过大量收购来实现突破的企业将导致“厄运”，这就是“厄运之轮”。

6.9.3 再造卓越

2009 年，柯林斯出版了《再造卓越》一书，认为强者恒强并非世间法则，但衰落是可以避免的，衰落是可以察觉的，衰落是可以逆转的；巨人也会倒下，卓越企业也可能摔跟头，但有的公司从未放弃，仍然可以扭转乾坤、东山再起。柯林斯提到：为什么贝尔斯登、雷曼兄弟公司、房利美这些业内翘楚纷纷陨落？为什么那么多卓越的公司难以基业长青？企业帝国是如何陨落的？我们又该如何尽早预测并避免这种局面出现？一个企业在坠入万劫不复的深渊之前颓势会延续多久？一个陷入衰退的企业又该如何自救？柯林斯和他的研究小组直面这些难题，认真分析了 11 家在历史上走过从辉煌到衰落历程的企业，并对这些企业的历史进行了深入剖析。历时四年多的研究项目向我们揭示了企业衰落的五个阶段：狂妄自大、盲目扩张、漠视危机、寻找救命稻草和遭人遗忘或濒临灭亡。但即使企业已经陷入了衰退，它们仍然可以扭转乾坤。如果对于上述五个阶段能做到了然于胸，那么领导者就能极大地降低企业坠入谷底的概率。

6.9.4 思想点评

柯林斯与波拉斯合著的《基业长青》回答了是什么使那些高瞻远瞩的公司基业长青的问题。这些公司不是因为有了伟大的构想，也不是因为有了一位富有魅力的领导人，更不是以追求最大利润为首要目的，而是有指导实际运营的核心价值观。高瞻远瞩公司的成就绝不只是创造了长期的经济报酬而已，它们已经深深地融入整个社会之中。柯林斯的《从优秀到卓越》一书瓦解了时下绝大多数热门管理理论和实践，该书不会使平庸的公司成为优秀的公司，但却会使优秀的公司成为卓越的公司。柯林斯著作的架构非常清晰，调研翔实，求证小心。与其他类似的管理理论书籍不同的是，作者没有陷入简单的数据、案例的类比之中，而是运用了大量生动、翔实的企业决策、运营实际进行横向比较；分析观点之具体、语言之准确，为那些有志于建立经得起时间考验的伟大公司的创业者提供了实际指导。

本章小结

马克斯·韦伯作为“组织理论之父”，首次系统提出并阐述了著名的官僚制理论；林德尔·F·厄威克综合并系统化了古典管理理论；沃伦·G·本尼斯对官僚制进行了批判，并在此基础上提出组织发展理论，同时，他还区分了领导者、管理者和追随者之间的区别，归纳、提炼了领导者品质、领导力学习和领导活动等的共性；查尔斯·汉迪作为英国当代最负盛名的管理大师，以生动的语言阐述了四种管理文化、三种组织形式和解决悖论的平衡方法；汤姆·彼得斯通过对卓越公司的研究，得出了卓越公司的八大特质，并在《管理的变革》一书中强调了变革的重要性；彼得·M·圣吉的代表作《第五项修炼：学习型组织的艺术与实务》一书转变了管理者的思路，为组织学习提供了工具；梅雷迪思·贝尔宾提出了著名的团队角色理论，归纳了九种角色：推进者、执行者、完美主义者、智多星、技术专家、监控者、协调者、凝聚者和信息者；戴夫·尤里奇的贡献则在于他关注并总结了人力资源管理与人力资源管理者角色的转变及其发展；吉姆·柯林斯和杰里·I·波拉斯通过撰写《基业长青》等畅销书，增强了管理实践者的信心，并为他们提供了有益的指导。

关键术语

组织的官僚模式（bureaucratic model of organization）
组织设计理论（organizational design theory）
组织发展（organization development）
三叶草组织（shamrock organization）
“甜甜圈理论”（the inside-out doughnut）
追求卓越（in search of excellence）
第五项修炼（the fifth discipline）
团队角色（team roles）
人力资源管理角色（the role of human resource management）
基业长青（build to last）
从优秀到卓越（good to great）

复习思考题

1. 简述马克斯·韦伯对组织理论的贡献。
2. 阐述林德尔·F·厄威克的主要思想。
3. 沃伦·G·本尼斯的组织发展理论的主要内容是什么？
4. 查尔斯·汉迪关于组织形式的观点是什么？
5. 卓越公司的八大特质有哪些？
6. 学习型组织五项修炼的内容是什么？
7. 简述梅雷迪思·贝尔宾的团队角色理论。
8. 戴夫·尤里奇认为人力资源管理者的角色是什么？
9. 简述吉姆·柯林斯的主要代表作及其观点。

第 7 章

领导理论

领导理论主要研究领导有效性，是管理思想史的重要组成部分。自 20 世纪 50 年代以来，罗伯特·坦南鲍姆、沃伦·H·施密特、伦西斯·利克特、罗伯特·R·布莱克、简·S·默顿、弗雷德·E·菲德勒、保罗·赫塞、肯·布兰查德、罗伯特·豪斯、特伦斯·米切尔、约翰·P·科特和马文·鲍尔等组织行为学家、心理学家和管理学家，分别从领导特质、领导行为、领导权变和领导风格等角度，对影响领导有效性的因素及如何提高领导有效性的途径等问题进行了大量研究，有力地促进了领导理论和实践的发展和进步。

7.1 罗伯特·坦南鲍姆（Robert Tannenbaum）沃伦·H·施密特（Warren H. Schmidt）

罗伯特·坦南鲍姆（1915—2003）是美国著名管理学家，领导行为连续体理论的创始人之一。长期在加利福尼亚大学洛杉矶分校工商管理学院执教，担任人才系统开发教授，从事“人事制度的发展”研究，并在美国及其他国家的企业从事咨询顾问工作。在领导行为、敏感性训练和组织发展等方面作出了开创性贡献。沃伦·H·施密特在 1955—1977 年间与坦南鲍姆在加利福尼亚大学洛杉矶分校共事，从事公共管理学教学与科研工作。坦南鲍姆和施密特两人对领导方式的分类和选择问题进行了研究，于 1958 年合作出版了《如何选择领导方式》一书，提出了著名的“领导行为连续体理论”。

7.1.1 领导行为连续体理论

1. 领导方式的类型

坦南鲍姆和施密特根据领导者运用职权的程度和下属享有自主权的程度（自由度），

提出领导行为连续体模型（见图 7—1）。他们把领导方式看做一个连续变化的分布带，以高度专权、严密控制为其左端，以高度授权、间接控制为其右端。当然，这两个极端也并不是绝对的，二者都有一定的限度。即使是最专权的领导，也会给下属保留一点自由度。

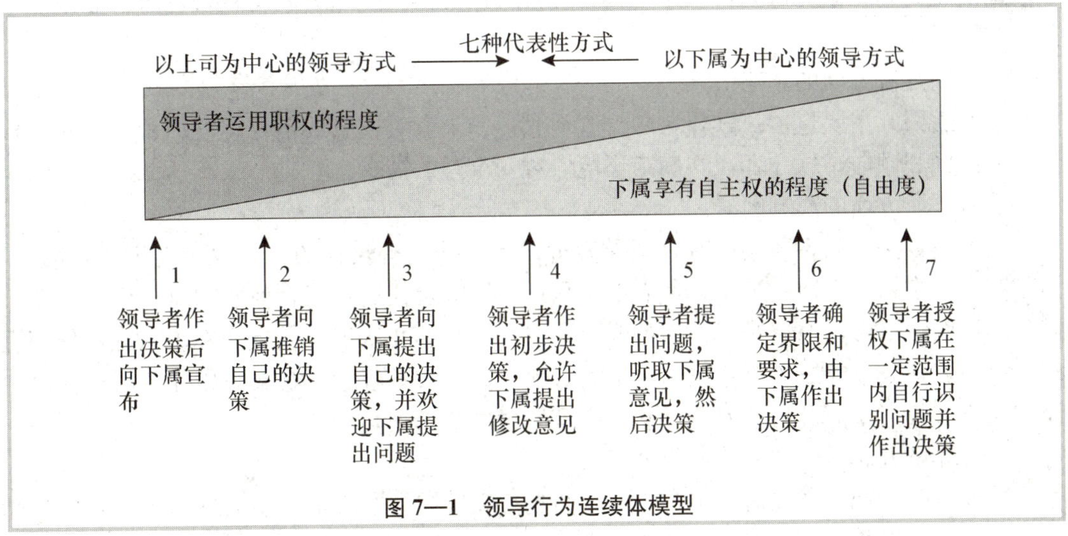

图 7—1　领导行为连续体模型

从高度专权的左端到高度授权的右端，坦南鲍姆和施密特划分出了七种典型的具有代表性的领导方式：

（1）领导者作出决策后向下属宣布。

这种领导方式的特点是由上司识别和确认问题或任务，设想出各种可供选择的方案，并择定其中之一，然后向下属宣布自己的决定以便实施。

（2）领导者向下属推销自己的决策。

同前一种方式类似，这个模型仍由领导者确定工作任务和作出决策，但是领导者不是用强迫命令的方法而是用说服的方法让下属接受其决定。

（3）领导者向下属提出自己的决策，并欢迎下属提出问题。

这种领导方式仍然是由领导作出决策，但他们希望下属充分理解自己的思想和意图，所以邀请员工们提出问题，由自己加以解释，以利于大家接受。

（4）领导者作出初步决策，允许下属提出修改意见。

这种领导方式允许下属对决策产生一些影响，但识别和判定问题的主动权仍在领导者手中。

（5）领导者提出问题，听取下属意见，然后决策。

同上述四种方式不同，这里是领导者作出决策前先请大家提意见。领导者的责任是识别问题、确定任务。

（6）领导者确定界限和要求，由下属作出决策。

领导方式演变到这里，决策权已由领导者个人手中转移到下属手中。但是，待解决问题的范围及决策的原则、先决条件和限度等须由领导者事先明确给定。

（7）领导者授权下属在一定范围内自行识别问题并作出决策。

这是一种最大限度的群体自由，在正式的组织里很少遇到这种情形，但是在科研单位常常采用这种方式。

2. 领导方式的选择

坦南鲍姆和施密特认为，采用何种领导方式以及何种领导方式可行，可考虑以下三个因素：

（1）领导者方面的影响因素。

这方面因素主要包括：领导者的价值观念；领导者对下属的信任程度；领导者对领导方式的偏好和倾向；领导者在不确定环境中对安全感的需求。

（2）下属方面的影响因素。

当下属具备下列各项条件时，领导者可以允许他们有较大的自主权和自由度：第一，他们有比较多的独立性；第二，他们准备承担决策的责任；第三，他们相对来说比较能够接受模糊性；第四，他们对工作任务或问题本身有兴趣并认识到其重要性；第五，他们理解并完全赞同整个组织的总体目标；第六，他们充分具备解决问题或完成任务所必需的知识和经验；第七，他们已经习惯于参与决策的想法和做法。

（3）环境方面的影响因素。

这方面的因素主要包括：第一，组织的类型和性质。有的组织认为好的领导者应当劲头十足，富有想象力，有决断力和善于指挥别人；而另一些组织则强调领导者应处理好人际关系。第二，群体效能。群体成员对于他们作为一个整体所具有的能力是否有信心、群体的内聚力、成员之间互相接受和容纳的程度以及目标的一致性，会对群体的效能产生强有力的影响。第三，工作任务或问题本身的性质。能在多大程度上授权员工参与决策主要取决于员工有无解决某项问题的知识和能力，因此需弄清工作任务或问题本身的性质。第四，时间压力。那些经常处于“危机”和“紧张状态”的组织迫于时间压力，一般都不会向下级授权。

通过以上分析，坦南鲍姆和施密特得出以下结论：

第一，一个成功的领导者必须敏锐地认识到在某一特定时刻影响其行动的种种因素，并准确地理解自己、下属、组织及其社会环境。

第二，一个成功的领导者必须根据上述理解和认识，确定自己的行为方式。

7.1.2 领导行为连续体理论的修正

经过后来十多年的实践验证，坦南鲍姆和施密特于 1973 年对领导行为连续体理论进行了修正和发展。在以前的讨论中，与“经理人员”相对的概念是“下属”，但“下属”一词含有附属于上级的消极意味，正确的词汇应是“经理人员”与“非经理人员”。二者的区别只在于职务分工的不同，而不在于地位的高低。所有这些新的思考可以表达为一种新的图示模型，即“领导行为方式连续分布场”，如图 7—2 所示。

图 7—2 的基本变量是经理人员与非经理人员分享自由度（决策权）的比例，这一比例是连续变化的，并取决于二者之间的相互作用及环境力量的影响。领导行为方式连续分布场内的矩形方框反映了封闭系统的观点，即外部力量界定了其边界。实际上，经理人员可以通过对外界力量作出反应，并主动改变这些边界条件。尽管权力和权力运用在过去和

现在都是相当重要的管理要素，但合作、共同目标、责任感、相互信任和相互关心正在发挥越来越显著的作用，其结果必然是权力的分享。

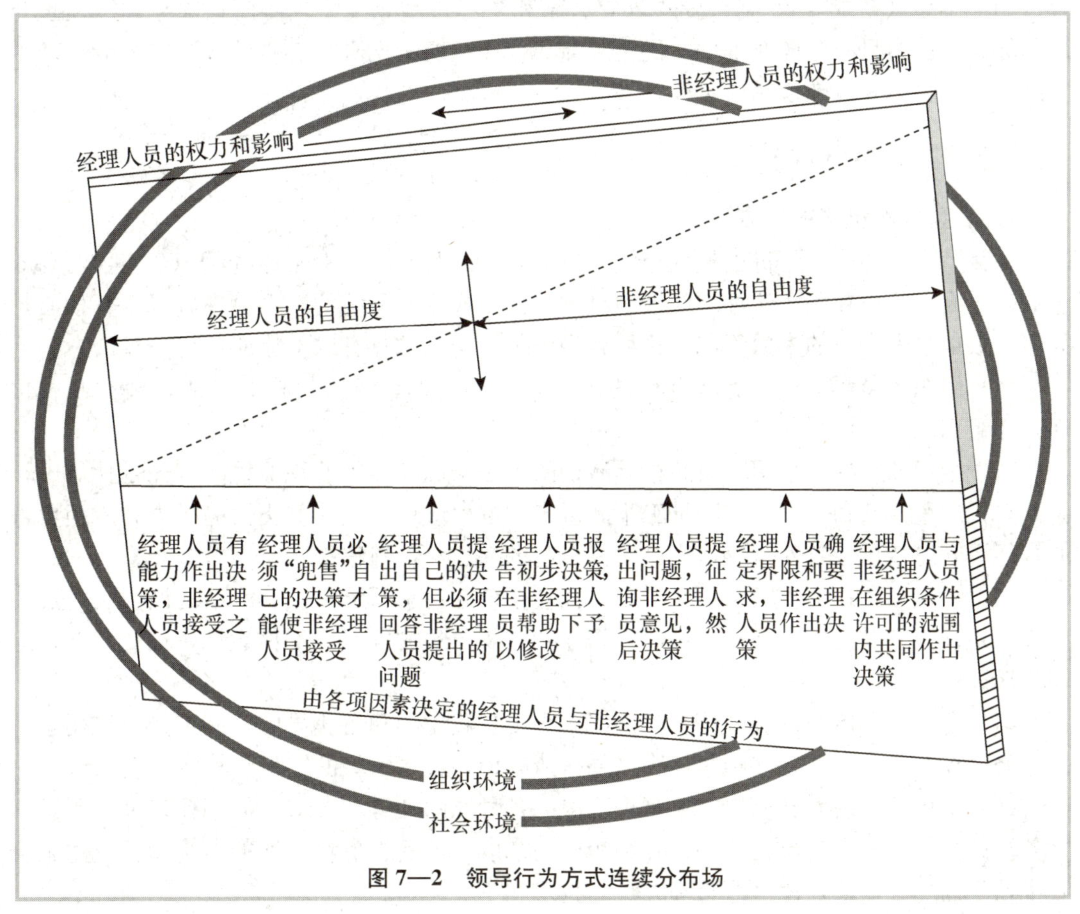

图7—2 领导行为方式连续分布场

7.1.3 思想点评

坦南鲍姆与施密特的领导行为连续体理论在研究领导作风与领导方式时，摆脱了较为绝对的“两极化”倾向，反映出领导方式的多样性与情境因素，研究成果显示出了良好的适应性与生命力，受到了西方管理学界的普遍重视，同时对后续研究产生了重大影响。菲德勒的权变模型，就明显继承了领导行为连续体理论的思想精髓。

7.2 伦西斯·利克特（Rensis Likert）

伦西斯·利克特（1903—1981）是美国著名行为科学家、组织心理学家和教育学家。利克特的贡献主要在领导理论、激励理论和组织理论等方面。通过长期从事领导理论的研究，他认为对人的领导是全部管理工作中最重要、最核心的问题。在激励理论方面，他提出了著名的“支持关系理论”；在组织理论方面，他提出了一种以若干工作单位为基本单元的新型组织机构。这些颇具影响力的理论都在1961年出版的《管理的新模式》中有较为详细的论述。在此基础上，利克特于1967年提出了领导的四系统模型，即把领导风格分成四种类型（系统）：专制权威式领导、温和专制式领导、民主协商式领导和民主参与式领导。他认为只有第四系统——民主参与式领导才能实现真正有效的领导，才能正确地为组织设定目标和有效地达成目标。

7.2.1 新型管理系统

1. 新型组织机构的特点

利克特和他的同事经过大量调查研究发现，随着环境的变化，20世纪60年代的高效企业和政府部门正在创造一种不同于20世纪50年代管理系统的新型管理方式，其核心是如何有效地管理企业的人力资源。这种新型组织机构通常具有以下特征：

（1）组织成员都采取积极和合作的态度来对待工作、组织目标和上级；他们互相信任，与组织融为一体。

（2）组织的领导者采用物质和精神激励的方法来调动员工的积极性。首先是让员工认识到自我的重要性和价值，鼓励员工不断进步、取得成就，以获取更大的权力并承担更大的责任；同时让员工有安全感，充分发挥自己的探索和创新精神。

（3）组织中存在一个紧密而又有效的社会系统。这个系统由互相联结的许多工作群体组成，系统内充满协作、参与、沟通、信任和互相照顾的气氛和群体意识，信息畅通，运转灵活。

（4）对工作群体的绩效考核主要是用于员工自我激励和自我导向，而不是单纯用于外部监督和控制。参与式管理和集体决策要求所有成员分享考核的结果和其他信息。

（5）出色的经理人员重视经典管理理论的各种原则和方法，如时间动作研究、预算和财务控制。他们努力让员工形成正确和积极的态度，然后把各种经典的传统管理方法融合其中，从而更有效地发挥这些管理方法、技术和工具的作用。

（6）高效的经理人员大多倾向于参与式管理原则，并将其运用于确立目标、制定预算、控制成本、设计组织结构等方面。他们创造的新型管理系统最为核心的特征是：将组织转变成高度协调、高度激励和合作的社会系统。

在员工眼中，出色经理人员的行为特点可概括为：（1）真正关心员工、细致周到、态度友好，随时准备提供支持和帮助，既为公司谋利，也为员工谋利；（2）完全信任员工的能力、干劲和诚实；（3）对员工有很高的期待；（4）指导、帮助和教育员工，以使他们不断提高和发展；（5）当员工遇到困难或不能胜任工作时，尽力帮助或重新安排其职位；（6）采用参与式管理等方法使员工紧密地融入各个工作群体中，通过集体实行领导。

2. 支持关系理论

利克特认为，在新型管理系统中，组织成员的态度在很大程度上受“支持关系”的影响。概括而言，影响组织成员态度的因素有：

第一，如果员工从内心感觉上级是支持和重视他们的，并认为他们每个人都有重要的价值，那么员工会对上级作出积极的反应。反之，如果他们感觉到威胁或不尊重，那么他们就会对上级持消极态度。

第二，在很大程度上，员工并非根据客观事实来作出反应，而是根据他们主观感觉到的“事实”，因此会受到来自他们自身的背景、文化、经历、期望等因素的影响。

因此，支持关系理论要求经理人员必须最大限度地保证组织内的每个员工能够依照自己的背景、价值准则和期望，从自己的亲身经历和体验出发，来感受和体验组织与其成员之间建设性的、支持性的关系，使其感到组织内的每个成员都能够受到重视，都有自己不可替代的价值。

7.2.2　领导风格理论

1967 年，利克特基于对大量组织员工和领导行为的研究，提出了一种著名的领导风格理论。他将领导风格划分为四种类型（系统）：专制权威式、温和专制式、民主协商式以及民主参与式。最后一种民主参与式就是著名的“第四系统”（见表 7—1）。

表 7—1　利克特领导风格系统

第一系统	第二系统	第三系统	第四系统
专制权威式	温和专制式	民主协商式	民主参与式

（1）第一系统，专制权威式领导。

专制权威式领导风格的基本特征主要有：1）这是一种僵化的、效率较低的领导方式；2）管理层自行决策并经常采取威胁和强制性措施下达和执行决策；3）管理者与下属之间关系紧张，彼此互不信任；4）在这种组织中，非正式组织一般会反对和抵触正式组织的目标。

（2）第二系统，温和专制式领导。

温和专制式领导风格的基本特征主要有：1）主要由高层管理者作出决策，部分决策由较低层的管理者作出；2）管理者与下属的关系较为和谐，但并不自然；3）管理者态度较为谦和，但下属仍对上司存有戒心、不能充分信任；4）在这种组织中，非正式组织不一定会反对正式组织的目标。

（3）第三系统，民主协商式领导。

民主协商式领导风格的基本特征主要有：1）允许较低层的管理者以及下属参与一些具体问题的决策；2）管理者与下属的关系和谐，彼此之间具有较高的信任度；3）在这种组织中，非正式组织将支持正式组织的目标或仅存在微弱的对抗。

（4）第四系统，民主参与式领导。

民主参与式领导风格的基本特征主要有：1）实行高度分权决策；2）管理者与其下属的关系和谐、自然，彼此充分信任；3）组织内信息沟通顺畅，鼓励下属参与管理；4）在这样的组织中，非正式组织的目标同正式组织的目标基本一致。

利克特认为，领导者要考虑员工的处境、想法和期望，并支持员工实现他们的目标。当员工得到领导者的支持时，他们同样会信任和支持领导者，并对领导者采取合作的态度，这就是相互支持的原则。通过对这四种系统的分析，利克特认为只有第四系统才能实现真正有效的领导，才能正确地设定组织目标和有效地达成目标。

在领导风格理论的研究中，利克特提出“联结销”的概念，通过“联结销”把整个企业联结成为一个整体。他认为，组织是由互相关联的、交叠的群体组成的；这些群体则由位于几个群体交叠处的个人来联结的。利克特将连接交叠群体的个人称为“联结销”（如图 7—3 中的黑色圆点），他们把上级和自己所在的单位联结起来，发挥承上启下的作用。他们既是上级组织的成员，又是本单位的领导者。

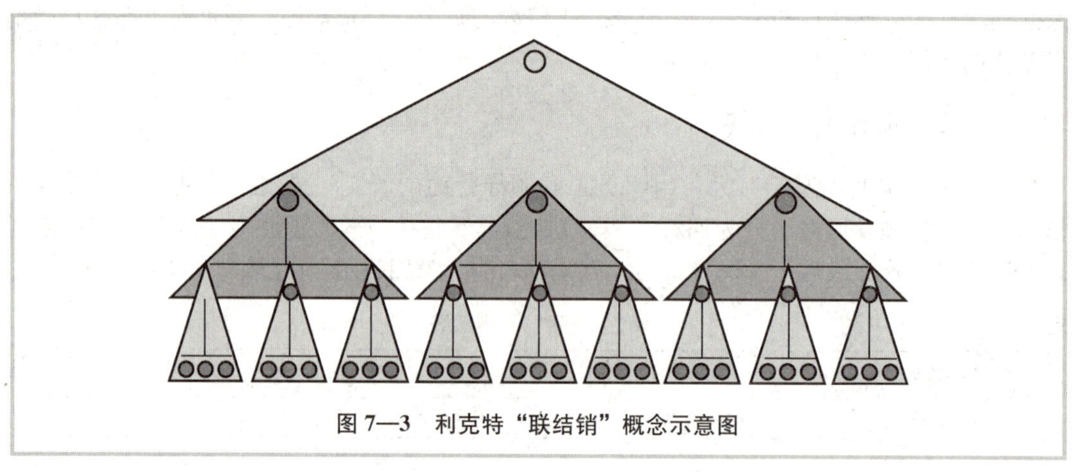

图 7—3 利克特“联结销”概念示意图

通过联结销，组织可以顺利实现个人参与和有效沟通。下级的意见可以通过联结销向上传达，联结销在组织中的作用即是领袖，又是中层三角形的下属，因此能发挥交互影响的最佳状态。利克特后来在模式中还加入横向的联系，横向的联系反映了沟通、影响、激励和协调等方面的需要。利克特特别指出，在“联结销”的结构中，所有群体必须同样地有效，任何一个群体失效都会影响整个组织的效果。

7.2.3 利克特量表

利克特在攻读博士学位期间，简化了瑟斯顿量表，发展出一种简便而可靠的量表——利克特量表。这是一种在现代调查研究中被普遍采用的态度测量表。它的基本形式是给出一组陈述，这些陈述都与某人对某个单独事物的态度有关。要求调查对象表明他们是“强烈赞同”、“赞同”、“反对”、“强烈反对”或“未决定”，也可根据具体需要对表述进行相应调整。标准的利克特量表共分为五个等级，也可以根据需要简化或增加等级。利克特量表有积极性陈述和消极性陈述两种类型的陈述方式。如果答案选择为“完全同意”、“同意”、“不一定”、“不同意”、“完全不同意”，则为积极性陈述。选择“完全同意”的得 5 分，“同意”的得 4 分……消极性陈述评分则相反，即对“完全不同意”的给 5 分。被试做答后，把分数相加就可得出总分。因此，利克特量表有时也称求和量表。

由于利克特量表设计简便且易于操作，大大简化了态度分级方法，因此成为应用极为广泛的一种调查量表形式，尤其在市场研究方面发挥了重要作用。比如，我们常见的针对消费者对于产品或者服务的满意程度、消费者对品牌的心理认知等调查，基本上都会选用利克特量表。

7.2.4 思想点评

作为一名心理学出身的行为科学家，利克特从探讨领导风格和领导方式入手，通过对组织的发展变迁，尤其是对组织中人的地位、作用和影响等方面的研究，提出了著名的支持关系理论和领导风格理论。然而，利克特的领导风格理论的研究焦点是小群体，但论述的范围则涉及整个组织。并且，这项调查研究主要是在组织的低层级进行的，而来自最高层主管人员的数据资料却相对匮乏。

7.3　罗伯特·R·布莱克（Robert R. Blake）简·S·默顿（Jane S. Mouton）

罗伯特·R·布莱克（1918—2004）是美国行为科学家、管理方格理论创始人之一。简·S·默顿（1930—1987）是布莱克的学生，她与布莱克在 1964 年共同编写出版了《管理方格》一书，提出了研究企业领导风格及其有效性的管理方格理论，亦称领导方格理论。《管理方格》一书的出版对美国经理阶层和管理学界产生了较大影响，出版后长期畅销。该书于 1978 年修订再版，更名为《新管理方格》。

7.3.1　管理方格理论

布莱克和默顿发现，管理者常常倾向于采用一些极端的领导方式，或过于强调以生产为中心，或过于强调以人为中心。为避免过于极端化的领导方式，克服以往各种领导理论中非此即彼的绝对化观点，布莱克和默顿提出了管理方格理论。他们认为，在关心生产的领导方式和关心人的领导方式之间，可以有使二者在不同程度上互相结合的多种领导方式。为此，布莱克和默顿使用一张纵轴和横轴各 9 等分的方格图来阐释管理方格理论，纵轴和横轴分别表示企业管理者对人和对生产的关心程度。第 1 格表示关心程度最小，第 9 格表示关心程度最大。全图总共 81 个小方格，分别表示“对生产的关心”和“对人的关心”这两个基本因素以不同比例结合的领导方式。如图 7—4 所示，布莱克和默顿把领导风格分成五种基本类型。

（1）（1，1）型管理，或称贫乏型管理。

采用该领导类型的管理者对生产和人员均表现为漠不关心，对工作进度也不强求，只对必须要做的工作付出最少的努力以维持恰当的组织成员关系。

（2）（1，9）型管理，或称乡村俱乐部型管理。

采用该领导类型的管理者关心员工，对待员工体贴、周到，上下级之间保持着良好的人际关系，能够营造舒适而友好的组织气氛，进而达到较高的工作绩效。

（3）（5，5）型管理，或称中庸之道型管理。

采用该领导类型的管理者对生产和人员都不算最关心，但他们通过保持必须完成的工作和维持令人满意的士气之间的平衡，来达成组织目标。

（4）（9，1）型管理，或称任务型管理。

采用该领导类型的管理者对生产高度关心，通过努力创造和安排最佳的工作条件，将人的因素的影响降至最低程度，以提高员工的工作效率。

（5）（9，9）型管理，或称团队型管理。

采用该领导类型的管理者对员工和生产都极度关心，他们通过明晰员工目标和组织目

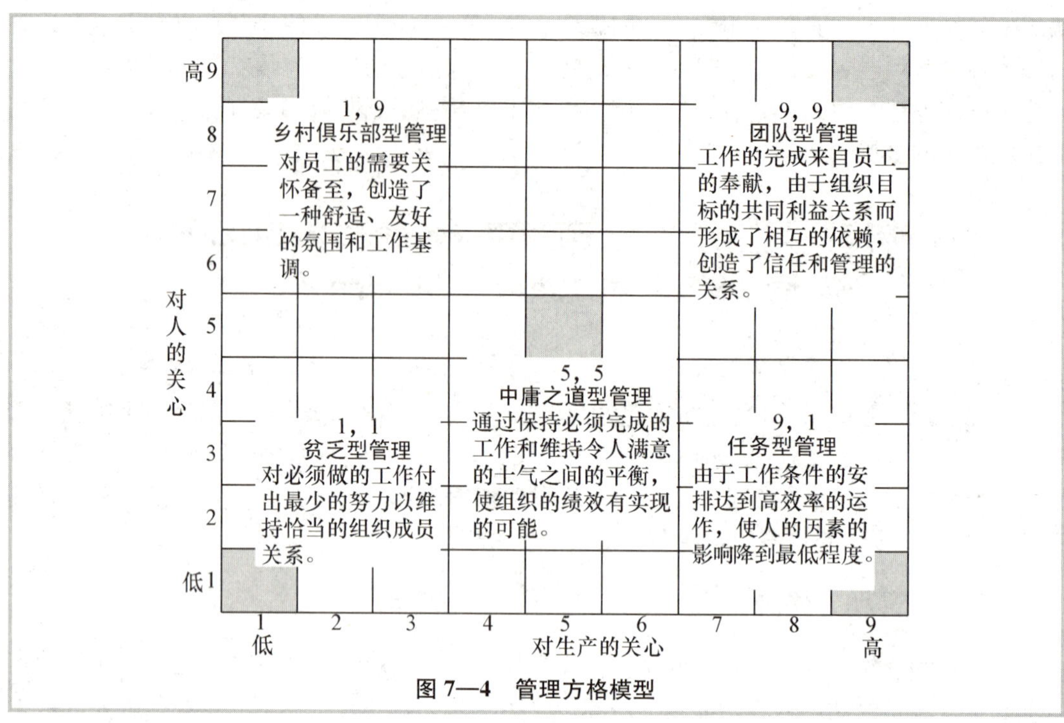

图 7—4 管理方格模型

标的一致性，建立相互信任和尊重的工作氛围，以激励员工主动工作、相互协调，进而顺利实现组织的目标。

7.3.2 思想点评

与其他多数研究领导行为的理论不同，布莱克和默顿提出的管理方格理论，可以避免在企业管理工作中出现趋于极端的方式，提倡要走 X 理论和 Y 理论相结合的道路。遗憾的是，管理方格理论只是为领导风格的概念化提供了框架，并未回答管理者如何成为有效领导者这一问题。此外，尽管布莱克和默顿相信，存在一种最优化的领导风格，能够激励组织高效运转，使员工产生高满意度，但对情境因素的忽略仍是这一理论的软肋。

7.4 弗雷德·E·菲德勒（Fred E. Fiedler）

弗雷德·E·菲德勒（1922— ）是美国著名管理学家和心理学家，领导权变理论的创始人。菲德勒从管理心理学和实证环境两方面分析研究领导学，提出了著名的权变领导理论，开启了西方领导学理论的一个新阶段，促使以往盛行的领导形态学理论研究转向领导动态学研究的新轨道，对日后管理思想的发展产生了重要影响。

7.4.1 领导权变理论

1967 年，菲德勒首次提出领导权变理论。他认为，任何形式的领导方式都可能有效，其有效性完全取决于领导方式与情境的匹配度。可以通过以下三个步骤来确定有效的领导方式：

1. 确定个体的领导风格

菲德勒把领导风格分成两种类型：一种是关系取向型，即以人为导向；另一种是任务取向型，即以工作为导向。菲德勒认为人的领导风格一般是不变的。为了确定某一个体（领导）的领导风格是属于任务取向型还是属于关系取向型，他开发了最难共事者问卷（Least-Preferred Coworker Questionnaire，LPC）这种测量工具（见表 7—2）。

表 7—2 菲德勒的最难共事者问卷（LPC）

快乐	——	8	7	6	5	4	3	2	1	——	不快乐
友善	——	8	7	6	5	4	3	2	1	——	不友善
拒绝	——	1	2	3	4	5	6	7	8	——	接纳
有益	——	8	7	6	5	4	3	2	1	——	无益
不热情	——	1	2	3	4	5	6	7	8	——	热情
紧张	——	1	2	3	4	5	6	7	8	——	轻松
疏远	——	1	2	3	4	5	6	7	8	——	亲密
冷漠	——	1	2	3	4	5	6	7	8	——	热心
合作	——	8	7	6	5	4	3	2	1	——	不合作
助人	——	8	7	6	5	4	3	2	1	——	敌意
无聊	——	1	2	3	4	5	6	7	8	——	有趣
好争	——	1	2	3	4	5	6	7	8	——	融洽
自信	——	8	7	6	5	4	3	2	1	——	犹豫
高效	——	8	7	6	5	4	3	2	1	——	低效
郁闷	——	1	2	3	4	5	6	7	8	——	开朗
开放	——	8	7	6	5	4	3	2	1	——	防备

该表共有 16 项，每个项目都有两个相反方面，共分为八个等级，得分分别为 1～8 分。答卷时要求领导者对其最不喜欢的一位同事进行相关方面的描述。例如，根据和他相处的快乐程度，在快乐——不快乐这一项的八个等级中选择其认为最合适的一个等级，等级数就是该项的分数。最后，把这 16 项的分数加总除以 16，就可得出“相反方面类似点”的分数。如果平均分数在 4.1～5.7 的较高分数段，代表该管理者倾向于采用赞许的词句评价他最不喜欢的同事，说明该领导者是关系取向型的领导风格，关心的是建立良好的人际关系。若分数在 1.2～2.2 的较低分数段，则代表该领导者倾向于采用嫌弃的词句评价他最不喜欢的同事，说明他是任务取向型的领导风格，关心的是工作任务的完成。

2. 确定领导情境

菲德勒认为，决定领导方式有效性的环境因素有三个：（1）领导者—成员关系，即领导者受爱戴、尊敬和信任以及追随的程度；（2）任务结构，即工作任务规定的明确程度、程序化程度；（3）职位权力，即所处职位能提供的权力和权威程度。领导者—成员的关系越好，任务的结构化程度越高，职位权力越强，则领导者拥有的控制和影响力也就越高。通过对三种权变变量进行不同的组合，可以得到八种不同的情境类型，每个领导者都可以从中找到适合自己的位置。

3. 使领导者与情境匹配

菲德勒认为，领导风格是与生俱来的，不可能改变领导者的风格去适应变化的情境。

因此提高领导者的领导有效性实际上只有两条途径。

（1）替换领导者以适应情境。

如果领导者所处的情境被评估为十分不利，即领导者—成员的关系很差，任务的结构化程度很低并且领导者的职位权力很弱时，若领导者的领导风格是关系取向的，那么替换一个任务取向的领导者则能更有效地提高群体绩效。

（2）改变情境以适应领导者。

菲德勒提出了一些改善领导者—成员关系、任务结构和职位权力的建议。领导者与下属之间的关系可以通过改变下属组成来加以改善；任务结构可以通过详细布置工作内容使其更加具体化，也可以对工作只做一般性指示而使其非程序化；领导的职位权力则可以通过变更职位、充分授权或明确宣布职权来增加其权威性。菲德勒领导权变模型如图 7—5 所示。

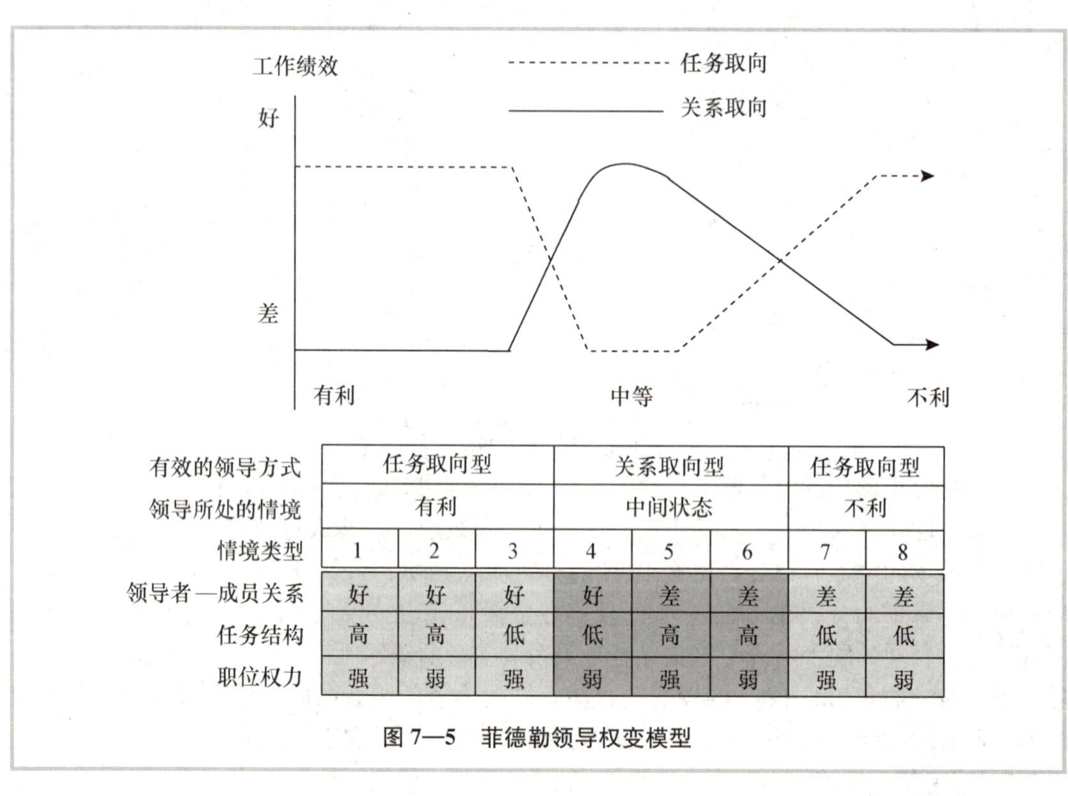

有效的领导方式	任务取向型			关系取向型			任务取向型	
领导所处的情境	有利			中间状态			不利	
情境类型	1	2	3	4	5	6	7	8
领导者—成员关系	好	好	好	好	差	差	差	差
任务结构	高	高	低	低	高	高	低	低
职位权力	强	弱	强	弱	强	弱	强	弱

图 7—5　菲德勒领导权变模型

经过调查研究发现，任务取向型领导者在非常有利的情境和非常不利的情境下工作更有效，即当面对第 1、2、3、7、8 种类型的情境时，任务取向型领导者更能胜任；而关系取向型领导则在中等有利的情境，即第 4、5、6 种类型的情境下比较胜任。根据以上的分析，菲德勒得出结论：

（1）在高控制和低控制的情境中，以任务为中心的领导方式效率较高；在中等控制的情境中，以关系为中心的领导方式更为有效。因此，不能说哪种领导方式最好或不好，而必须把情境、领导者和下属的关系、职位权力等方面的因素综合起来考虑。不同的情况须采用不同的领导方式。

（2）要提高领导效率，可以从决定领导效率高低的两个方面着手：一是通过改变领导者的个性和领导方式，改变“相反方面类似点”分数，即“换将”。二是改变情境，这可从三个方面着手：改变领导者同下属的关系；改变工作任务结构化程度；改变领导者的职位权力。

7.4.2　认知资源理论

1987年，菲德勒和助手加西亚在先前理论研究的基础上，开发出了认知资源理论。这一理论是对菲德勒领导权变理论的扩展和重新界定，它基于两个基本假设：第一，睿智而有才干的领导者相比德才平庸的领导者能制定出更有效的计划、决策和活动策略。第二，领导者通过指导行为传达了他们的计划、决策和策略。在上述假设基础上，菲德勒和加西亚阐述了压力和认知资源（如经验、奖励、智力活动）对领导有效性的重要影响。

认知资源理论的核心是：压力是理性的敌人。在压力状态下，领导者（其实任何人都是这样）很难进行理性的、分析性的思考。另外，在低压力情境和高压力情境下，领导者的智力和经验对其领导效果的影响是不同的：在领导者感到无压力的情境中，领导者的智力水平与群体绩效成正相关；在高压力情境下，工作经验与工作绩效之间成正相关；在有支持性、无压力的情境下，指导型行为只有与高智力结合起来，才会导致高绩效水平。

7.4.3　思想点评

菲德勒领导权变模型表明，并不存在一种绝对最好的领导风格，领导的有效性完全取决于领导方式与情境的匹配度。领导者必须具有适应力，自行适应变化的情境；管理层必须根据实际情况选用合适的领导者。在实际的管理工作中，这一理论能够有效地指导管理实践，在管理理论与实践之间成功地架起一座桥梁。它反对不顾具体的外部环境而一味追求最好的管理方法，寻求万能领导模式的教条主义，强调要针对不同的具体条件采用不同的领导风格。但是，该模型目前也存在一些欠缺：第一，一些变量还需要改进和弥补；第二，LPC量表以及该模型的实际应用方面也存在一些问题；第三，三项权变变量对于实践者进行评估来说也过于复杂、困难，在实践中很难确定领导者—成员关系有多好，任务的结构化程度有多高，以及领导者拥有的职权有多大。

7.5　保罗·赫塞（Paul Hersey）
肯·布兰查德（Ken Blanchard）

保罗·赫塞（1930—　）是美国著名组织行为学大师、全球领导力大师，情境领导理论创始人之一。1969年赫塞与布兰查德合作出版的《组织行为学》一书，已多次再版，并被翻译成20多种语言，全球销量突破1 000万册；同期推出的《情境领导者》一书也畅销不衰，成为全球经理人的案头必备教材。

肯·布兰查德（1939—　）是美国著名商业领袖、管理寓言的鼻祖，情境领导理论创始人之一。1979 年创办了以其名字命名的公司，即肯·布兰查德培训和发展公司，主要提供情境领导理论的培训和咨询。布兰查德与斯宾塞·约翰逊合著的《一分钟经理人》曾高居《纽约时报》和《商业周刊》畅销书排行榜，被译为 20 多种语言在世界范围发行。

7.5.1 情境领导理论

赫塞与布兰查德提出的情境领导理论，又被称做领导生命周期理论，是一个具有较大影响力的领导权变理论。情境领导理论把领导风格划分为任务行为和关系行为两个维度，并根据这两个维度将其组合成四种不同的领导风格：指示型、推销型、参与型和授权型（见图 7—6）。

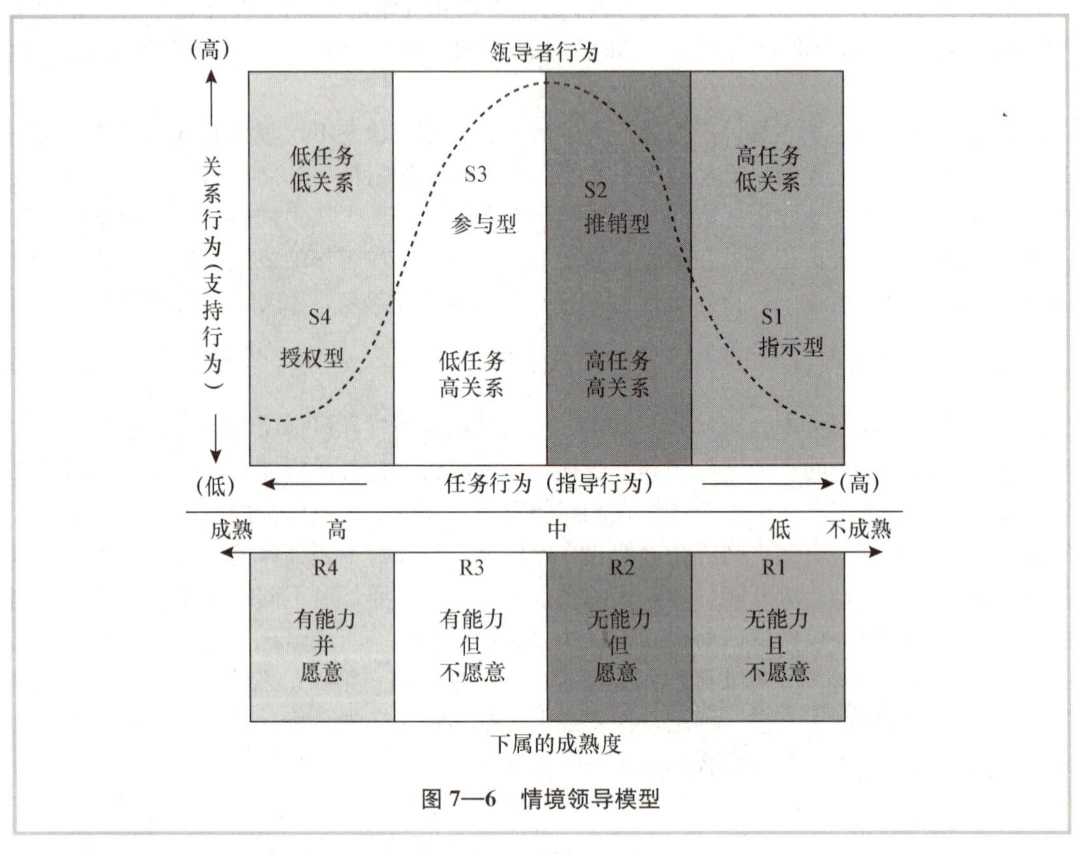

图 7—6 情境领导模型

S1 指示型：高任务—低关系领导风格；

S2 推销型：高任务—高关系领导风格；

S3 参与型：低任务—高关系领导风格；

S4 授权型：低任务—低关系领导风格。

情境领导理论认为，领导风格的选择实际上取决于下属的接纳程度和成熟度的高低。所谓成熟度，是指个体对自己的行为负责任的能力与意愿。成熟度包括两方面的内容：一是工作成熟度；二是心理成熟度。情境领导理论指出，对于不同成熟度类型的员工，应采取不同形式的领导风格，以求得最佳绩效。赫塞与布兰查德将下属分成四种类型：

R1：下属既无能力又不愿意完成某项任务，这时是低度成熟阶段；

R2：下属缺乏完成某项任务的能力，但是愿意去从事这项任务；

R3：下属有能力但不愿意去从事某项任务；

R4：下属既有能力又愿意完成某项任务，这时是高度成熟阶段。

情境领导理论的核心内容就是将四种基本的领导风格与下属的四种成熟度阶段相匹配的过程。随着下属成熟度水平的提高，管理者不但可以减少对工作任务的控制，而且可以减少关系行为。具体来讲，在 R1 阶段，管理者应采用给予下属明确指导的指示型风格，告诉下属应该做什么以及如何去做；在 R2 阶段，管理者需要采用高任务—高关系的推销型领导风格，为下属提供相关的帮助和指导，以强化下属的工作意愿和工作热情；到了 R3 阶段，参与型领导风格最为有效，管理者应当采取鼓励下属参与管理的态度，以增强彼此之间的信任；而当下属的成熟度达到 R4 阶段，管理者则无须再做太多的事情，只需授权即可。

7.5.2　思想点评

赫塞与布兰查德提出的情境领导模型简单而且具有吸引力，在实践运用方面具有独到的贡献。该理论的目的并不在于确定最佳的领导风格，但可以帮助领导者在了解下属工作成熟程度的情况下，来选择与之相适宜的领导风格。这一理论被广大管理者所推崇，并常常作为领导力培训的主要内容。但该理论忽视了其他一些确定领导风格的重要因素，其效度尚未得到深入的考察。

7.6　罗伯特·豪斯（Robert House）
特伦斯·米切尔（Terence Mitchell）

罗伯特·豪斯（1936—　）是美国著名组织行为学专家，路径—目标理论的创始人之一。豪斯于 1971 年在《行政科学季刊》上发表了《有关领导效率的路径—目标理论》一文，率先提出领导方式的路径—目标理论；后来，他又与特伦斯·米切尔合作，于 1974 年秋发表了《关于领导方式的路径—目标理论》一文。这两篇文章在管理学界产生了重要的影响。特伦斯·米切尔是美国著名组织行为专家、路径—目标理论创始人之一。除教学与科研外，米切尔还积极从事咨询活动，广泛服务于公共部门和私营企业。

7.6.1　路径—目标理论

路径—目标理论来源于激励理论中的期望理论。豪斯认为，作为领导者，主要做两件事情：一是要让下属明确他的努力能够得到相应的报偿；二是要将下属的期望转变为努力的动力，并帮助下属找到实现这种期望的路径。

路径—目标理论同以前各种领导理论的最大区别在于，它立足于下属，而不是立足于领导者。该理论认为，不同类型的领导行为对下属的动机会产生不同的影响。某一领导行为对下属是否有激励作用，取决于下属特征和环境因素，领导者应采用有效的领导风格帮助下属通过一定的路径来实现目标。领导者所选择的领导风格应适合下属的需求和下属的工作环境。通过选择恰当的领导风格，领导者可以提高下属对成功的期望和满意度。如图7—7所示。

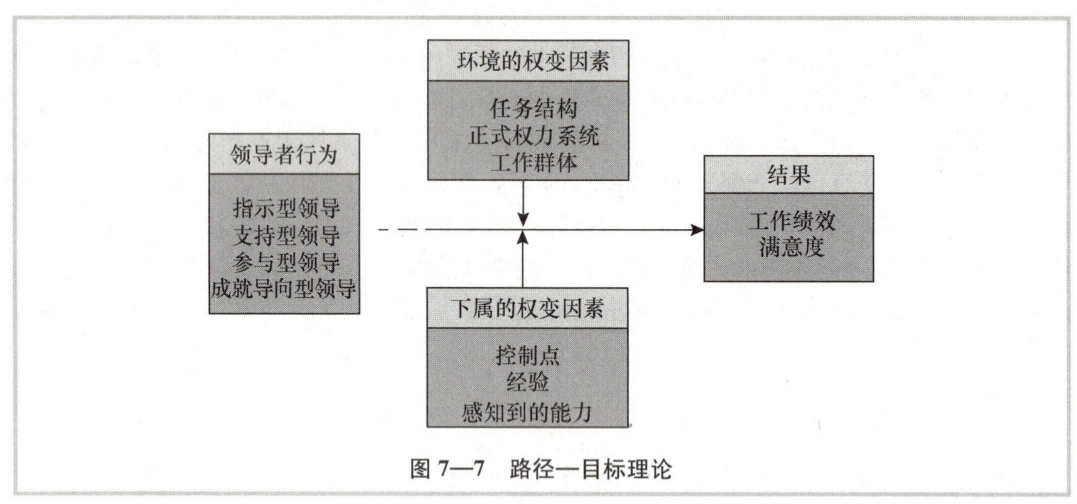

图 7—7 路径—目标理论

1. 领导者行为

路径—目标理论提出了四种不同类型的领导风格类型。

（1）指示型领导。

领导者会明确规定下属所需完成的工作内容、所需达成的目标及时间限制等问题。

（2）支持型领导。

领导者会对下属采取友好、尊重和亲近的态度，关注下属的福利和需求并平等地对待下属。

（3）参与型领导。

领导者会邀请下属参与决策过程，同下属共同探讨并征求他们的想法和意见，并将他们的建议融入团体或组织将要执行的决策中去。

（4）成就导向型领导。

领导者对下属抱有较高的期望，为下属制定较高的工作标准，并相信下属有能力不断改进并完成具有挑战性的目标。

路径—目标理论提供了一系列理论假设，阐释各种领导风格如何与下属性格特征和工作环境发生相互作用以影响下属的工作动机。在实践上，该理论为领导者提供了方向，让他们知道如何帮助下属以其满意的方式完成工作。和菲德勒的观点有所不同，豪斯与米切尔主张领导方式的可变性。他们认为，领导方式是有弹性的，这四种领导方式可能在同一个领导者身上出现。因为领导者可以根据不同的情况斟酌选择，在实践中采用最适合下属性格特征和工作需要的领导风格。他们强调，领导者的责任就是根据不同的环境因素来选择不同的领导方式。如果强行用某一种领导方式在所有环境条件下实施领导行为，必然会导致领导活动的失败。

2. 下属的权变因素

路径—目标理论认为，下属的性格特征及其感知对领导者领导风格的选择具有重要的影响。下属的性格特征可以分为内在控制和外在控制两种类型，内在控制型下属相信他们控制着自己工作生活中发生的事情；而外在控制型下属相信机会、命运或者外在的力量是工作生活的决定因素。对于内在控制型下属，参与型领导最令其满意，因为这种领导风格可以使其感到自己能够掌控自己的工作，并能成为决策过程中的必要组成部分；而对于外在控制型下属，则最好实行指示型领导，因为该类型的下属认为外在的力量影响着他们的工作。此外，领导者影响下属动机的另一种方式是下属对自己从事特定工作的能力的感知。当下属对自己的才能和能力的感知上升时，对指示型领导的需要就会相应下降。

3. 环境的权变因素

环境的权变因素包括下属的任务结构、组织的正式权力系统和工作群体，这些因素共同影响着下属的工作动机和工作行为。当面对具有明确的结构化任务、严格的团体规范和正式的权力系统的情境时，下属会发现实现预期目标的路径是显而易见的，不需领导者的帮助和指导也能完成自己的工作任务。但是，在某些情境中，不明确的和含糊不清的工作任务需要领导者来组织；高度重复的任务需要领导者提供支持以维持下属的工作动机；在正式权力系统比较薄弱的工作情境中，领导者需要帮助下属清晰工作规则和工作要求；当团队规则比较零散时，领导者应帮助下属建立凝聚力和工作责任心。

4. 路径—目标理论的发展

随着时代的发展，豪斯没有固守路径—目标理论原有的思想而止步不前。20 世纪 90 年代中期，他和同事们根据多年的实证研究，在路径—目标理论的基础上，综合了领导特质理论、领导行为理论以及领导权变理论的特点，以组织愿景替换并充实原来的“路径—目标”，围绕着组织愿景这个核心概念，阐述了什么样的行为能有效地帮助领导者形成组织的共同价值，提出了以价值为基础的领导理论。

以价值为基础的领导理论认为，下属对领导者所信奉的已融入企业文化中的价值的共享和认同程度越高，领导行为就越有效。也就是说，持有明确价值观的领导者，通过明确表达愿景，向组织成员灌输自己的价值观，使之与下属所持有的价值观和情感发生共鸣，可以唤起下属对集体目标和愿景的认同，从而提高领导行为的有效性。大量的实证研究表明，领导者采用以价值为基础的领导行为，将会对下属产生巨大的影响和积极的效果。当下属对领导者所信奉和倡导的价值观达到认同后，这种认同会逐渐内化成为自身价值的一部分，成为其为人处世的相关原则。

这种激励效果比采用简单的物质奖励、地位提升或惩罚更加持久和有效。以价值为本的领导行为，能使组织成员自觉地朝着共同价值指引的方向去努力，并且成员之间为了实现共同价值会加强沟通，形成融洽和谐的组织氛围。与共同价值取向相一致的行为也会得到大家的赞许和认同，能为组织作贡献将被视为个人自我价值提升的一种重要表现。

7.6.2　思想点评

在各种领导理论中，路径—目标理论独树一帜，无论是理论本身还是理论引申出来的假设，都在实践中得到不同程度的验证。豪斯与米切尔的路径—目标理论与利克特的支持关系理论有一定的相似之处。二者的区别是，利克特单纯强调领导与下属的关系，而豪斯的关注范围更为广泛，考虑到了领导活动的各种情境因素。从坚持权变观点的角度看，豪斯与菲德勒的观点也有一定程度的理论重合。但是，菲德勒把注意力集中于情境因素的权变，而豪斯则强调领导者本身的权变，并且豪斯还基于共同价值和愿景又对自己的理论进行了调整和发展，也显示了这一理论不断发展的广阔前景。

7.7 约翰·P·科特（John P. Kotter）

约翰·P·科特（1947— ）是世界著名组织行为学家、领导与变革领域的权威。1990 年和 1995 年，科特先后在《哈佛商业评论》上发表了《领导者真正做什么》和《领导变革：为什么企业转型的努力会失败》的文章，分别阐述了他的领导思想和组织变革思想。此外，因重视商业实践对管理思想的作用，科特花费 20 年时间对在哈佛大学商学院学习过 MBA 课程的企业家们进行了跟踪调查，得出了新形势下管理的新规则。

科特在 1996 年出版的行销全球的《领导变革》被《综合管理》杂志评为当年管理类书籍第一名；2002 年出版的《变革之心》是亚马逊网上书店当年十大最佳商业图书之一。此外，科特因提出企业领导的新观点而获得强斯克奖；因改革哈佛大学商学院研究生课程设计而获得埃克森奖；因撰写的论文被评为《哈佛商业评论》最佳文章，并两度获得麦肯锡基金会的哈佛大学商学院最佳文章奖；因写作《松下领导艺术》一书而获得《金融时报》评选的全球商务书籍奖，该书名列传记类书籍第一名。在声誉方面，由于科特在领导学与组织变革领域的杰出贡献，被《商业周刊》评为“20 世纪对世界经济最有影响的 50 位大师”之一。2001 年 10 月出版的《商业周刊》曾对 504 位企业领导人进行了问卷调查，科特被评选为“领导大师第一人”。

7.7.1 领导

1. 领导与管理的区别

科特把领导定义为通过一些不易察觉的方法，鼓动一个群体或多个群体的人朝着某个方向和目标努力的过程。领导是率领人们并引导他们朝一定方向前进，而管理则是负责某项工作使其顺利进行。领导侧重于企业的发展，而管理则侧重于具体工作的组织实施。管理者的工作是计划与预算、组织与人员配置、控制与解决问题，其目的是建立秩序；而领导者的工作是确定方向、整合资源、激励和鼓舞员工，其目的是产生变革。领导是面向未来的，而管理是面向现在的。具体言之，管理行为与领导行为的侧重点不一样，如图 7—8 所示。

科特认为，领导补充了管理，但不能替代管理；过强的管理与过弱的领导或过强的领导与过弱的管理都是不好的。组织存在的一个难题是，如何将强有力的领导和强有力的管理结合起来，并使其相互制衡。因此，成熟的组织同时重视优秀的领导者和优秀的管理者，并力图将这两种人纳入同一团队中。

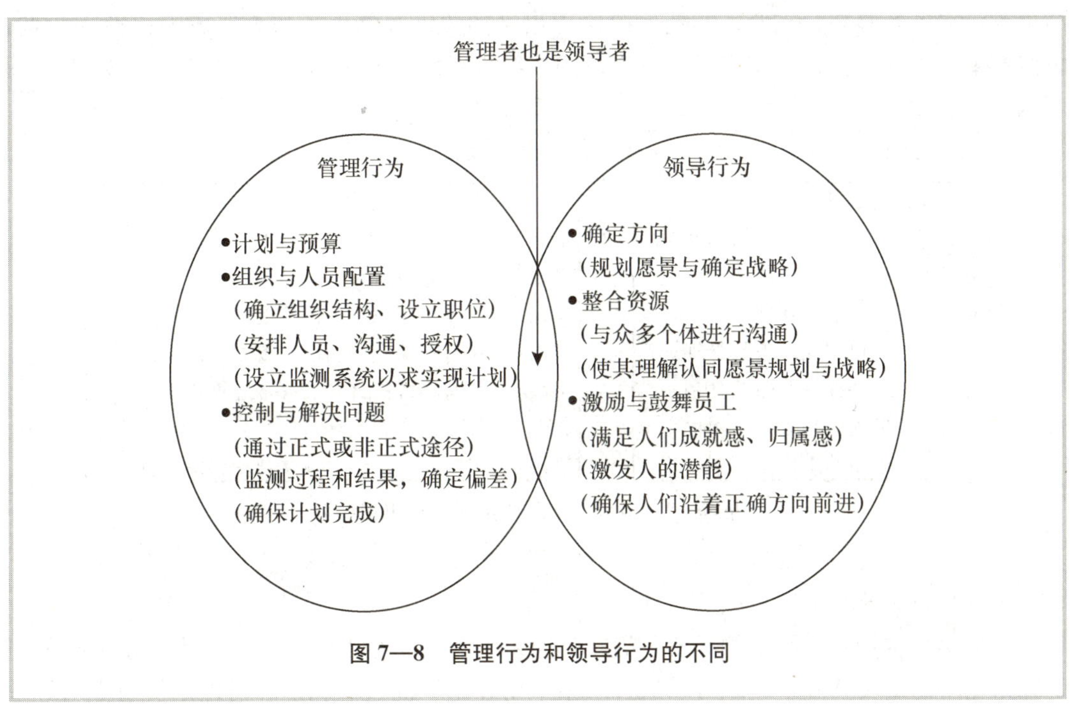

图 7—8　管理行为和领导行为的不同

2. 领导者的特征

科特认为，在新环境、新规则、新观念下，企业管理思想都有一个适应变化的过程。但作为领导者的基本特征却是不能改变的。这些特征包括：（1）行业和企业知识。领导者要有广泛的行业知识，全面了解企业情况。（2）在公司和行业中的人际关系。领导者需要在公司和行业中建立广泛而稳固的人际关系。（3）信誉和工作履历。领导者在公司的主要活动中要有良好的声誉和出色的工作履历。（4）能力和技能。领导者应思维敏捷，并具有出色的分析能力、良好的判断能力以及从全局考虑问题的战略谋划能力。（5）个人价值观。领导者要十分正直，能公平地评价所有的人或组织。（6）进取精神。领导者要有充沛的精力和强大的进取精神。

3. 领导的激励过程

科特认为，可以从以下四个方面对员工进行激励：（1）向相关人员阐述远期目标时，要着重强调目标的价值，使员工感到企业目标的实现对自己至关重要；（2）让员工积极参与到决策中来，共同决定如何实现与他们密切相关的远期目标；（3）积极支持员工为实现远期目标而做出的努力并及时反馈他们的工作绩效，必要时需对员工的不足之处予以指导；（4）对员工取得的成绩进行公开的认可和奖励，增强员工的信心和归属感。

7.7.2 组织变革

科特花了 10 年的时间，系统观察了 100 多家试图把自己改造为更具竞争实力的公司，并从中总结出了重要经验。第一条经验是，变革过程要经历一系列阶段，通常需要相当长的一段时间。跳过其中的一些阶段，只会造成一种快速的假象，但绝不会产生令人满意的结果。第二条经验是，在变革的任何阶段中出现的关键性错误，都会造成毁灭性的影响，阻碍变革的进程。科特归纳出了组织变革的八个步骤及其相应的八个常犯错误，如图7—9所示。

步骤	常犯错误
第一步：制造紧迫感	错误1：缺乏足够的紧迫感
第二步：建立强有力的领导联盟	错误2：未能建立一个强有力的领导联盟
第三步：建构愿景规划	错误3：缺乏愿景规划
第四步：沟通愿景规划	错误4：欠缺对愿景规划的沟通
第五步：授权他人实施愿景规划	错误5：没有扫清实现新愿景规划道路上的障碍
第六步：计划并夺取短期胜利	错误6：没有系统的计划和夺取短期胜利
第七步：巩固已有成果，深化变革	错误7：过早地宣布大功告成
第八步：使新的工作方法制度化	错误8：未能让变革在企业文化中根深蒂固

图7—9 组织变革八个步骤及常犯错误

第一步，制造紧迫感。

紧迫感是进行变革活动的必要前提，让组织中的员工在工作中保持一定的紧迫感是组织开始变革的重要基础。组织可以通过考察市场和竞争现状，识别、讨论危机与机遇等方式，来使员工产生紧迫感并意识到进行变革的必要性和重要性。

第二步，建立强有力的领导联盟。

组织一旦产生了紧迫感，变革就势在必行。这时，有成功变革经验或是有远见的领导者就会着手组建强有力的领导联盟，鼓励群体成员协同合作、共同推进组织变革。

第三步，建构愿景规划。

建构清晰的愿景规划有助于指导变革，并激发组织成员的干劲；而制定实现愿景规划的战略则可以让组织成员明确努力的方向。

第四步，沟通愿景规划。

利用各种可能的媒介手段，与员工沟通新的愿景规划和战略，并通过领导联盟的示范来传授新的思想。

第五步，授权他人实施愿景规划。

充分的授权是在组织中进行成功变革的必要环节。授权不是将权力给予或者转移他人，而是为了扫除变革过程中的障碍。

第六步，计划并夺取短期胜利。

变革领导者需要适时地夺取短期胜利，为变革工作提供事实的证明以肯定变革成果，鼓舞人心。

第七步，巩固已有成果，深化变革。

改变与愿景规划不相适应的体制、结构和政策；聘用、晋升和挖掘那些能够执行愿景规划的员工；利用新项目、新论点和变革推动者再次激活整个变革过程。

第八步，使新的工作方法制度化。

变革取得成功后，组织需要通过建立一定的企业文化来巩固变革成果，阐明新行为与企业成功之间的联系，以企业文化来培养组织共同的价值观，推进变革活动的深入。

科特在《变革之心》中又再次对这八个步骤进行了解释。在他看来，在这八个步骤中最核心的问题就是改变人们的行为。组织中人们行为的改变，是一个组织想要取得变革成功的基本条件和关键所在。人们行为的改变常常是因为亲眼目睹的事实影响了其自身的感受，而不是因为分析而导致想法的改变。基于此，科特主张用“目睹→感受→变革”的变革基调，替代“分析→思维→变革”的传统基调。“目睹→感受→变革”的模式，也就是“帮助人们看到问题→人们的情感受到冲击→人们的行为开始改变”的这样一个过程。这一主张在他的著作中贯彻始终。

与上述八个步骤相对应的组织变革常犯的八个错误分别是：（1）缺乏足够的紧迫感；（2）未能建立一个强有力的领导联盟；（3）缺乏愿景规划；（4）欠缺对愿景规划的沟通；（5）没有扫清实现新愿景规划道路上的障碍；（6）没有系统的计划和夺取短期胜利；（7）过早地宣布大功告成；（8）未能让变革在企业文化中根深蒂固。

7.7.3　思想点评

科特是世界领导与变革领域的权威，他在领导变革方面的卓越成绩，对处在激烈竞争中的美国乃至全世界的企业来说，都是不容忽视的。他将领导与管理进行了对比，指出了两者的不同，使企业内部相关人士认识到领导者和管理者的区别，从而更明晰地扮演各自的角色。他提出的企业变革的八个步骤，对企业进行有效的变革起到了积极的指导作用。

7.8　马文·鲍尔（Marvin Bower）

马文·鲍尔（1903—2003）是现代管理咨询产业的开创者，被尊称为“现代管理咨询之父”。1933 年，马文加盟詹姆斯·麦肯锡于 1926 年创立的会计和工程管理事务所（即麦肯锡咨询公司的前身）。1935—1950 年间担任纽约分公司经理；1939 年马文与其他三位合伙人买下麦肯锡咨询公司，开始明确以管理咨询为使命；1950—1967 年间担任公司董事长兼总裁，直到 1992 年正式退休。马文为麦肯锡和管理咨询行业留下了很多宝贵的遗产。他第一次确立了公司的价值观和行为规范，提出注重公司文化的纯洁性；确立了服务于大公司并且只服务于大公司首席执行官的原则；明确规定吸引最优秀的工商管理硕士；创建了管理咨询行业的标准，即管理顾问的专业化；提出帮助客户而不是替代客户解决问题；指出要严守客户秘密，“甚至在离开公司后仍然保持沉默”；提出了公司的国际化管理观念，要求对待美国以外办事处的工作人员必须和对待在美国的员工一样；确立了公司内部管理和人员淘汰、安置原则；提倡团队工作和计划管理等。马文一生获得过诸多荣誉，1995 年哈佛大学商学院设立马文·鲍尔领导力培养专业教席；此外，他还是美国管理咨询顾问协会的创立会员和首任会长，并入选《财富》杂志商业名人堂，获得过哈佛大学商学院授予的杰出服务奖、哈佛大学 350 年校庆哈佛奖章等。

7.8.1　咨询公司核心价值体系与专业价值观

马文·鲍尔在率领麦肯锡公司专注于创造一流管理咨询业绩的过程中，形成了一套完整的核心价值体系与专业价值观。核心价值体系要点主要包括：（1）基于高层管理视角的、对实效的不懈追求；（2）客户利益至上的专业精神；（3）围绕培养领导人才的以人为本的文化；（4）全球一体化的运作。

此外，马文·鲍尔强调公司要有鲜明的个性。一家专业服务公司的个性就如同一个人的性格一样，可以给那些与之接触的人留下深刻的印象。同时，他也指出，公司要有统一的个性，即他所说的专业价值观。其具体内容包括：

（1）将客户的利益置于首位，把自我与工作相分离。

（2）始终如一而又思想开放。

（3）以事实为依据，从基层出发来解决问题。

（4）从全局背景和后续行动的角度来看待问题和决策。

（5）激励并要求所有人拿出自己的最佳状态。

（6）反复宣讲公司的价值观，确保每一个人都能理解、接受并将其落实到行动中。

7.8.2 咨询的职业原则

马文认为，管理咨询业的核心信念是职业精神，而职业精神的核心即客户价值。“置客户利益于公司利益之上”，这句简单、普通的陈述被马文·鲍尔视做第一信条。一直到20世纪80年代，这位管理咨询业的鼻祖还亲自参与咨询项目，并始终坚持和秉承麦肯锡的五条职业原则。这五条职业原则是：

（1）置客户利益于公司利益之上。

（2）坚持诚实、正直与可信任的最高标准。

（3）为客户公司内的私人与机密信息保密并为客户个人的敏感性建议保密。

（4）保持独立建议，随时准备告诉客户高层我们看到的事实，即使与高层意见不一致，甚至影响到我们的收入与关系。

（5）只接受我们有能力胜任并可以为客户创造价值的咨询项目。

这就是马文·鲍尔所定义的职业原则。如果有员工为了客户的最大利益而不惜冒失去客户的风险，他知道后会大加褒扬，四处宣讲；如果有员工违背了职业的基本原则，他也会毫不客气。马文·鲍尔彻底的职业精神不仅体现在对客户价值的执著上，还体现在他对形式与细节的重视上。对于顾问的着装、帽子、袜子、咨询报告的装订、书写格式、标点符号等，马文·鲍尔都有非常严格的标准。

7.8.3 领导特质论

马文·鲍尔在1997年出版的《领导意志：通过领导者网络管理经营活动》一书中指出，领导者必须养成以下14种品质：

（1）值得信赖。

值得信赖就是行动上的正直。他特别指出，一个想当领导者的人应当永远说真话，这是赢得信任的良好途径，是通向成功的入场券。

（2）公正。

公正和可信任是联系在一起的。办事不公正对领导者来说是非常严重的问题，因为一旦领导者有不公平对待下属的行为，就可能导致他在下属中失信。

（3）谦逊的举止。

傲慢、目中无人和自高自大对领导者来说是有害的。真正的领导者绝不会虚伪地谦逊，他们只是在行为举止中做到谦逊。

（4）倾听意见。

领导者在讨论时过早地发表自己的意见，会丧失学习的机会。倾听意见时不仅要注意听，还包括作简短的、非引导式的提问。这种表示感兴趣和理解的态度，并不一定意味着同意，但下属会感到自己的意见及想法受到了重视和关注。只有善于倾听，领导者才能在其他人之前获悉人们尚未察觉的问题和机会。

（5）心胸开阔。

领导者心胸不开阔的原因在很大程度上归咎于命令加控制的体制。大权在握的领导者容易变成指挥他人的长官，容易陷入自我陶醉和自我满足的误区。如果公司领导者和各级管理者都能心胸开阔，用心倾听并广泛采纳员工的有益建议，那么公司就能产生巨大的竞争优势。

（6）对人要敏锐。

领导者应养成能够推测人们内心想法的能力。如果能够了解员工内心的想法，领导者就能更好地说服和引导他们。同时，对人敏锐也意味着领导者对员工的感情是敏锐的，领导者要对人谦和、体贴、理解和谨慎。

（7）对形势要敏锐。

领导者要善于对事实进行仔细分析并作出客观的评价，同时要敏锐地觉察有关人员的情感和态度。

（8）进取心。

进取心是任何领导者都应具备的最重要的品质之一。

（9）卓越的判断力。

领导者要能把确定的信息、可疑的信息和直观的推测结合起来，从中得出结论。行动中的判断力包括：有效解决问题的能力、制定战略的能力、确定重点的能力以及直观和理性的判断能力。同时，判断力也包括对合作者和对手的潜力进行评估的能力。

（10）宽宏大量。

领导者要平易近人，能接纳各种观点，能宽恕和原谅小的过错并做到不为小事所干扰。

（11）灵活性与适应性。

这是同心胸开阔、能够倾听不同意见相联系的。领导者要思想开放，清醒地看到企业各部门需要不断加以改进的地方，及时地组织和实施变革。

（12）稳妥而及时的决策能力。

领导者要能把握好决策的速度和质量。

（13）激励员工的能力。

领导者要能通过榜样的作用、公正的态度、持股和分红等形式让员工获得满足感，从而激励员工努力工作。

（14）紧迫感。

领导者的紧迫感能为员工树立积极的榜样。当紧迫感传遍整个组织时，能够大幅提升工作任务完成的效率和效果。

7.8.4 组织架构设计

马文·鲍尔在2003年发表的《组织架构：促成众人同心协力的利器》一文中，对组织架构的重要性以及组织设计步骤进行了阐述。他认为，建立组织架构是一种基本的管理程序，主要包括下列步骤：

（1）明确在执行计划的过程中所必须实施的工作或活动。那些应做的事或应执行的任务，即为职务。

（2）将这些活动分成若干职位，以便分派给各个员工。

（3）授予每个职位相应的职权，使各个职位的员工可以自行执行职责或命令他人执行。

（4）明晰各职位之间的职权关系，即决定谁该向谁汇报，以及各职位的员工应拥有何种职权等。

（5）制定各个职位所必须具备的胜任资格条件。

7.8.5 思想点评

马文·鲍尔是一位严谨的标准制定者和取得极大成功的创业者。在他精明的指导方针下，麦肯锡咨询公司成为世界一流的顾问公司。马文·鲍尔可以称得上是“领导者的领导者”，甚至是“管理大师的大师”，他卓越的管理经验、执著的育人理念和骄人的咨询业绩培育并影响了一批又一批杰出的职业经理人。正如前IBM董事长郭士纳所评价的，“马文·鲍尔使我懂得了确定一套指导员工行为的原则的重要性。这比用一大堆程序和规章进行领导要有效得多，特别是在像咨询公司这样的知识密集型公司中。原则赋予了员工们一种正确的意识，促使他们去遵守原则，追随遵守这些原则的领导者。这是我从马文·鲍尔那里学到的，我把它带到了我工作过的每一个公司”。

本章小结

领导理论兴起于20世纪50年代，1958年罗伯特·坦南鲍姆与沃伦·H·施密特根据领导者运用职权的程度和下属享有自主权的程度，提出了“领导行为连续体理论”和“领导行为方式连续分布场”的概念。伦西斯·利克特提出了“领导风格理论”，他将领导风格划分成专制权威式领导、温和专制式领导、民主协商式领导和民主参与式领导四种，并认为只有第四种领导风格才能实现真正有效的领导。罗伯特·R·布莱克和简·S·默顿提出了管理方格理论，并将领导风格分为五种类型，并认为（9，9）团队型管理方式是最佳的领导方式。弗雷德·E·菲德勒提出了领导权变模型，他认为要确定有效的领导方式，首先通过LPC（最难共事者问卷）量表来确定个体的领导风格；其次确定领导情境；最后选择与情境相匹配的领导方式。保罗·赫塞和肯·布兰查德的贡献则在于提出了情境领导理论，他们认为如果将领导方式分为以任务行为和以关系行为为中心这两种领导类型，那么有效的领导方式应随着下属成熟度的不同，而不断地调整工作型和人际关系型领导方式的组合。罗伯特·豪斯及特伦斯·米切尔提出并完善了路径—目标理论，该理论认为领导者应采取适合下属需要和下属工作情境的领导风格，来帮助下属通过一定的路径实现目标。约翰·P·科特提出了实施有效组织变革的八个步骤：制造紧迫感；建立强有力的领导联盟；建构愿景规划；沟通愿景规划；授权他人实施愿景规划；计划并夺取短期胜利；巩固已有成果，深化变革；使新的工作方法制度化。马文·鲍尔提出了领导者必须养成的14 种品质：值得信赖，公正，谦逊的举止，倾听意见，心胸开阔，对人要敏锐，对形势要敏锐，进取心，卓越的判断力，宽宏大量，灵活性与适应性，稳妥而及时的决策能力，激励员工的能力和紧迫感。

关键术语

领导行为连续体（continuum of leadership behavior）
利克特量表（likert scales）
管理方格模型（managerial grid model）
领导权变理论（leadership contingency theory）
情境领导理论（situational leadership theory）
路径—目标理论（path-goal theory）

复习思考题

1. 简述领导行为连续体理论的具体内容。
2. 伦西斯·利克特对管理思想的贡献有哪些？
3. 管理方格理论的核心内容是什么？
4. 阐述弗雷德·E·菲德勒的领导权变理论和认知资源理论。
5. 情境领导理论与领导权变理论的区别是什么？
6. 路径—目标理论的主要观点是什么？
7. 约翰·P·科特的主要思想有哪些？
8. 马文·鲍尔最主要的贡献是什么？

第8章

战略管理学派

20世纪60年代开始，美国经济遭遇石油危机和日本快速崛起的双重挑战。美国管理学界开始积极探讨如何应对国内外经济环境的不断变化，以获取企业的核心竞争优势，谋求企业长期的生存和发展。因此，来源于战争的词汇——“战略”一词开始被引入管理学界，并引起了许多学者和实践者的广泛关注和重视，进而开辟了管理研究的新思路和新途径，推动了管理思想史的发展，形成了著名的战略管理学派。在战略管理这一研究领域中，出现了很多耳熟能详的大师级人物，主要有伊戈尔·安索夫、阿尔弗雷德·D·钱德勒、肯尼思·R·安德鲁斯、亨利·明茨伯格、布鲁斯·亨德森、迈克尔·E·波特、加里·哈默尔、C.K.普拉哈拉德、罗伯特·S·卡普兰和戴维·P·诺顿等，他们立足于不同的理论假设和观察视角，得出了许多具有实践意义的管理理论和模型，促进了企业管理实践和理论研究的发展与进步。

8.1 伊戈尔·安索夫（Igor Ansoff）

伊戈尔·安索夫（1918—2002）是战略管理的创始人，被誉为“战略管理之父”。1965年，安索夫出版他的成名作《公司战略》；1972年，在论文《战略管理思想》中正式提出了“战略管理”的概念。1979年，他出版了《战略管理》，该书与1965年出版的《公司战略》和1976年出版的《从战略计划到战略管理》，被公认为战略管理的开山之作。安索夫也因首次提出公司战略、战略管理、战略规划的系统理论、企业竞争优势等概念，被管理学界尊称为战略管理的开山鼻祖。

8.1.1 战略管理——PEST分析框架

安索夫认为，战略管理与以往经营管理的不同之处在于战略管理是面向未来的动态地、连续地完成从决策到执行的全过程。他把经营战略定义为：企业为了适应外部环境，对目前从事的和将来要从事的经营活动所进行的战略决策。他把企业的决策划分为战略的（关于产品和市场）、行政的（关于结构和资源调配）和日常运作的（关于预算、监督和控制）三类。

安索夫指出，战略是企业对外部环境的适应以及由此而导致的企业内部结构化的过程。企业的生存和发展主要依赖于环境、战略和组织三者的相互作用，只有当这三者协调一致、相互适应时，才能有效地提高企业的效益。因此，企业制定战略首先需要对外部环境进行评估。评估外部环境的方法主要可以采用 PEST（political，economical，social，technological）分析框架，来评估政治、经济、社会、技术对企业的影响，以辨识企业长期变化的驱动力及外部环境要素对企业的不同作用，从而确定关键的环境因素，并以此来制定企业的战略，调整组织的结构。

8.1.2 协同与战略决策模型

安索夫首次将协同的理念引入企业管理领域，使协同理论成为企业采取多元化战略的理论基础和重要依据。他认为协同就是企业通过识别自身能力与机遇的匹配关系来成功拓展新的事业领域。安索夫在《公司战略》一书中，把协同作为企业战略的四要素之一，分析了基于协同理念的战略如何可以像纽带一样把企业多元化的业务有机联系起来，从而使企业可以更有效地利用现有的资源和优势开拓新的发展空间。多元化战略的协同效应主要表现为：通过人力、设备、资金、知识、技能、关系、品牌等资源的共享来降低成本、分散市场风险以及实现规模效益。

安索夫提出的战略决策模型是指对公司扩张和公司业务多元化分别予以处理，而不是将战略规划视为一体。该模型的中心概念是差距分析：弄清你所处的位置，界定你的目标，明确为实现这些目标而必须采取的行动。他给出了各项战略决策大致相同的决策流程：确立一系列的目标；研究企业目前的状态同理想目标之间的差距；提出一个或数个行动方案；测试这些方案是否具备缩短差距的功能等。

8.1.3 安索夫矩阵

安索夫矩阵是以 2×2 的矩阵代表企业试图使收入或获利增长的四种选择，其主要的逻辑是企业可以选择四种不同的成长战略来达到增收目的，如图 8—1 所示。

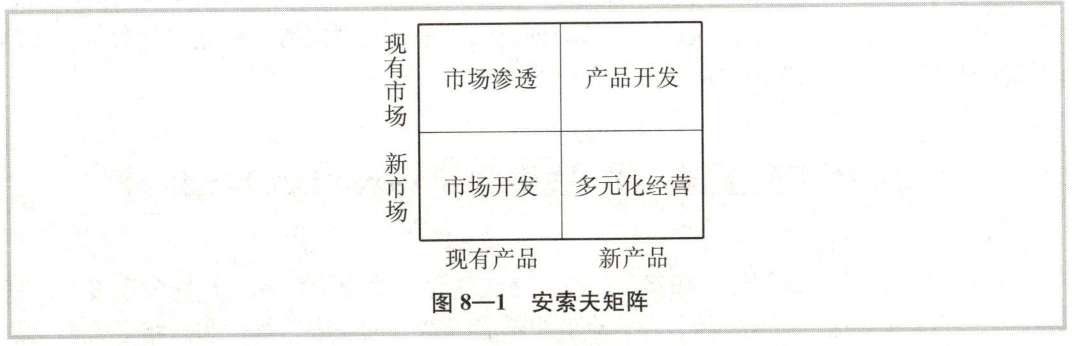

图 8—1 安索夫矩阵

（1）市场渗透——以现有的产品面对现有的顾客，以其目前的产品市场组合为发展焦点，借助促销或是提升服务品质等方式，来力求增加产品的市场占有率。

（2）市场开发——开拓新市场来提供现有产品，企业必须在不同的市场找到具有相同产品需求的顾客。通常，产品定位和销售方法会有所调整，但产品本身的核心技术则不必改变。

（3）产品开发——推出新产品给现有顾客，采取产品延伸的策略，利用现有的顾客关系来帮助推广新产品。通常是以扩大现有产品的深度和广度，推出新一代或是相关产品给现有顾客，以提高该厂商的市场占有率。

（4）多元化经营——提供新产品给新市场，由于企业的既有专业知识能力不再具有竞争优势，因此多元化经营会面临更多的挑战。

8.1.4 安索夫战略范式要点

安索夫提出了成功战略的范式，明确阐述了优化企业获利能力的具体条件。应用该范式要注意五个要点：（1）不存在任何放之四海而皆准的战略模式；（2）企业的成败取决于其所处环境的动荡水平；（3）企业的经营战略必须随着环境变化而进行调整；（4）决定企业成功与否的重要因素还在于企业的管理能力是否与其所处的环境相适应；（5）影响企业成功的内在变量包括：认知变量、心理变量、社会变量、政治变量和人文变量。

在认识到战略规划实践中存在不少问题的基础上，安索夫及其学生通过大量的实证研究来验证其范式。在美国、日本、印度尼西亚、澳大利亚等国家的500多家企业的统计研究结果对其范式给予了有力的支持。由此，安索夫将其战略范式转化成为一套被称做“战略准备诊断”的方法应用于他的咨询实践中。

8.1.5 思想点评

企业战略管理理论兴起于20世纪60年代，一时间大师辈出，而安索夫则堪称为“大师中的大师”。从学术的角度来看战略管理学派的兴起和发展，安索夫的贡献在于开创和奠基。他的伟大不仅在于率先提出了战略管理的理论和方法，还在于成功地把该理论带入了实践应用的领域。安索夫通过战略管理将时断时续的变革、动荡和不确定性等观念转化成能够帮助组织成功与发展的工具。伦敦商学院客座教授加里·哈默尔是这样评论安索夫的：安索夫无愧于公司战略管理鼻祖的称号。著名管理学评论家海勒尔则把安索夫誉为“战略规划之父”。当然，尽管用今天的眼光来看，安索夫的方法过于强调结构完美和确定性，并在一定程度上束缚了企业管理人员的创意。但是，安索夫的战略范式却为企业战略的规划和设计提供了正确的方向和引导。

8.2 阿尔弗雷德·D·钱德勒（Alfred D. Chandler）

阿尔弗雷德·D·钱德勒（1918—2007）是美国著名企业史学家。在很大程度上，钱德勒开创了企业史这一研究领域。作为企业史学者，他令人信服地描述和总结了大公司的发展历程。他的三部巨著《战略与结构》、《看得见的手》、《规模与范围》，被学界誉为经典之作。其中以《看得见的手》最为著名，曾获得美国新闻图书最高奖项——普利策奖。

8.2.1 结构跟随战略

钱德勒将战略定义为："企业长期目标的决定，以及为实现这些目标所必须采取的一系列行动和资源分配。"在《战略与结构》一书中，钱德勒以杜邦、通用汽车、新泽西标准石油和零售商业的西尔斯四家公司为主要案例，详细考察了20世纪前期美国大企业组织结构的转变过程，并提出了"结构跟随战略"这一著名论断，即企业战略变化后必须有相应的组织结构与之相适应。钱德勒认为，企业战略的出发点是要适应环境，其实质是组织对相关环境的适应过程，以及由此产生的组织内部结构变化的过程，因此，企业的组织结构必须要与企业战略相对应。

他指出，企业在多样化扩张战略的引导下，规模会逐步扩大，并开始向不同地区或者向不同产品市场的方向发展。随着经营业务的增加，高层经理的工作会日益复杂，决策的多样性和复杂性也会不断增强，管理人员很容易湮没在这些复杂的决策中而忽略了真正重要的决策和机遇。多部门结构的出现，可以将高层管理人员从日常的经营活动中解脱出来，由各个事业部的经理人员来负责企业的具体运营和日常管理事务的处理，而使高层管理人员有充分的时间和精力去关注与企业命运息息相关的长期战略和决策。在这种模式下，公司总部会更多地偏重于战略决策，而分部经理人员则更多地偏重于具体的管理决策。多部门结构可以有效协调企业大规模的生产和分配，适应越来越多样化和复杂化的企业活动。因此，当企业战略趋向改变时，组织结构也应及时调整与之同步匹配，从而确保企业战略与结构的协调一致，提高企业管理的有效性。

8.2.2 企业的管理革命

钱德勒在《看得见的手》一书中，讨论了美国企业发展过程中出现的管理革命。他明确表示，由于获得了原先市场所执行的功能，现代工商企业已成为美国经济中最强大的机构，经理人员也已成为最有影响力的经济决策者。在钱德勒看来，现代工商企业在协调经济活动和分配资源方面已取代了亚当·斯密的市场力量这一"无形的手"。管理协调这只"看得见的手"，相比市场协调这只"看不见的手"而言，能够带来更为巨大的生产力和更为丰厚的利润，能够有效提高资本的竞争力，促进生产和消费水平的显著提高。这就是钱德勒所提出的"企业的管理革命"。

《看得见的手》为钱德勒赢得了巨大的声誉，引起了学界的广泛关注，在出版当年就获得美国历史学会的纽康门学术奖和哥伦比亚大学班克罗夫美国历史研究奖，后来还获得了美国新闻图书最高奖项——普利策奖，钱德勒也因此获得了1993年诺贝尔经济学奖的提名。

8.2.3 组织能力是工业资本主义的原动力

钱德勒从美国企业史开始他的学术生涯，20世纪70年代后，他把视野扩展到全球。经过十余年的潜心研究，他于1990年完成了巨著《规模与范围：工业资本主义的原动力》。在该书中，他通过对美国、英国和德国资本主义制度的比较，详细分析了这三个国家的制度差别及其各自的成长过程，进而发现这三个国家的资本主义制度具有共同之处：凡是具备并维持了组织能力的企业或国家，在国内外市场的竞争中就会成功，否则就会被淘汰。钱德勒强调，组织能力为企业的发展提供了源泉和动力，甚至影响到企业和国家的持续发展。在一战到二战期间，组织能力的保持和更新，对于德国迅速在世界市场上崛起发挥了至关重要的作用。到20世纪60年代，管理型企业基于组织能力的竞争力不断增强，这使得企业间的竞争日益加剧，同时也给这些企业的战略、组织和融资结构等带来了根本的变化。因此，发展的"第一推动力"，来自企业或国家作为一个整体的组织能力。只有当设备和技能得到合理的整合和协调的时候，企业或国家才能在国内外竞争中取得成功。

8.2.4 思想点评

钱德勒的思想对于当今盛行的战略管理起到了重要的奠基作用，他所运用的战略与结构互动的分析框架，构成了战略管理的重要理论来源之一。钱德勒终其一生，坚信现代大企业是国民财富最重要的创造者，是资本主义经济发展的发动机。企业对大规模生产和分配的组织能力不仅提供了企业成长的动力源泉，而且在国际工业领导权的竞争中提供了促使国民经济兴起的增长动力，决定了企业和国家的兴衰。当然，钱德勒的一些观点也遭到了某些学者的质疑和批评。例如，有人批评他把产生组织创新的原因全部归结为技术；也有人质疑："纵向一体化"大企业在经济全球化和互联网时代是否已经过时？还有评论者批评他只关注高层管理，而忽视了劳工问题。这些意见各有其道理，但无人能否认钱德勒对管理学所作出的杰出贡献。

8.3 肯尼思·R·安德鲁斯（Kenneth R. Andrews）

肯尼思·R·安德鲁斯（1916—2005）是著名的SWOT战略分析法的创始人。安德鲁斯在哈佛大学商学院工作的40多年里，积极投身于管理研究的工作中，担任过哈佛大学商学院和哈佛大学的许多领导职务，如商业政策课程建设团队组长、一般管理研究所主任、哈佛大学高级经理人管理服务项目主席等。同时，他还兼任许多企业的咨询顾问和董事，撰写过许多有关管理教育、管理开发、公司战略和公司发展的论文；不仅教授MBA学生，也亲自撰写教学案例。基于安德鲁斯的杰出贡献，哈佛大学于1957年授予他荣誉硕士学位，哈佛大学商学院于1990年授予他杰出服务奖章。

8.3.1 SWOT分析

安德鲁斯是战略管理领域的先驱者之一。他的突出贡献是提出并系统论述了SWOT战略分析法，把公司战略提升为管理咨询业中的一个专业领域。安德鲁斯提出，"战略是目标、意图或目的，以及为达到这些目的而制定的主要方针和计划的一种模式。这种模式界定企业正在从事的或者应该从事的经营业务，以及界定企业所属的或应该属于的经营类型"。他认为，战略形成过程实际上是把企业内部优势和劣势与外部机会和威胁进行匹配的过程。对内部的优势和劣势的分析和评估，可以确定企业的独特能力；对外部环境的机会与威胁的分析，可以确定企业潜在的成功因素，这两种分析内容共同构成了战略规划的关键基础。安德鲁斯据此建立了著名的 SWOT 战略分析法。SWOT 战略分析法为企业提供了结构化的战略规划思路，此后的战略管理学家也都主要基于这一分析框架来开展研究和实践。

SWOT 分析的主要目的在于对企业的综合情况进行客观公正的评价，以识别各种优势、劣势、机会和威胁因素，从而理清思路、正确地制定企业战略。表 8—1 列出的是在 SWOT 分析中一般需要考虑的因素。

表 8—1　　SWOT 分析中需要考虑的因素

内部环境	潜在内部优势（strengths）	潜在内部劣势（weaknesses）
	● 产权技术 ● 成本优势 ● 竞争优势 ● 特殊能力 ● 产品创新 ● 具有规模经济 ● 良好的财务来源 ● 高素质的管理人员 ● 公认的行业领先者 ● 买主的良好印象 ● 适应力强的经营战略 ● 其他	● 竞争劣势 ● 设备老化 ● 战略方向不同 ● 竞争地位恶化 ● 产品线范围太窄 ● 技术开发滞后 ● 营销水平低于同行业其他企业 ● 管理不善 ● 战略实施的历史记录不佳 ● 不明原因导致的利润率下降 ● 资金拮据 ● 相对于竞争对手的高成本 ● 其他
外部环境	潜在外部机会（opportunities）	潜在外部威胁（threats）
	● 纵向一体化 ● 市场增长迅速 ● 可以增加互补产品 ● 能争取到新的用户群 ● 有进入新市场的可能 ● 有能力进入更好的企业集团 ● 在同行业中竞争业绩优良 ● 扩展产品线满足用户需要 ● 其他	● 市场增长较缓 ● 竞争压力增大 ● 不利的政府政策 ● 新的竞争者进入行业 ● 替代产品销售额正在逐步上升 ● 用户讨价还价能力增强 ● 用户需要与爱好逐步转变 ● 通货膨胀递增 ● 其他

SWOT 战略分析法的基本点就是企业战略的制定必须使其内部能力（优势和劣势）与外部环境（机会和威胁）相适应，以获取经营的成功。SWOT 分析提供了四种战略方案，即优势—机会（SO）战略、劣势—机会（WO）战略、优势—威胁（ST）战略和劣势—威胁（WT）战略（见表 8—2）。

表 8—2　　SWOT 矩阵

	优势（S） 列出优势	劣势（W） 列出劣势
机会（O） 列出机会	SO 战略 发挥优势，利用机会	WO 战略 利用机会，克服劣势
威胁（T） 列出威胁	ST 战略 利用优势，回避威胁	WT 战略 减小劣势，回避威胁

SO 战略是一种发挥企业内部优势并利用企业外部机会的战略。所有的管理者都希望自己的企业处于这样的状态，以获得更好的发展机会。通常，大多数企业会首先采用 WO、ST 或 WT 战略在发展中克服弱点、发挥长处，从而最终达到能够采用 SO 战略的状况。

WO 战略的目标是通过利用外部机会来弥补内部弱点。适用于这一战略的基本情况是：存在一些外部机会，但企业内部存在一些妨碍它利用这些外部机会的劣势和弱点。这时，若以制造业企业为例，一种可能的 WO 战略就是通过与在这一领域有生产能力的企业组建合资企业以获得生产该种装置的技术能力；另一种可行的 WO 战略是聘用所需人才或培训自己的人员，使他们具备这方面的技术能力。

ST 战略旨在利用本企业的优势回避或减少外部威胁的影响。这并不意味着一个很有优势的企业在前进中总要遇到威胁。在许多产业中，竞争对手模仿本企业的计划、创新及专利产品等会对企业产生一定的威胁，因此企业应该采取有效的措施来充分发挥本企业的优势并回避或减少存在的威胁。

WT 战略是一种旨在减少内部劣势的同时回避外部环境威胁的防御性战略。一个面对大量外部威胁和内部存在很多劣势的企业，实际上可能会面临着被并购、收缩、宣告破产或结业清算的挑战，因而不得不为自己的生存而奋斗，努力减少内部劣势并极力回避外部环境的威胁。

值得注意的是，进行以上匹配的目的在于产生可行的备选战略方案，而不是选择或确定最佳战略，也并不是所有在 SWOT 矩阵中得出的战略方案都要被实施。

8.3.2 思想点评

20 世纪 60 年代，美国学者安索夫在研究多元经营企业的基础上提出了“战略四要素说”，钱德勒在其所著的《战略与结构》一书中也曾指出企业经营战略要适应环境变化，组织结构必须跟随战略变化而变化，但他们都没有对企业战略要素进行比较全面的细分。安德鲁斯则在《公司战略概念》中首次提出一个战略分析的框架，从而在“管理丛林”中诞生了一种新的战略管理思想。但是，这个分析框架相对比较粗糙，没有给出如何系统、具体地从企业内外部两方面去分析的具体阐述。此后的战略管理学家对这一缺点进行了弥补，对外部环境的机会与威胁、公司内部的优势与劣势进行了深入的研究，并提出了许多有价值的观点。

8.4 亨利·明茨伯格（Henry Mintzberg）

亨利·明茨伯格（1939— ）是加拿大管理学家，西方管理学经理角色学派的主要代表人物。曾担任《战略管理》、《管理研究》等多家杂志的编委；还是美国战略管理协会的创始人和前任主席，国际实践管理教育联盟创始人和前任主任。明茨伯格在管理领域辛勤耕耘了 40 多年，共出版了 16 本书，并发表了 140 多篇文章，其代表性及突破性思想主要体现在经理工作角色、战略管理和管理教育方面。他在《经理工作的性质》中抨击过管理职能论，在《战略计划的兴衰》中抨击过战略计划论，在《管理者而非 MBA》中抨击过 MBA 教育体系，他也因此获得了“管理领域伟大的离经叛道者”的头衔。明茨伯格获得过诸多荣誉：1975 发表的论文《管理者的工作：传说与事实》以及 1987 年发表的论文《手艺式战略》，两次荣获《哈佛商业评论》的麦肯锡年度最佳文章奖；1998 年获加拿大国家勋章和魁北克勋章；1995 年获美国管理学院乔治·泰瑞年度最佳管理图书奖；2000 年在管理科学年会上荣获杰出学者奖；2001 年被《金融时报》推举为第六位全球最重要的管理思想家；2003 年获美国培训与发展协会终身成就奖。

8.4.1　经理工作角色

1973 年出版的《经理工作的性质》是明茨伯格的主要代表作，也是经理角色学派最早出版的经典著作。该书是以他 1968 年完成的博士学位论文《工作中的经理——由有结构的观察确定的经理的活动、角色和程序》为基础完成的。该书介绍和评价了关于经理职务的八个主要学派——古典学派、伟人学派、企业家学派、决策理论学派、领导者效率学派、领导者权力学派、领导者行为学派和工作活动学派，并在此基础上全面、系统地阐述了经理角色理论。

1. 经理工作的共同特点

经理工作的共同特点包括：(1) 大量的工作，永不松懈的步调，极少的空闲时间。(2) 工作活动具有简短性、多样性，而琐碎性、肤浅性则是经理工作的职业危险。(3) 经理人员倾向于将现实的、具体的、明确的、非例行的工作活动放在优先地位。(4) 在口头的（电话、会晤）、书面的（文件）和观察性的（视察）几种联系方式中，经理人员更青睐于采用口头交谈的方式进行沟通。(5) 与顾客、供应商、业务伙伴、同级人员以及其他人的外部联系要消耗经理联系时间的 1/3～1/2，与下属的联系要占 1/3～1/2的时间，而与其上级的联系时间通常只占 1/10。(6) 经理的职务反映了责任与权力的混合。

2. 经理的角色

经理一般担任十种角色，这十种角色可分为三类：(1) 人际关系方面的角色，包括挂名首脑、领导者和联络者的角色。(2) 信息传递方面的角色，包括监听者、传播者和发言人的角色。(3) 决策制定方面的角色，包括企业家、驾驭混乱者、资源分配者和谈判者的角色。经理的角色如表 8—3 所示。

表 8—3　经理的角色

角色	描述	特征活动
人际关系方面		
挂名首脑	象征性的首脑，必须履行许多法律性的或社会性的例行义务	迎接来访者，签署法律文件
领导者	负责激励和动员下属，负责人员配备、培训和交往的职责	从事所有的有下级参与的活动
联络者	维护自行发展起来的外部接触和联系网络，向人们提供信息	发表感谢信，从事外部委员会工作，从事其他有外部人员参加的活动

续前表

角色	描述	特征活动
信息传递方面		
监听者	寻求和获取各种特定的信息（其中许多是即时的），以便透彻地了解组织与环境	阅读期刊和报告，保持私人接触作为组织内部和外部信息的神经中枢
传播者	将从外部人员和下级那里获得的信息传递给组织的其他成员——有些是关于事实的信息，有些是解释和综合组织的有影响的人物的各种价值观点	举行信息交流会，用打电话的方式传达信息
发言人	向外界发布有关组织的计划、政策、行动结果等信息；作为组织所在产业方面的专家	举行董事会，向媒体发布信息
决策制定方面		
企业家	寻求组织和环境中的机会，制定“改进方案”以发起变革，监督这些方案的策划	制定战略，检查会议决策执行情况，开发新项目
驾驭混乱者	当组织面临重大的、意外的动乱时，负责采取补救行动	制定战略，检查陷入混乱和危机的时期
资源分配者	负责分配组织的各种资源——事实上是批准所有重要的组织决策	调度、询问、授权，从事涉及预算的各种活动和安排下级的工作
谈判者	在主要的谈判中作为组织的代表	参与工会进行合同谈判

8.4.2 战略管理

明茨伯格在战略管理领域也成就卓著，主要体现在战略形成之十大学派、战略计划批判以及战略 5P 模型上。

1. 战略形成之十大学派

1998 年，明茨伯格与合作者出版了《战略历程》一书，该书从不同的角度或层次分析和反映了战略形成的客观规律，介绍和剖析了战略形成之十大学派，并将十个学派归结为说明性、描述性和结构性三大学派，这有力地推动了战略管理理论研究的发展。

（1）设计学派。

该学派的代表人物是钱德勒和安德鲁斯。他们认为战略形成是一个孕育过程，即把企业内部优势和劣势与外部机会和威胁进行匹配的过程。

（2）计划学派。

该学派最具有影响力的著作是伊戈尔·安索夫的《公司的战略》一书。计划学派认为战略形成是一个程序化过程，强调“步骤”性和“命令”式的控制。

（3）定位学派。

该学派第一次将战略分析的重点由企业转向产业，强调了外部环境的重要性，认为战略形成是一个分析过程。它源于迈克尔·E·波特的两本轰动性的著作：《竞争战略》和《竞争优势》。

（4）企业家学派。

该学派认为战略形成是一个构筑愿景的过程。企业家学派将战略形成过程集中在少数企业领导人身上，他们凭借其直觉、智慧、经验以及洞察力等进行直觉判断以决定企业活动领域和发展方向。这一学派最核心的概念就是愿景，它是对战略的心理描述，产生于或至少是表现在领导者的头脑之中。

（5）认知学派。

该学派认为战略形成是一种发生在战略家思想中的认知过程，战略表现为不同的认知视角，包括概念、计划和框架等，它们决定了人们如何处理环境中的输入信息。

（6）学习学派。

该学派是在对设计学派、定位学派和计划学派中的“理性”传统提出质疑的基础上形成的，认为战略形成是一个自发过程，而且组织所处的环境具有复杂和不可预测的特性，因此战略的制定只能在不断学习的过程中形成和执行，战略形成与发展就是思想与行动、控制与学习、稳定与改变相结合的艺术性过程。这一学派始于 1959 年林德布罗姆发表的文章《“蒙混过关”的科学》，随后 1980 年奎因出版的《应变战略：逻辑渐进主义》一书是学习学派的一个新标志。

（7）权力学派。

该学派认为战略形成是一个协商过程，战略形成的过程不是某一个人（如企业领导者、战略家等），而是组织内部各种权力冲突或与组织外部各种控制力量相互妥协、谈判的结果。

（8）文化学派。

该学派认为战略制定过程本质上是根植于组织中的文化及社会价值观的，战略是一种观念的形式，文化倾向于维持现有战略。由于日本企业经营的成功，对企业文化的研究在 20 世纪 80 年代形成一个高潮。如美国的费尔德曼探讨了文化与战略演变的关系；彼得斯和沃特曼所著的《追求卓越》一书详细论述了如何用文化优势维持组织稳定的战略观念。

（9）环境学派。

该学派重点研究组织所处外部环境对战略制定的影响，认为环境在战略形成过程中扮演中心角色，组织必须适应环境，并在适应环境的过程中找到自己生存和发展的位置。

（10）结构学派。

该学派认为战略形成是一个变革过程。它属于综合性学派，汇集了各种学派的观点，提供了一种调和不同学派的方式。

这十个学派可以划分为三类，其中前三种为说明性的学派，它们关注的是战略应如何明确地表述，而不是战略形成过程中的一些必要工作。随后的六个学派对战略形成过程中的具体方面进行了思考，它们侧重于描述战略的实际制定和执行过程，而不是侧重于描述理想的行为。最后一类只有结构学派，这一学派崇尚综合，将战略的各个部分，如战略制定过程、战略内容、组织结构和组织关系等集中起来，归结成清晰的阶段和时期。

2. 战略计划批判

明茨伯格认为，战略计划不但不是战略思考，还经常有损于战略思考，容易使管理者混淆真正的愿景与数字游戏之间的区别。所谓的战略计划其实只是战略编程，是对已有战略或愿景的表达和阐述。一旦企业理解了战略计划和战略思考的不同，它们就能回归到原来的战略制定过程中。根据管理者对所有信息来源的学习所得，进而明晰地归纳出公司应追求的愿景。当然，这并不意味着组织不需要计划者或不需要战略编程。相反，组织应改变传统的计划工作，而计划者也应尽可能专注于战略制定的过程而不是战略内容。他们应提供战略思考所需的正规分析或硬数据，发挥类似催化剂的促进作用，辅助、鼓励管理者进行有效的战略思考，帮助管理者细化实现愿景所需的具体步骤。

3. 战略5P模型

明茨伯格认为，人们在不同的生产经营活动中以不同的方式赋予了企业战略不同的内涵。在这种观点的基础上，明茨伯格借鉴市场营销学中的4P模型，提出了企业战略是由五种规范的定义阐述的，即计划（plan）、计策（ploy）、模式（pattern）、定位（position）和观念（perspective），即企业战略的“5P”。这五个定义从不同角度对企业战略这一概念进行了阐述。

（1）战略是一种计划。

战略是一种有意识、有预计、有组织的行动程序，为企业提供了发展方向和前进途径，解决了一个企业如何从现在的状态达到将来某种状态的问题，属于企业“行动之前的概念”。

（2）战略是一种计策。

战略不仅仅是行动之前的计划，还可以在特定的环境下成为行动过程中的手段和策略，一种在竞争博弈中威胁和战胜竞争对手的工具。

（3）战略是一种模式。

战略可以体现为企业一系列的具体行动和现实结果，而不仅仅是行动前的计划或手段。也就是说，无论企业是否事先制定了战略，只要有具体的经营行为，就有事实上的战略。

（4）战略是一种定位。

战略是一个组织在其所处环境中的位置，对企业而言就是确定自己在市场中的位置。把战略看成一种定位就是要通过正确地配置企业资源，形成有力的竞争优势。

（5）战略是一种观念。

战略表达了企业对客观世界固有的认知方式，体现了企业对环境的价值取向和组织中人们对客观世界固有的看法，进而反映了企业战略决策者的价值观念。

8.4.3 关于管理教育

明茨伯格对管理教育，尤其是MBA教育颇有微词。他的批评言论都收集在《管理者而非MBA》一书中。他认为受过MBA教育的人都应该在自己的前额文上骷髅和交叉骨头标志，下面再注明：“本人不能胜任管理工作。”他指出，“坐在教室里学不到领导一个企业的方法”。领导力和管理是密不可分的。商学院教的是商业管理方面的各种功能，而不是管理实践本身，它们向学生反复灌输狭隘的、唯利是图的思维方式，而漠视社会责任感。这样教育出来的管理者通常把员工看做是一种资源，而不是活生生的个人。明茨伯格的发难得到了很多国际管理学教育泰斗的响应，他们试图将管理学转化为一门科学或一种职业，而忽略它不够理性的方面。

明茨伯格对管理咨询也非常不满，他认为传统的 MBA 毕业生就像病毒一样从机体内部摧残管理实践，他们使公司对其他形式的管理方法视而不见，培训经理的方法也单一化。当然，明茨伯格绝非以旁观者身份挑剔指责 MBA 教育，他身体力行地在麦吉尔大学建立了自己的管理培训项目——国际实践管理教育，为那些有一定世界顶级公司管理经验的人专门设计。

8.4.4　思想点评

明茨伯格是一位从管理实践出发、挑战传统管理理念的斗士。作为管理学一个著名流派——经理角色学派的创立者，他的思想极为独特，按常规思路往往难以被学界所接受。他时常独辟蹊径，提出一些抨击管理学界主流观点的独到见解。他的见解，颇有几分“语不惊人死不休”的气势，被人们誉为“管理领域伟大的离经叛道者”。汤姆·彼得斯曾给予明茨伯格这样的赞语：“亨利可能是我们过去 30 年、40 年、50 年内唯一一位真正深刻的管理思想家”。而哈默尔则说：“为什么我喜欢亨利·明茨伯格，理由有五条：他是世界级的偶像终结者；他喜欢纷繁复杂的、活生生的世界；他是讲故事的大师；他既提出了概念性的理论，又讲究实用；他不相信容易的答案。”在严格的学术研究、理论思辨后，明茨伯格总能把自己的精彩观点宣泄式地、前卫式地表达出来。因此，也有学者将其比作管理学界的“摇滚明星”。他所做的工作和取得的成就，衬托出了管理学的光彩，并使管理理论同管理实践融为一体。

8.5　布鲁斯·亨德森（Bruce Henderson）

布鲁斯·亨德森（1915—1992）是波士顿咨询公司（BCG）的创始人，波士顿矩阵、经验曲线、三四规则矩阵的提出者。1963 年，亨德森从波士顿平安储蓄信托公司的首席执行官那里接受了一项难以想象的挑战，开始着手建立一支为银行业提供咨询的咨询公司。这就是后来与麦肯锡和贝恩并列为传统三大咨询公司的波士顿咨询公司的前身。亨德森在管理和咨询实践中提炼的主要思想及贡献，主要体现在波士顿矩阵、经验曲线以及三四规则矩阵三个方面。

8.5.1　波士顿矩阵

制定公司层战略最流行的方法之一就是波士顿矩阵，该方法是由波士顿咨询公司在 20 世纪 70 年代初开发的，又被称为 BCG 矩阵、四象限分析法、产品系列结构管理法等。

如果一个组织拥有多个事业部或者多种业务或产品，就要考虑如何管理多个事业部或多种业务，即考虑组织拥有的资源如何在各种业务或事业部中进行有效分配的问题。在波士顿矩阵中，纵坐标的市场增长率表示该业务的销售量或销售额的年增长率，用数字0%～20%表示，若市场增长率超过10%就被认为是高速增长。横坐标的企业当前市场份额表示的是该业务相对于最大竞争对手而言的市场份额，用于衡量企业在相关市场上的实力。BCG矩阵共区分出四种业务组合，如图8—2所示。

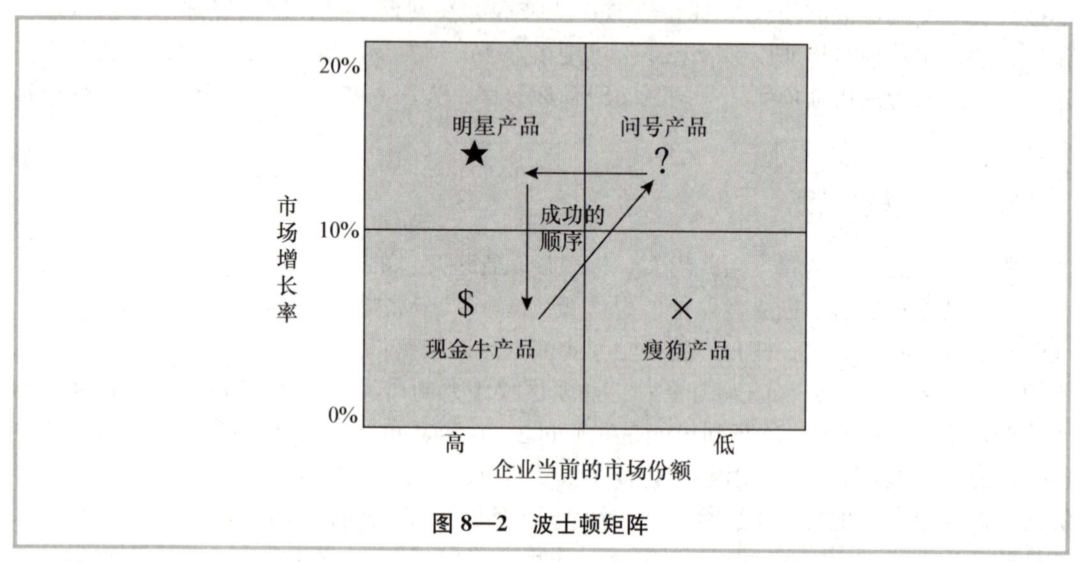

图8—2 波士顿矩阵

(1) 现金牛产品。

它是指市场占有率高，但增长率低的产品。可以产生大量的现金，以供厂商发展新产品并培养成明日之星，可以说是厂商的“金库”。

(2) 瘦狗产品（衰退类产品）。

它是指市场占有率低，增长率也低的产品。瘦狗产品也能产生利润，但是这个利润需要依赖于向这些产品再投资以维持其市场占有率。因此，营销人员必须面对现实，不要因为感情因素，而将资金继续浪费在没有明天的产品上。除非产品本身仍有发展前景，否则，壮士断腕才是上策。所有的产品要么转变成现金牛产品，要么转变成瘦狗产品，一个产品的价值在于能否在其增长减缓之前就得到该产品的主要份额。

(3) 问号产品。

它是指市场占有率低，但增长率高的产品。这类产品需要比它们所产生的多得多的资金来进行投资。如果没有再投入资金，问号产品就会逐渐失去竞争力直至消失。因此管理者应该仔细考虑，是否要花费更多的资金来提高该产品的市场占有率，或是缩小经营规模，甚至完全退出该产品领域。

(4) 明星产品。

它是指市场占有率高，增长率也高的产品，需要加大投资以支持其迅速发展。明星产品最终也将变成现金牛产品，它能带来高占有率、高利润，有着良好的稳定性及安全性，能产生大量的资金，从而可以再投资到其他产品上去。

管理者应尽可能从现金牛产品中获得现金，对明星产品和问号产品领域的业务进行支持。对明星产品业务的支持有助于这些业务的增长和保持较高的市场份额。但问号产品的发展方向不确定，具有风险性，需要谨慎决策；而瘦狗产品的业务则是应该被出售或者清算的业务。

8.5.2 经验曲线

经验曲线又称经验学习曲线、改善曲线。经验曲线是一种表示生产单位时间与连续生产单位之间的关系曲线。一般而言，形成经验曲线的原因有三项：(1) 学习效果，由于重复工作所带来的学习效果；(2) 科技进步，从事一项工作一段时间后，较容易对生产过程进行优化；(3) 产品改善，生产产品一段时间后可以更清楚地了解顾客偏好，通过设计改善，可以在不影响功能的情况下，减少零件。因此，当个体或组织在一项任务中习得更多的经验，他们会变得更有效率。经验曲线如图 8—3 所示。

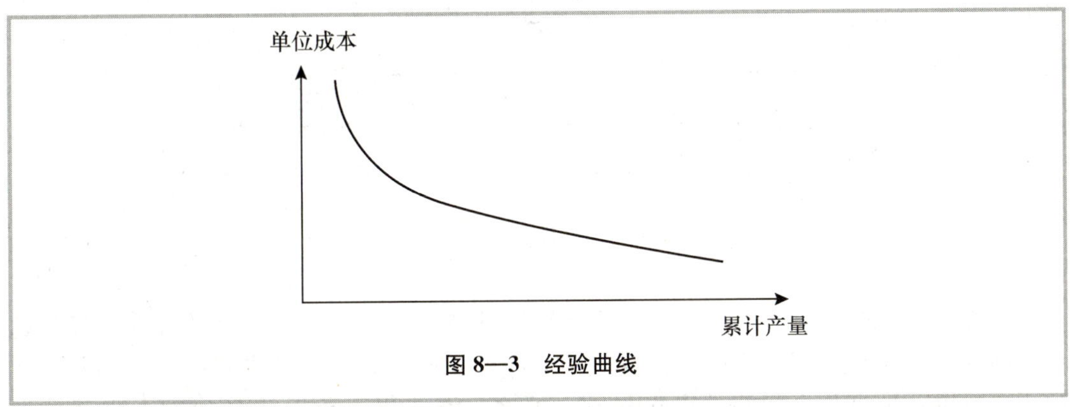

图 8—3 经验曲线

亨德森将经验曲线应用在战略管理中，发现它仍然可以起作用并可以作为一个有用的实践工具。当总体所积累的经验扩大一倍时，在排除通货膨胀的前提下，新增价值的成本每次将会显著地下降 25%～30%，其下降是由学习、专业分工、投资、规模等因素所导致的。根据这种观点，在其他条件相同的情况下，第一个进入新市场的企业能够以迅速扩大产量来得到优于其竞争对手的成本优势。

8.5.3 三四规则矩阵

在一个稳定的竞争市场中，市场竞争的参与者一般分为三类：领先者、参与者和生存者。领先者一般是指市场占有率在 15%以上，可以对市场变化产生重大影响的企业，如在价格、产量等方面；参与者一般是指市场占有率介于 5%～15%的企业，这些企业虽然不能对市场产生重大的影响，但是它们是市场竞争的重要参与者；生存者一般是指局部细分市场的填补者，这些企业的市场份额都非常低，通常小于 5%。

在有影响力的领先者之中，企业的数量绝对不会超过三个，而在这三个企业之中，最有实力的竞争者的市场份额又不会超过最小者的四倍。这个模型是由下面两个条件决定的：(1) 在任何两个竞争者之间，2∶1 的市场份额似乎是一个均衡点。在这个均衡点上，无论哪个竞争者要增加或减少市场份额，都显得不切实际，而且得不偿失。这是一个通过观察得到的经验性结论。(2) 市场份额小于最大竞争者的 1/2，就不可能有效参与竞争。这也是经验性结论，但是不难从经验曲线的关系中推断出来。通常，这两个条件最终导致这样的市场份额序列：每个竞争者的市场份额都是紧随其后的竞争者的 1.5 倍，而最小的竞争者的市场份额不会小于最大者的 1/4。通过三四规则矩阵，可以对一个成熟市场中企业的竞争地位进行分析，该矩阵如图 8—4 所示。

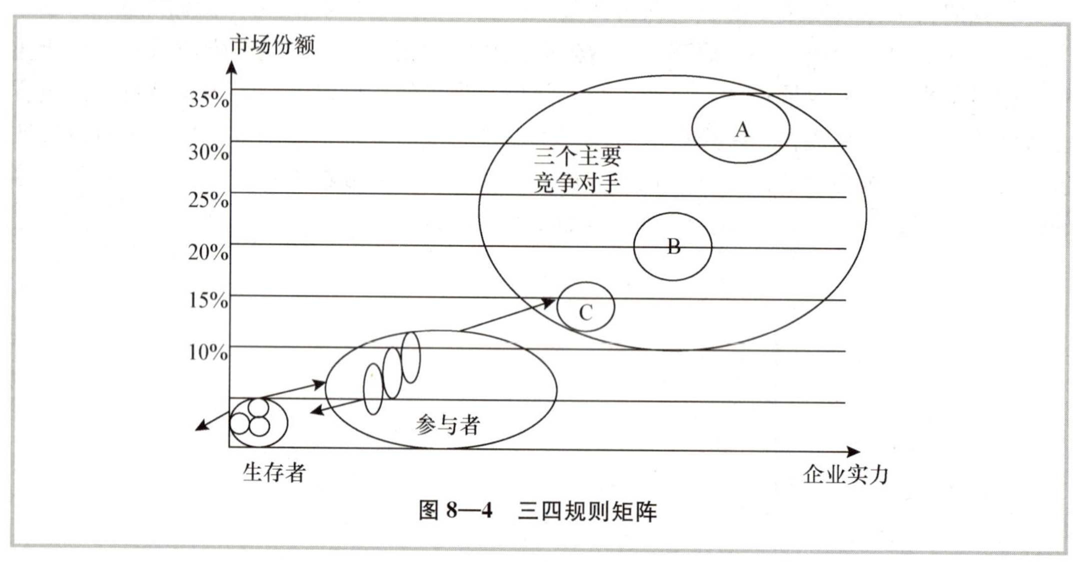

图 8—4　三四规则矩阵

三四规则矩阵只是从经验中得出的一种假设，它并没有经过严格的证明。但是这个规则的意义非常重要，那就是：在经验曲线的效应下，成本是市场份额的函数。倘若两个竞争者拥有几乎相同的市场份额，那么，谁能提高相对市场份额，谁就能同时取得在产量和成本两个方面的增长；与所付出的代价相比，得到的可能会更多。但是，对于市场竞争的领先者而言，可能得到的好处却反而少了。然而，在任何主要竞争者主导的激烈争夺的情况下，最有可能受到伤害的就是市场份额最少的生存者。

8.5.4　思想点评

亨德森的行为充满反叛，喜欢唱反调，热衷于改变。亨德森一直把波士顿咨询公司定位为企业的智力中心，立志于改变人们对竞争的看法，其创建的公司战略学举世闻名。此外，亨德森提出的许多管理思想如波士顿矩阵、经验曲线等也为 BCG 在战略咨询领域的地位奠定了智力基础。他把增长和分配矩阵编织在一个连贯的商业哲学中，对市场主导地位、低成本、商业选择等给予了高度重视，在预测日本对美国商业带来威胁和挑战等问题上，亨德森走在了他所处时代的前面。“在 20 世纪下半叶，很少有人能像这位波士顿咨询公司的创始人那样，对国际企业界产生如此深远的影响。”这是亨德森 1992 年 7 月 20 日去世后，《金融时报》对其思想遗产的描述。

8.6　迈克尔·E·波特（Michael E. Porter）

迈克尔·E·波特（1947—　）是美国著名管理学家和经济学家，竞争战略、国民经济发展和竞争力方面的权威，被誉为“竞争战略之父”。波特至今已出版了近 20 部著作，发表了 70 多篇文章。其中最有影响的是被称为“竞争三部曲”的经典著作——《竞争战略》、《竞争优势》、《国家竞争优势》。“三部曲”的出版奠定了波特在世界战略研究领域的大师地位。其中，《竞争战略》已经再版了 63 次，并被译为 17 种文字；《竞争优势》也再版了 32 次；《国家竞争优势》被美国《商业周刊》选为年度最佳商业书籍。波特也被称做是“活着的传奇”，开创了企业竞争战略理论并引发了美国乃至世界范围内的有关竞争力的讨论，是当今世界上竞争战略和竞争力方面公认的第一权威。

8.6.1　三种基本竞争战略

在《竞争战略》一书中，波特提出了三种基本的竞争战略：成本领先战略、差异化战略及聚焦战略。其中聚焦战略又可以分为成本聚焦和差异化聚焦（见图 8—5）。

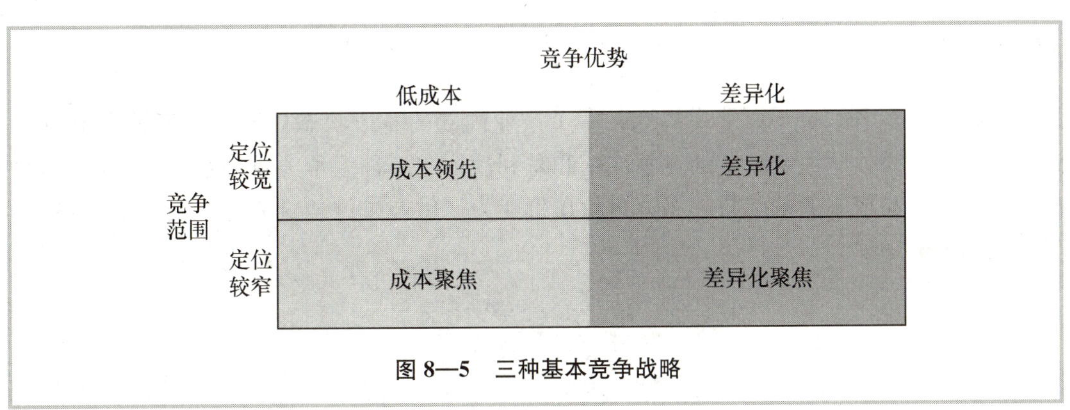

图 8—5　三种基本竞争战略

其中，成本领先战略是指企业通过在内部加强成本控制，在研究、开发、生产、销售、服务和广告等领域将成本降到最低限度，成为行业中的成本领先者的战略。差异化战略是指提供与众不同的产品和服务，满足顾客特殊的需求，以形成竞争优势的战略。通常企业可以在服务水平、零配件的提供、工艺设计、产品性能、寿命及使用的便利性上实现差异化。聚焦战略是指把经营战略的重点放在一个特定的目标市场上，为特定的地区或特定的购买者集团提供特殊的产品或服务。为了应对各种竞争力量，企业应将注意力至少集中在这三类基本竞争战略之中的一类上。

如何分析竞争对手，波特认为可以从未来目标、假设、现行战略和能力等要素出发。具体而言，未来目标是指存在于各级管理层和多个战略方面的目标；假设是指竞争对手对自己的假设和竞争对手对产业及产业中其他公司的假设；现行战略是指该企业现在如何竞争；能力是指竞争对手的强项和弱项（见图 8—6）。

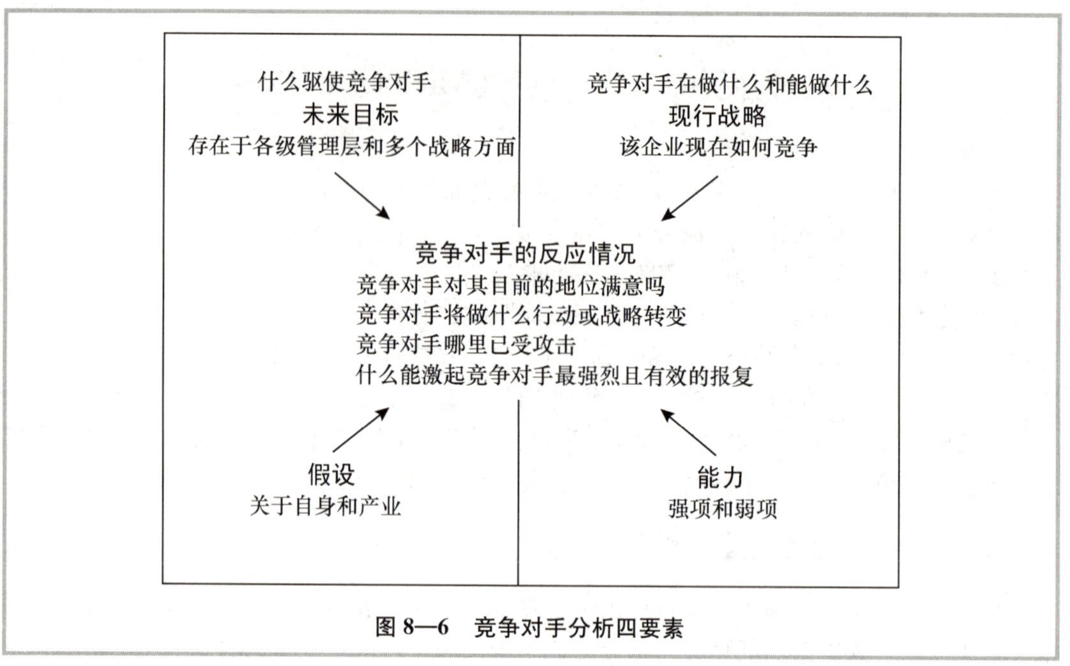

图 8—6　竞争对手分析四要素

8.6.2　五力模型

波特在《竞争战略》一书中提到，一个产业内部的竞争状态，取决于五种竞争力量，这五种竞争力量共同决定产业的竞争强度和盈利性。这五种竞争力量分别是：新进入者的威胁、替代产品或服务的威胁、买方讨价还价能力、供方讨价还价能力、现有公司间的争夺（见图 8—7）。

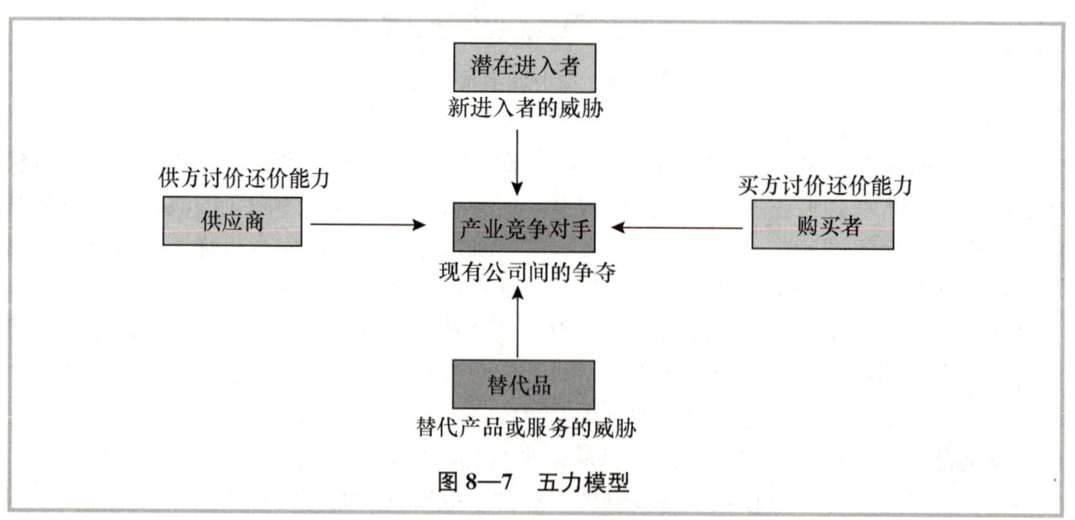

图 8—7　五力模型

(1) 新进入者的威胁。

行业针对新竞争者所作出的竞争性反应，会不可避免地消耗自身的部分资源并导致利润率的相对降低。对于一个产业而言，新进入者威胁的大小主要取决于行业进入壁垒的高低以及准备进入者可能遭到的反击强度。如果壁垒高筑或新进入者认为严阵以待的守成者会坚决地对其予以打击，则这种威胁就会较小。

（2）替代产品或服务的威胁。

广义地看，一个产业的所有公司都与生产替代产品的产业竞争。替代品设置了该产业中可谋取利润的定价上限，从而限制了一个产业的潜在收益。替代品所提供的价格——性能选择越有吸引力，产业利润的“上盖”压得就越紧。如果行业的产品或服务在市场上有可行的替代品，那么产品的价格就会受到影响，利润率也会相应降低。

（3）买方讨价还价能力。

买方的产业竞争手段是压低价格、要求更高的产品质量或索取更多的服务项目，并从竞争者彼此对立的状态中获利，所有这些都是以产业利润作为代价的。

（4）供方讨价还价能力。

供应商们可能通过提价或降低所购产品或服务质量来向某个产业中的企业施加压力。供方实力与买方实力是此消彼长的。如果供应商的实力强，它就会提高价格、降低产品或服务的质量，使行业的产品价格无法跟上成本的增长而失去利润。

（5）现有公司间的争夺。

如果行业内现有竞争者间的竞争激烈，他们会采取各种手段来争夺市场地位。一方面，有些竞争手段如价格竞争等会使产品价格降低从而使行业整体利润降低；另一方面，有些竞争手段如广告战、产品引进、增加顾客服务等则有可能扩大客户需求或提高产品差异化水平从而使整个行业受益。

波特指出，管理者需要对这五种力量进行综合评估，结合对工会、政府等其他环境因素的分析，确定行业存在的威胁和机会，以此为基础来选择适合的竞争战略。五力模型与竞争战略的关系如表 8—4 所示。

表 8—4　　波特五力模型与竞争战略的关系

五种力量	竞争战略		
	成本领先战略	差异化战略	聚焦战略
新进入者的威胁	具备讨价还价能力以阻止潜在对手的进入	培育顾客忠诚度以挫伤潜在进入者的信心	通过聚焦战略建立核心能力以阻止潜在对手的进入
替代产品或服务的威胁	能够利用低价格抵御替代品	顾客习惯于一种独特的产品或服务，因而降低了替代品的威胁	特殊的产品和核心能力能够防止替代品的威胁
买方讨价还价能力	具备向买家提供更低价格的能力	因为选择范围小而削弱了买家的谈判能力	因为没有选择范围而使买家丧失谈判能力
供方讨价还价能力	更好地抑制卖家的讨价还价能力	更好地将供方的涨价部分转嫁给顾客	进货量低、供方讨价还价能力就高，但聚焦差异化的公司能更好地将供方的涨价部分转嫁出去
现有公司间的争夺	能更好地进行价格竞争	品牌忠诚度能使顾客不理睬竞争对手	竞争对手无法满足相关顾客的需求

8.6.3 价值链

价值链是企业在一个特定产业内各种活动的组合，竞争者价值链之间的差异是竞争优势的关键来源。在《竞争优势》一书中，波特使用价值链这一工具，详细阐述了企业如何建立自己的竞争优势。竞争优势归根到底产生于企业为客户所能创造的价值，因此企业要想建立竞争优势就必须清楚自己能为客户做些什么，即要清楚自己在价值链中所处的位置。价值链由基本活动和支持活动构成，如图 8—8 所示。

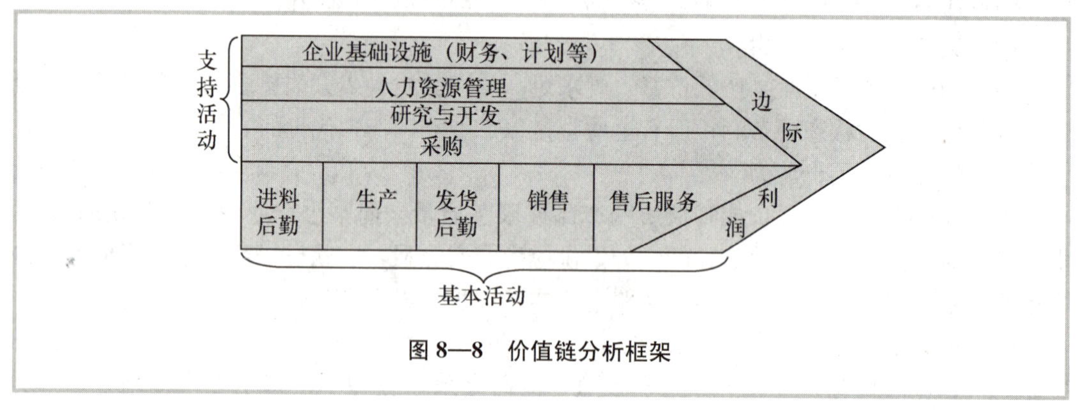

图 8—8 价值链分析框架

（1）基本活动。

基本活动主要包括：1）进料后勤，包括与接受、存储和分配相关联的各种活动，如原材料搬运、仓储、车辆调度、退货等。2）生产，包括与将投入转化成最终产品形式相关的各种活动，如机械加工、包装、组装、检测、印刷和设备管理等。3）发货后勤，包括与集中、存储和将产品发送给买方有关的各种活动，如成品订单处理、实物分配等。4）销售，包括与提供一种买方产品的方式和引导其进行购买有关的活动，如广告、促销、销售队伍、渠道选择、渠道关系和定价。5）售后服务，包括与提供服务以增加或保持产品价值有关的各种活动，如安装、维修、培训、零部件供应等。

（2）支持活动。

支持活动主要包括采购、研究与开发、人力资源管理及企业基础设施。

8.6.4 钻石模型

如果说价值链是分析企业内部活动的微观分析工具，五力模型是分析企业所属产业环境的中观分析工具，那么，钻石模型就是分析国家和地区“竞争力”的宏观分析工具。波特在《国家竞争优势》中构建的“钻石模型”由四个基本要素组成，它们分别是生产要素、需求条件、相关与支持性产业以及企业战略、企业结构和同业竞争。此外，作为一个动态的体系，波特还在其中加入了机会和政府两个变量，使其内部的每个因素都会相互牵扯并影响其他因素的表现，而钻石模型的命名也得自这四个要素和两个变量所构建的图形结构，具体如图 8—9 所示。

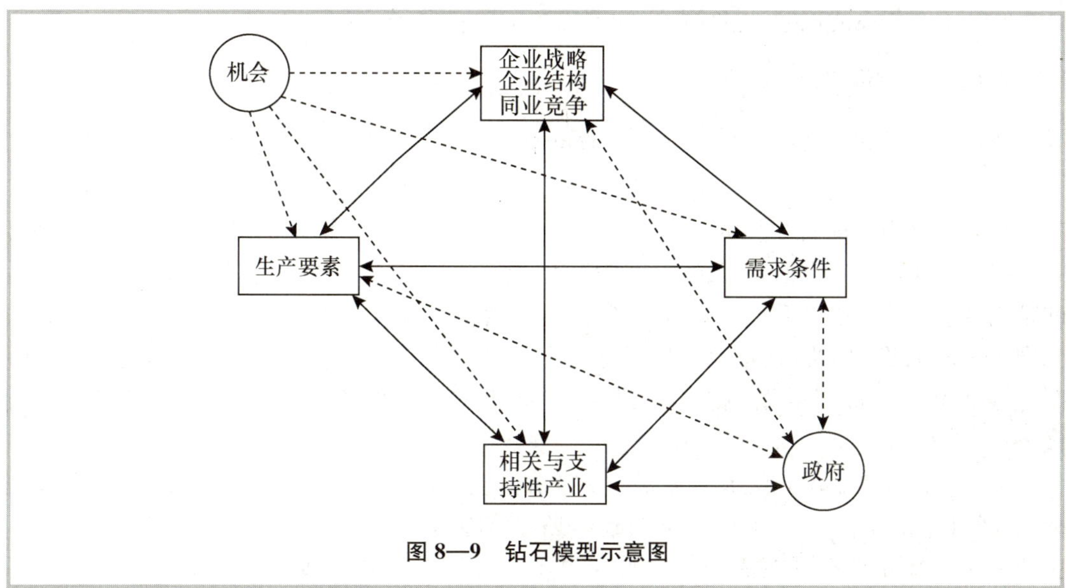

图 8—9　钻石模型示意图

(1) 生产要素。

波特把生产要素分为初级生产要素和高级生产要素两种。初级生产要素是指企业所处国家和地区的地理位置、天然资源、人口、气候以及非技术人工、融资等，这些初级生产要素通过被动继承或者简单的投资就可获得。高级生产要素包括高级人才、科研院所、高等教育体系、现代通信的基础设施等，这些高级生产要素则需要在人力和资本上进行先期的大量投资才能获得。波特认为，在现代社会，初级生产要素的重要性已经变得越来越小，而高级生产要素则日益扮演着重要的角色。

(2) 需求条件。

在钻石模型中，需求条件主要是指本国市场对该项产业所提供产品或服务的需求数量和成熟度。例如，日本地狭人稠，所以日本的家电都在向小型、可携带的方向发展。正是因为日本国内市场拥有一群最挑剔的消费者，才使得日本拥有全球最精致、最高价值的家电产品。

(3) 相关与支持性产业。

波特认为，单独的一个企业以至单独一个产业，都很难保持竞争优势，只有形成有效的“产业集群”，上下游产业之间形成良性互动，才能使产业竞争优势持久发展。例如，意大利之所以具有领导世界的金银首饰业，就是因为意大利的机械业已经占领了全球珠宝生产机械 60%的市场，并且意大利回收有价金属的机械水平也全球领先。

(4) 企业战略、企业结构和同业竞争。

这是波特提出的企业治理三角问题，是指如何创立、组织和管理公司，以及如何应对同业竞争对手等问题。波特认为，企业的战略、组织结构和管理者对待竞争的态度，往往同国家环境和产业差异相关。一个企业要想获得成功，必须善用本国的历史文化资源，形成适应本国特殊环境和所处产业情况的企业战略和组织结构。

波特的钻石模型，建立在对发达国家的经济学分析基础上。但是对于发展中国家，尤其是经济正在起飞的国家，这个模型也具有极大的借鉴和参照意义。

8.6.5 产业集群理论

波特在《国家竞争优势》一书中，通过对十个国家的数据分析得出了产业集群理论。产业集群是指在特定区域中，由具有竞争与合作关系并在地理位置上相对集中的企业、供应商、金融机构和厂商等相关机构所组成的群体。不同产业集群的纵深程度和复杂性不同。许多产业集群还包括由于延伸而涉及的销售渠道、顾客、辅助产品制造商、专业化基础设施供应商等，以及政府、同业工会、民间团体和相关提供专业化培训、研究开发、标准制定等的机构。因此，产业集群超越了一般产业范围，形成了特定地理范围内多个产业相互融合、众多类型机构相互联结的共生体，共同构成了一个区域的特色竞争优势。

产业集群发展状况已经成为考察一个经济体或其中某个区域和地区发展水平的重要指标。波特指出，每一个国家的经济崛起，必定伴随着相关产业集群的诞生，而只靠一个企业的单打独斗是不可能成功的。政府也不能根据自己的意愿凭空创造出一个产业集群，产业集群是市场力量通过钻石模型的各因素相互作用而自发形成的。政府的角色应是为产业集群的发展提供良好的国内竞争环境，而过度的政府干预和保护往往会阻碍产业集群的健康发展。这对于那些寄希望于“一枝独秀”的企业出去闯荡江湖，或者寄希望于政府的优惠政策甚至保护措施来培育竞争力的企业和国家来说，具有重要的警示意义。

产业集群的概念无论对经济增长，企业、政府和其他机构的角色定位，还是对构建企业与政府、企业与其他机构的关系方面，都提供了一个思考和分析的新视角。它突破了企业和单一产业的边界，着眼于一个特定区域中，具有竞争和合作关系的企业、相关机构、政府和民间组织等的互动，使它们能够从一个区域整体来系统思考经济、社会的协调发展，来考察可能构成特定区域竞争优势的产业集群，考虑临近地区间的竞争与合作，而不仅仅局限于考虑一些个别产业和狭小地理空间的利益。另外，产业集群理论要求政府重新思考自己的角色定位，使其专注于消除妨碍生产力发展的障碍，强调通过竞争来促进集群产业的效率和创新，从而推动市场的不断拓展，以繁荣区域和地方经济。

8.6.6 思想点评

波特的竞争战略研究开创了企业经营战略的崭新领域，对全球企业发展和管理理论研究的进步，都作出了重要的贡献。他为企业界提供了实用的战略基础架构，让每一家企业都可以据此发展自己的战略，尤其是对攻击与防御战略给出了全方位的思路。然而，波特的战略观念将现有产业结构视为既定，这在使我们看清楚一些东西的同时，也掩盖了另一些很重要的东西。在此框架下，他较少考虑产业变革和建立长期竞争优势的方法。另外，“五力模型”很难用来分析迅速变化或前景不确定的行业，其实践运用方面一直存在许多争论。尽管如此，波特的战略思想仍是广大工商企业和公共部门高层管理者在制定战略时的“指路明灯”。

8.7　加里·哈默尔（Gary Hamel）C. K. 普拉哈拉德（C. K. Prahalad）

加里·哈默尔（1954—　）是美国战略管理大师，核心竞争力理论的创始人之一。自1985 年以来，哈默尔在《哈佛商业评论》杂志上发表了十多篇重要论文，并由此四度摘得麦肯锡奖。此外，哈默尔曾被《经济学家》誉为"世界一流战略大师"；《财富》杂志称他为"当今商界战略管理的领路人"；《企业战略杂志》把他列为 20 世纪 25 位最具影响力的商业思想家之一；在 2001 年美国《商业周刊》"全球管理大师"的评选中位列第四。

C. K. 普拉哈拉德（1942—2010）是印度裔管理学家，公司战略和跨国公司管理领域的大师，核心竞争力理论的创始人之一。《竞争大未来》、《金字塔底层的财富》和《消费者王朝》三本书奠定了他在管理学界的地位。曾被《商业周刊》誉为"当今最有影响力的企业战略思想家"；曾凭借论文《战略意图》和《企业的核心竞争力》两度获得麦肯锡奖。

普拉哈拉德是哈默尔的老师，二人的相遇与合作被人们称为"管理思想界的福音"。两人于 1990 年在《哈佛商业评论》上发表了《企业的核心竞争力》一文后，核心竞争力的概念迅速被企业界和学术界所广泛接受。1994 年，两人又合作出版了巅峰之作《竞争大未来》，该书被认为是 20 世纪 90 年代最有影响力的管理学著作之一，曾居《商业周刊》年度商业类书籍排行榜第一名。

8.7.1　核心竞争力

《企业的核心竞争力》这篇文章写于 20 世纪 80 年代末，当时的情形是美国和欧洲的大型跨国公司相继在多个过去占有优势的经营领域中败给日本公司。哈默尔和普拉哈拉德通过对大量的跨国企业进行深入研究，尤其是对日本企业进行实地调查，并将其与美国的同类企业进行比较的基础上，来试图寻找日本企业在 20 世纪整个 80 年代全面超过美国企业的真正原因。他们通过对案例的比较研究发现，获得全球领导地位的关键基础正在发生变化：竞争优势的真正根源是管理层整合整个公司的技术及生产技能而形成的企业能力，而这些能力使得各项经营业务能够迅速捕获不断变化的发展机会。

普拉哈拉德和哈默尔进而认为，企业的核心竞争力是企业内部集体学习的能力，尤其是关于如何协调不同的生产技能和整合多种技术的能力。与物质资本不同，企业的核心竞争力不但不会在使用和共享中逐渐丧失，反而会在这一过程中不断成长。在他们看来，核心竞争力的基本特征主要体现在三个方面：首先，核心竞争力应反映客户最看重的长期价值，要对客户的核心利益作出关键性的贡献；其次，核心竞争力必须具有独树一帜的能力，并且难以被竞争对手所模仿和替代；最后，核心竞争力应具有延展到更广泛市场领域的能力。

企业的核心竞争力是企业获取超额收益和保持企业竞争优势的关键，因此企业不应仅将其作为整合已有业务的黏合剂，而且还应充分发挥其作为新业务开发引擎的重要作用，将企业的核心竞争力通过核心产品来物化到企业的最终产品中。一家成功的企业可能拥有一个很有竞争力的产品生产线，但它在开发核心竞争力上却可能是落后者。因此，企业需要将其核心竞争力与最终产品通过核心产品来进行有效衔接，以确保企业核心竞争优势的充分发挥。

8.7.2 竞争大未来

1994年，普拉哈拉德和哈默尔出版了《竞争大未来》一书，进一步阐述了核心竞争力和战略意图这两个标志着他们学术成就的概念，并用实际案例分析了核心竞争力的优势所在。他们认为，公司的竞争不仅要着眼于现在，更重要的是要放眼于未来，争取在竞争未来中获得优势，从而赢得公司的长远发展。竞争未来是一个多阶段的竞争，必须在三个层次上全面入手：第一，想象新的商机领域的竞争；第二，使未来产业朝着有利于自己的方向发展的竞争；第三，市场地位和市场份额的竞争。竞争未来的关键不是赶上对手，而是要超越对手，成为产业的主导者，做规则的制定者而不仅仅是规则的执行者。

8.7.3 战略意图

二战后，日本经济迅速崛起，开始企图实现其主宰世界市场的野心。但是，在当时的西方社会看来，不论是从其资源，还是从其竞争能力来看，日本的这一战略意图都是极不现实的。然而，在日本社会内部的各个层面确实产生并持续保持着一股在经济领域领先于世界的强烈意图，而这个宏伟的战略意图也最终促使日本企业用10～20年的时间夺取了全球市场的领先地位。因此，哈默尔与普拉哈拉德认为，企业若想达到成功，必须要在企业内部大力宣传自己的战略意图，以实现企业战略目的与战略手段的和谐统一，从而促进企业战略的顺利达成。

概括而言，战略意图主要具有以下三个方面的属性：(1) 方向的感觉，即企业对于构建今后十年左右的市场和竞争地位的观点。它是企业对于未来的看法，为企业提供了统一的、深入人心的前进方向。(2) 发现的感觉，即战略意图要能够在各种资源和能力中区分出着眼于未来的独特竞争能力。它能够带领企业员工去探索新的竞争领域。(3) 命运的感觉，即战略意图要存在一定的情感成分，使员工能够感知到其存在的内在价值。

总体而言，战略意图的制定包括三个步骤：(1) 制定战略意图。战略意图必须全面包含三个方面的属性。(2) 设置挑战。寻找和认定企业将面临的挑战，并与全体员工对此展开广泛的交流和沟通，使他们随时做好准备以迎接挑战，并将挑战转变成为实现企业战略意图的有效手段和强劲动力。(3) 战略意图授权。在战略意图的执行过程中，必须要认识到战略意图的实现需要依靠企业内每一位员工的参与。企业高层管理者的任务是要汲取和吸收广大员工的智慧：转变传统的下行沟通方式为上行沟通方式，从企业内部不断获取新的思想和观点。

8.7.4 管理创新

哈默尔认为，管理原则和管理流程的创新能够创造持久的优势，使竞争地位发生巨大的转变。在过去的100年间，管理创新比其他任何类型的创新都发挥了更大的作用，使公司绩效迈上一个又一个新台阶。哈默尔将管理创新界定为对传统管理原则、流程和实践或者对惯常的组织形式的明显背离，并以丰田汽车、全食超市和通用电气三个简短的案例说明了管理创新如何能够创造持久的成功。哈默尔认为，如果某项管理创新能够满足下列三个条件中的一个或多个，就会创造出持久的优势：这项创新建立在挑战正统管理思想的崭新原则之上；这项创新具有系统性，包含了一系列流程和方法；这项创新是某项不断向前推进的发明计划的一部分，该计划会随着时间推移而不断取得更大的发展。

要能够产生持续而大胆的管理突破，就必须存在一个系统化的流程，而这个流程应包含以下四个要素：(1) 致力于解决重大的管理问题。越是重大的问题，创新的机会就越大。(2) 寻找新的管理原则。要解决前所未有的问题，必须采用前所未有的方法，这就需要公司抛开已经被充分挖掘的管理智慧金矿，转而采用非传统思维来打开管理创新的新“矿层”。(3) 解构正统的管理思想。要充分认识到新管理原则的威力，必须摆脱过去的惯例对想象力的束缚。虽然这很痛苦，但要知道有些看似不容争辩的真理，其实只是未遭到质疑的教条而已。(4) 充分利用类比的力量。要摆脱传统管理思维的束缚，不妨研究一下那些明显不遵守传统的实际做法，从中可以得到很多启发。有些看似不可能做的事情，一旦解放了思想，就会变成力所能及的事情。

8.7.5　穷人的财富

普拉哈拉德对世界上的贫困群体一直保持深切的关注，为此他写出了《金字塔底层的财富》一书，该书来自他对寻找医治贫困良方的“漫长而孤独的旅途”。普拉哈拉德突破了世界经济的传统思维，指出每天生活在 2 美元贫困线以下的 40 亿人加起来是一个巨大的却被冷落了的市场，“40 亿穷人可以成为下一轮世界贸易和繁荣的引擎”。他计算世界九大发展中国家的购买力，中国、印度、巴西、墨西哥、俄罗斯、印度尼西亚、土耳其、南非和泰国，相当于 12.5 万亿美元。这是一个不能被忽略的市场。市场潜能的真正来源不是发达国家的富裕阶层，也不是新兴的中产消费者，而是亿万热切的贫困人群，他们第一次加入了市场经济的洪流。

金字塔底层的市场可以由跨国或本国的企业、非政府机构以及最为重要的贫困群体自己来共同打造。普拉哈拉德盛赞印度联合利华有限公司的销售策略，该公司将洗衣粉和洗洁精改造成单位价格低廉的小包装，并通过这种新的配送机制创造了新的财富。同时，普拉哈拉德认为慈善机构对穷人的过多施惠并非好事，穷人应该在市场上拥有真正的力量，穷人有获得选择生活和商品的权利，然而现实中穷人却没有充分享有其权利。如果他们的权利不能得到保证，就会导致危机和冲突。普拉哈拉德还指出，并不是中国和印度这样的发展中国家才有穷人，在美国等西方发达国家同样存在穷人。要达成消除贫困的目标，就需要让民间社会和私营部门有越来越多的融合。如果私营部门和民间社会把对方看做是对手而不是合作者，则不能有效地解决这一分歧。因此，解决贫困问题的关键不仅仅是提供慈善资助，而是进一步地建立平等。

8.7.6　思想点评

哈默尔与普拉哈拉德的主要战略思想在于企业应积极建立并充分发挥企业的核心竞争

力。他们指出，如何定位企业的核心竞争力，是企业创造竞争优势的重要前提；而在合理定位核心竞争力之后，如何在实践中发挥这种核心竞争力则更为关键。在具体的战略选择上，多数企业更加关注技术上的创新，而哈默尔则认为，概念上的创新要优先于技术上的创新，概念创新可能会产生更为深远的积极影响。因此，他将创新的精神带进了众多的世界顶级企业，帮助它们开阔了思维，创造了新的规则、事业及产业，并引导了企业的未来发展进程。此外，在瞬息万变的商业世界中，不断寻求新的思路成为生存的必需之道，普拉哈拉德提出了谁先赢得金字塔底层的财富，谁就是未来的商业主宰，为企业的发展打开了一个全新的局面。

8.8 罗伯特·S·卡普兰（Robert S. Kaplan）戴维·P·诺顿（David P. Norton）

罗伯特·S·卡普兰（1940— ）是平衡计分卡创始人之一。他研究、教学以及咨询的领域主要以战略实施和运营管理为主，关注的重点是如何通过成本管理和绩效管理系统，让公司成功实施战略和实现卓越运营。他先后出版了10本专著并发表了150余篇文章，其中10余篇发表于《哈佛商业评论》。由于在财务及管理会计方面的杰出贡献，卡普兰于1994年获得美国会计协会授予的杰出会计教育家奖章；2001年获得美国管理会计师协会授予的杰出服务奖章；2006年被列入会计名人堂，同年获得美国会计协会管理会计分会授予的终身贡献奖。

戴维·P·诺顿是平衡计分卡协会的创始人、主席兼首席执行官。创办平衡计分卡协会之前，他还是复兴全球战略集团的创始人之一，并兼任总裁；在此之前曾创办诺兰·诺顿公司。1992年，卡普兰和诺顿在《平衡计分卡：良好绩效的评价体系》一文中提出一种新的绩效评价体系——平衡计分卡。平衡计分卡自诞生之日起就显现出了强大的生命力，《财富》杂志公布的世界1 000强公司中，有70%的公司使用了平衡计分卡系统；《哈佛商业评论》更是将平衡计分卡评为75年来最具影响力的战略管理工具。

8.8.1 平衡计分卡的产生和发展

20世纪中后期，以高新技术产业为主导的新科技革命促使生产力迅猛发展，知识经济初见端倪，科学技术成为经济发展的决定因素，各类组织面临着充满生机但又荆棘遍布的生存环境。为了应对迅速变化的生存环境和市场需求，管理者需要全面掌握组织的经营业绩和运作情况，尤其是无形资产对组织价值创造的贡献。然而，传统的财务绩效评价模式因其固有的滞后性，已无法满足管理实践的现实需要，平衡计分卡（balanced scorecard card，BSC）应运而生。

1. 平衡计分卡的产生

1990年，美国毕马威会计师事务所（KPMG）的研究机构诺兰·诺顿公司（Nolan Norton Institute）资助了一个题为“未来的组织业绩衡量”的研究项目。该项目为期一年，共有12家公司参加，涉及了制造、服务、重工业和高科技等多个行业。诺兰·诺顿的首席执行官戴维·诺顿担任该项目的负责人，罗伯特·S·卡普兰教授则担任学术顾问。项目开始后，研究团队收集和分析了大量有关绩效评价系统创新的案例，最终把目光锁定在模拟设备公司（Analog Devices）的“企业计分卡”上，它不仅包括了传统的财务指标，还包括与交货时间、制造流程的质量和周转期、新产品开发效率等相关的绩效指标，研究团队都认为这张计分卡最有可能满足项目的预期要求，因此它就成为平衡计分卡的原型。在听取模拟设备公司副总裁阿特·施奈德曼（Art Schneiderman）的经验介绍之后，小组成员进行了深入的研究和反复的讨论，最终创建了一个新的具有财务、客户、内部业务流程、学习与成长四个独特层面的绩效评价系统，这个新的评价系统被命名为“平衡计分卡”。随后，项目小组在多家参与项目的企业中运用和实施了平衡计分卡，并总结了正反两方面的经验，最终于 1990 年 12 月提交了关于平衡计分卡绩效评价系统的可行性和实施效益报告，项目圆满结束。项目结束后，卡普兰和诺顿总结了研究团队的成果，共同撰写了一篇论文《平衡计分卡——良好绩效的评价体系》，发表于 1992 年 1—2 月号的《哈佛商业评论》。该文的发表标志着最初用于衡量企业组织绩效的平衡计分卡正式问世。

2. 平衡计分卡的发展脉络

平衡计分卡自问世以来，受到社会各界的广泛认可并迅速风靡全球，成为近百年来最具影响力的管理工具之一。据调查统计，在世界 500 强中有 80%的企业应用了平衡计分卡，《财富》杂志公布的世界 1 000 强公司中，有 70%的公司采用了平衡计分卡。《哈佛商业评论》在庆祝创刊 75 华诞和 80 周年之际，先后评选了“75 年来最伟大的 75 个管理工具”和“过去 80 来最具影响力的十大管理理念”，平衡计分卡均名列前茅。20 多年来，平衡计分卡不断地丰富、发展和完善，形成了一批极具价值的研究成果，这些成果集中反映了两位创始人的思想轨迹，生动体现了平衡计分卡的理论演变脉络（见图 8—10）。

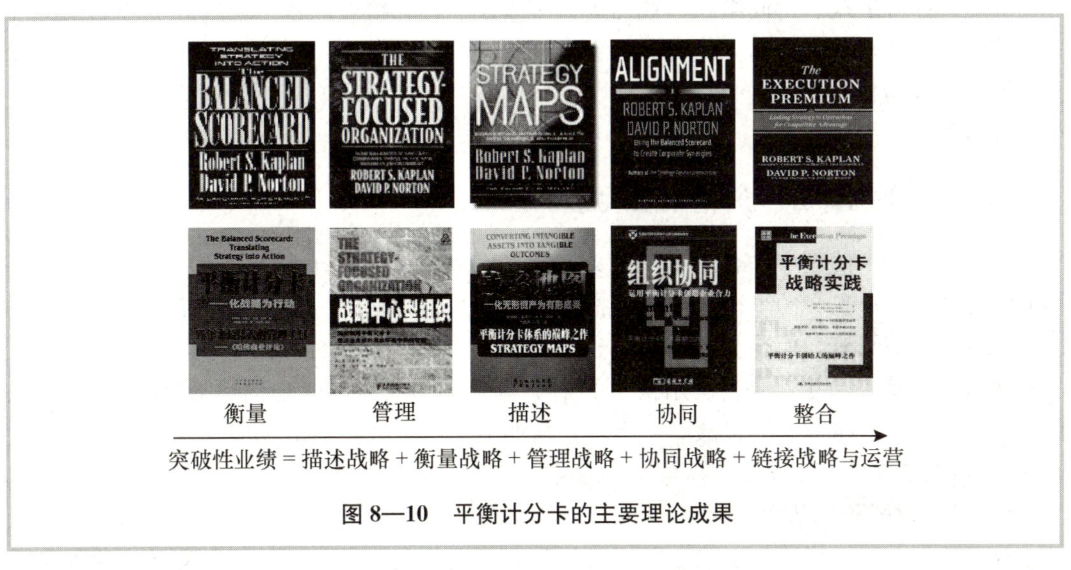

图 8—10　平衡计分卡的主要理论成果

（1）描述战略。

战略地图作为一种可视化的描述工具，其贡献在于通过四个层面之间层层向下牵引和向上支撑的逻辑关系，将概括性的组织战略转化成一整套清晰明确的战略目标和衡量指标。相对于表述笼统的战略，这些目标和指标不仅清晰具体，而且围绕战略主题高度整合。战略目标之间具有严密的因果关系，相应的衡量指标也具有明显的关联性，战略因此得以清晰准确地被描述和诠释。

（2）衡量战略。

卡普兰和诺顿指出，衡量是重要的："不能衡量就不能管理。"任何一个绩效管理系统，其目的都应该是激励所有管理者和员工成功地执行战略。在无形资产决定组织未来的信息时代，组织必须摒弃传统的财务绩效评价模式，在战略的指导下综合财务、客户、内部业务流程、学习与成长四个层面，建立一套全面的、紧密关联的、相互平衡的绩效目标和指标体系，以充分发掘组织核心竞争力的价值源泉。

（3）管理战略。

由于平衡计分卡提供了一个从四个不同层面来描述战略的管理框架，使组织的管理者能够站在全局的高度审视价值创造的绩效结果和驱动因素，因此利用平衡计分卡作为管理平台构建战略中心型组织是管理者们的优先选择，而战略中心型组织的根本特征就在于将战略作为组织变革和管理流程的核心。

（4）协同战略。

平衡计分卡针对传统的职能壁垒提出了创造组织衍生价值的主张，介绍了实现战略协同的八个查验点，并阐释了如何在董事会、组织总部、经营单位、支持单位、外部合作伙伴和客户之间实现密切合作、协同作战、对协同效果进行评估以及对协同流程进行管理的详细方法。

（5）链接战略与运营。

卡普兰和诺顿以战略为纲、以运营为目的、以平衡计分卡为管理工具构建起一套包括开发战略、诠释战略、协同组织、规划运营、监控学习和检验调整六个阶段的战略管理体系。该体系从战略制定开始，将关键流程改进和运营计划编制作为链接的节点，以结构化会议形式的战略检验和调整为终端形成了一个良性的管理循环，从而将战略执行和运营管理有效地整合与协同起来。

8.8.2 平衡计分卡的框架及要素

对平衡计分卡的理解，有广义和狭义之分。广义的平衡计分卡指的是一种先进的战略和绩效管理工具；狭义的平衡计分卡是指与战略地图相并列的一种管理表格。战略地图的价值侧重于描述战略，而狭义的平衡计分卡则侧重于衡量战略，两者通过战略目标这一关键要素紧密连接在一起。通过运用狭义的平衡计分卡和战略地图来描述战略、衡量战略、管理战略、协同战略以及链接战略与运营，从而确保组织战略的成功实施和组织绩效的全面提升。

1. 战略地图及其基本框架

战略地图是对组织战略要素之间因果关系的可视化表示方法，是一个有效诠释和沟通组织战略、说明价值创造过程和描述战略逻辑性的管理工具。为了便于读者的理解和记忆，我们把通用的战略地图形象地比喻为一座四层的房子。位于楼房顶端的是组织的使命、核心价值观、愿景和战略；房子的主体部分为四个楼层，从上往下依次是：财务层面、客户层面、内部业务流程层面和学习与成长层面。战略地图的基本框架如图 8—11 所示。使命和愿景为组织的发展制定了总的目标和方向，帮助股东、客户和员工正确理解组织的目的和期望。战略是平衡计分卡的核心，是组织在认识其经营环境和实现使命过程中所接受的显著优先权和优先发展方向。组织必须通过制定战略将使命和愿景落实到执行层面，把有限的资源集中到对实现组织目标具有重要推动作用的行动计划上去。

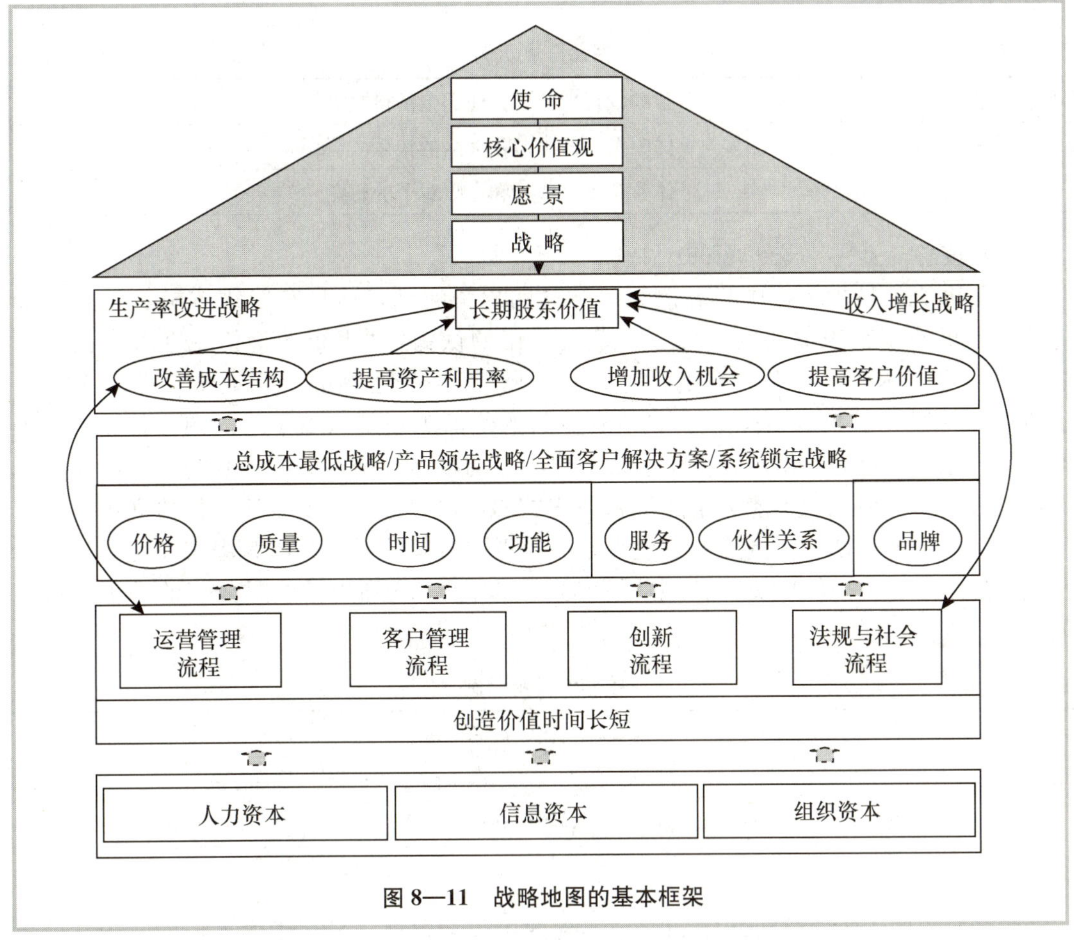

图 8—11　战略地图的基本框架

（1）使命（mission）。

使命是组织存在的根本价值和追求的终极目标，概括了组织为人类所作出的贡献和创造的价值。卡普兰和诺顿认为，使命是一个简明的、重点清晰的内部陈述，说明了组织存在的原因、指引了组织行动的基本目标和明确了员工行动的价值。一个组织的使命可能简单明了，但却能够激励人心。使命不等于经济目标，“利润最大化”并不能激励组织中各个层级的成员，并且不具有指导作用。正如管理学家吉姆·柯林斯所言：“对于那些尚未认清真正核心目的的组织来说，‘股东财富最大化’是一种现成的、标准的目的，但它实际上是一种无效的替代品。”使命可以延续上百年，因此不能将其和具体的目标、战略混为一谈。目标和战略可以随着组织环境和发展的需要而改变，但是使命却恒久不变；目标和战略可以一步一步地实现，但使命却不可能完全实现。使命就像是地平线上的启明星——是组织永远不可及的追求。虽然使命本身不变化，但是它却可以激发改变。“使命永远不可能完全实现”这一事实，恰恰激励着组织持久地追求。使命就像是组织远航时的灯塔，指引着组织发展的方向，指导和鼓舞着组织成员不懈的努力。因此，在现在这个环境日益多变、竞争日益激烈的时代，组织比以往任何时候都更需要明晰自身的使命，这样才能使组织的工作变得更有意义，更能吸引、激励和留住杰出的人才。表8—5列出了几个组织的使命陈述。

表8—5　　使命陈述示例

沃尔玛	帮助顾客省钱，让他们生活得更美好
索尼	体验发展技术造福大众的快乐
耐克	体验竞争、获胜和击败对手的感觉

(2) 核心价值观 (core value)。

核心价值观是指组织中指导决策和行动的永恒原则，体现在组织成员日复一日的行动中，反映了组织深层的信仰。卡普兰和诺顿认为，“组织的价值观（通常被称为核心价值观）体现了组织的态度、行为和特质”。高瞻远瞩的组织通常只有几条核心价值观，一般介于3～5条。因为，只有少数的价值观才是深植于组织内部的、至为根本的指导原则。核心价值观是促使组织长盛不衰的根本信条，不能将其与特定的文化或作业方法混为一谈，也不能为了经济利益或短期权益而自毁立场。核心价值观可以来源于领导者的个人信仰，但真正的价值观必须经得起时间的考验，成为组织文化长期积累和沉淀的结果，为全体成员所共同认可和遵从。表8—6列出了索尼公司的几个核心价值观。

表8—6　　核心价值观示例

索尼	弘扬日本文化，提高国家地位
	成为时代先锋——不追随别人；做不可能的事
	鼓励个体的能力和创造力

(3) 愿景 (vision)。

愿景是组织勾画的宏伟蓝图和期望实现的中长期目标，是组织内人们发自内心的意愿。愿景能够反映组织的使命、核心价值观，明确指引组织战略的制定，正确指导组织成员执行战略的行动，确保组织沿着既定的方向发展。组织的愿景一般由两部分组成：一是组织中长期内要实现的胆大包天的目标（big hairy audacious goals，BHAG）；二是对组织完成胆大包天目标后会是怎样的生动描述。胆大包天的目标应该是简洁、可行并且鼓舞人心的，它是组织成员共同努力的目标，是团队精神的催化剂，能够激发所有人的力量，促使组织团结。而生动描述则是用憧憬的语言传达想要展现给世界的形象。卡普兰和诺顿认为愿景是一个简明的陈述，通常用憧憬的语言传达组织中长期（3～10年）想要展现给世界的形象。一个清晰的、具有说服力的愿景陈述一般包括三个关键因素：挑战性目标、市场定位和时间期限。表8—7是愿景陈述的几个示例。

表 8—7　愿景示例

索尼（50 年代）	成为全球最知名的企业，改变日本产品在世界上的劣质形象
耐克（60 年代）	击败阿迪达斯
斯坦福（40 年代）	成为西部的哈佛

（4）战略（strategy）。

战略是一种假设，是关于为或不为的选择，是组织在认识其经营环境和实现使命过程中所接受的显著优先权和优先发展方向，描述了组织打算为谁创造价值以及如何创造价值，它是平衡计分卡的核心。卡普兰和诺顿主要秉承了战略定位学派的观点，尤其是迈克尔·E·波特的思想，从竞争战略层面来探讨战略。波特把战略分为三个层次：一是定位，即战略就是一种独特、有利的定位，关系到各种不同的运营活动；二是抉择，即在市场竞争中作出取舍；三是配置，即在组织的各项运营活动之间建立一种有效的联系。因此，一份完整的战略既要定义“战略是什么”，还应指出“如何实现战略”。具体如图 8—12 所示。

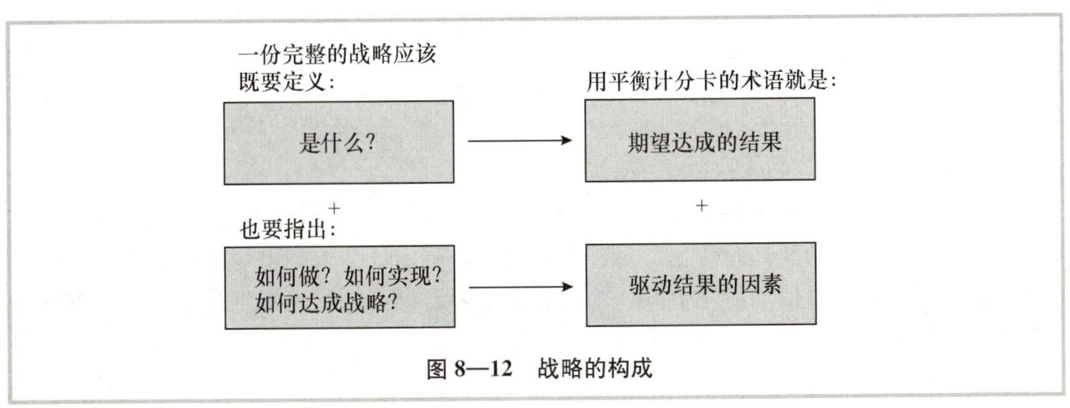

图 8—12　战略的构成

需要注意的是，战略是从组织使命到员工行动这一连续统一体中的一环，它自身无法构成一个独立的管理系统。通常，战略由多个并存且互补的战略主题组成。在制定战略时，全面准确的战略表述需要包括三项基本要素：目标、优势和范围。战略表述示例如表 8—8 所示。

表 8—8　战略表述示例

美国西南航空公司		
目标（O）	战略要达到的最终结果	成为美国最盈利的航空公司
优势（A）	组织达到目标采用的方法	以公共汽车、火车的价格、频率及可靠性，提供快速的航空服务
范围（S）	组织想要经营的领域与市场	针对那些注重飞行便利性并对价格敏感的乘客

（5）战略地图的四个层面。

战略地图的主体由四个层面构成，从上到下依次是财务层面、客户层面、内部业务流程层面以及学习与成长层面。前两个层面描述了组织所期望的最终成果，后两个层面则描述了如何实现战略的过程。战略地图四个层面的关系如图 8—13 所示。

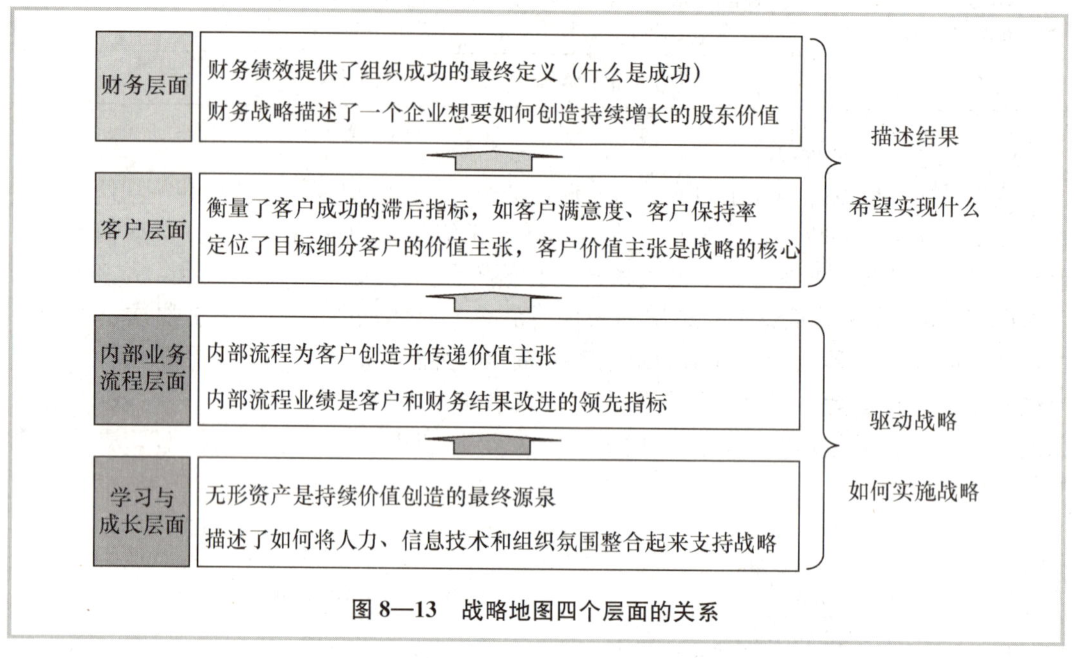

图 8—13　战略地图四个层面的关系

1）财务层面（financial perspective）。

财务层面以传统财务术语（如投资报酬率、收入增长和单位成本等），描述战略的有形成果，提供组织成功的判断依据。对于企业来说，平衡计分卡财务层面的最终目标是利润最大化，确保股东价值的持续提升。为了达成这一目标，组织可以通过收入增长和生产率改进这两种战略来改善组织的财务绩效。

第一，收入增长战略，即“开源”，可以通过两种途径实现：一是增加收入机会，通过销售新产品或发展新的客户来创造收入增长。二是提高客户价值，即加深与现有客户的关系，销售更多的产品和服务。第二，生产率改进战略，即“节流”，也可以通过两种途径实现：一是改善成本结构，即通过降低直接或间接成本来改善成本结构，使得生产同样数量的产品却消耗更少的人、财、物等资源。二是提高资产利用率，即通过更有效地利用财务和实物资产，减少实现既定业务水平所必需的流动资金和固定资本。相比而言，收入增长通常比生产率改进花费更长的时间。因此，在确定这一层面的目标时，必须同时关注长期（收入增长）和短期（生产率）两个方面，使组织能够在短期利益和长期目标之间保持平衡。

2）客户层面（customer perspective）。

客户层面定义了组织战略所选择的客户价值主张。客户价值主张是一种针对竞争对手的战略模式，是组织经过战略分析，在界定细分市场和目标客户的基础上，为客户提供的一整套有关产品与服务特征、关系和形象等方面的独特组合。差异化的客户价值主张不仅决定了战略所瞄准的市场群体，而且也决定了组织如何使自己相对于竞争对手更具特色。客户价值主张的选择是战略确定的中心要素。卡普兰和诺顿在前人研究的基础上总结出了四种通用的客户价值主张：总成本最低战略、产品领先战略、全面客户解决方案以及系统锁定战略。此外，客户层面还包括衡量客户价值主张成功的滞后和结果性指标，如客户满意度、客户保持率、客户增长率等。

特定的客户价值主张定义了组织的战略，战略的本质在于选择。因此，组织应当在综合分析环境因素以及自身情况的基础上选择一种合适的客户价值主张，并将其转化为特定的目标、指标、目标值和行动方案，以便组织成员能够更深入地认识、更准确地把握体现差异化的战略要素，从而把客户价值主张落实到每个组织成员的具体工作当中。四种客户价值主张的内涵及相互间的区别如表 8—9 所示。

表 8—9　　四种通用的客户价值主张的内涵及其区别

类型 项目	总成本最低战略	产品领先战略	全面客户解决方案	系统锁定战略
价值定位	为客户提供可靠的、及时的、低成本的、有限选择的产品和服务	为客户提供高品质的、领先的、选择多样化的产品和服务	为客户提供全面的、定制化的产品和周到的、持续性的服务	为客户提供难以转换的、标准化的产品、服务或交流平台
差异化因素	关注价格、时间、质量和品牌	关注时间、功能和品牌	关注服务、伙伴关系和品牌	关注功能、服务、伙伴关系和品牌
代表性企业	丰田、松下电器、西南航空、戴尔、麦当劳、沃尔玛	宝马、奔驰、耐克、索尼、英特尔	IBM、美孚石油公司	微软、思科、eBay、黄页、美国运通、Visa、万事达
基本要求	具有很强的成本控制能力，对大众消费口味的调查很在行	具有很强的创新和产品研发能力，能够快速地将新产品投入市场	对客户关系管理十分在行，强调同客户建立长期的友好关系	拥有专利、许可协议或专有知识，能够创建行业标准并持续创新

3）内部业务流程层面（internal process perspective）。

内部业务流程层面阐述了创造价值的少数关键业务流程，即为实现客户价值主张所必需的重点工作。根据创造价值时间的长短，内部业务流程又可以分为运营管理流程、客户管理流程、创新流程以及法规与社会流程四类。运营管理流程是指生产和交付产品或服务的流程，卓越的运营可以为企业带来质量、成本、生产周期和服务效率等方面的巨大改进。客户管理流程是建立并利用客户关系以提高客户价值的流程，它反映了组织选择、获得、保留目标客户并不断扩大客户规模的能力。创新流程是指开发新产品、新服务、新流程和新关系的流程，它是提升客户获得率和增长率、提高客户忠诚度和增加利润的必要条件。法规与社会流程主要是指改善社区和环境的流程，有效的法规与社会流程可以驱动长期股东价值的创造。具体如图 8—14 所示。

4）学习与成长层面（learning and growth perspective）。

无形资产是组织持续创造价值的源泉，学习与成长层面描述了组织的无形资产及其在战略中的作用，具体包括人力资本、信息资本和组织资本三个方面。人力资本是指执行战略所需的知识、技能和才干；信息资本是指支持战略所需的信息系统、数据库、网络和技术基础设施；组织资本体现了执行战略所需的动员和持续变革流程的组织能力。这些资产必须相互协调并与关键内部流程保持战略的一致性。

运营管理流程	客户管理流程	创新流程	法规与社会流程
生产和交付产品/服务的流程	提高客户价值的流程	创造新产品/服务的流程	改善社区和环境的流程
生产并向客户提供产品和服务	建立并利用客户关系	开发 新产品、新服务、新流程和新关系	• 遵章守法 • 满足社会的期望 • 建设繁荣的社区
• 从供应商处获得原材料 • 将原材料转变为产品或服务 • 向客户分销产品或服务 • 管理风险	• 选择目标客户 • 获得目标客户 • 保留目标客户 • 增长客户业务	• 识别新产品或服务的机会 • 管理研发组合 • 设计和开发新产品或服务 • 将新产品或服务推向市场	• 环境业绩 • 安全和健康业绩 • 员工雇用 • 社区投资
短波（6~12月）	中波（12~24月）	长波（24~48月）	长期

图 8—14　四类创造价值的内部业务流程

资料来源：［美］罗伯特·S·卡普兰、大卫·P·诺顿：《战略地图：化无形资产为有形成果》，53 页，广州，广东经济出版社，2005。

第一，人力资本。在战略地图中，人力资本被划分为知识、技能、价值取向三个方面。其中，知识是指执行工作所要求的一般背景知识；技能是指弥补一般基础知识要求的技能，如谈判、协商和项目管理等技能；价值取向是指在既定工作中能产生突出绩效的特性和行为，例如有些工作要求团队合作精神，有些则要求以客户为导向等。

第二，信息资本。信息资本可以分为“硬件”和“软件”两个部分，即技术基础设施和信息资本应用程序。管理者必须知道如何为组织的特定战略选择相应的信息资本组合，以及如何管理支持战略所需的信息资本组合。

第三，组织资本。组织资本被定义为执行战略所需的动员和维持变革流程的组织能力，即将组织拥有的能力和技术协同起来以实现战略目标的能力。为了有效地描述和衡量组织资本，平衡计分卡将组织资本划分为四个组成部分：文化、领导力、协调一致和团队工作。

综上所述，战略地图的四个层面先后回答了四个问题：财务层面回答的是我们如何满足股东的期望；客户层面回答的是我们如何满足目标客户的需求；内部业务流程层面回答的是我们必须做好哪些重点工作；学习与成长层面回答的是我们必须在哪些无形资产上做好准备。这四个层面以特定战略为核心，从上往下层层牵引，从下往上层层支撑。具体如图 8—15 所示。

使命、核心价值观、愿景、战略四个层面及其构成要素通过逻辑因果关系有效整合起来，形成了战略地图的具体框架，如图 8—16 所示。这个框架就是卡普兰和诺顿的战略地图

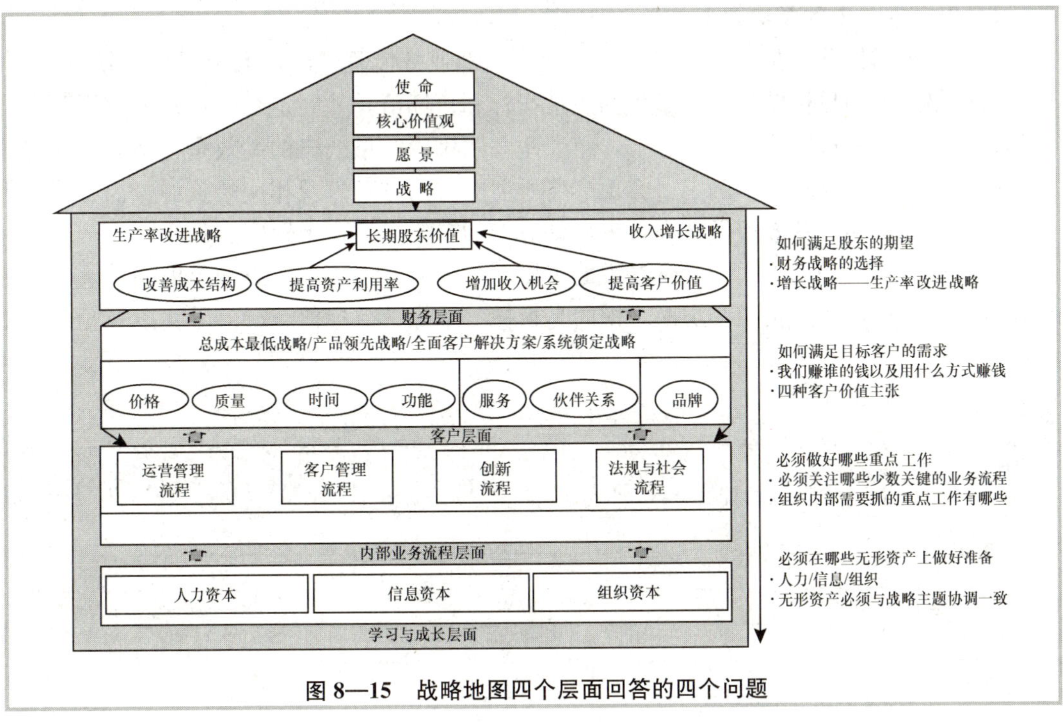

图 8—15 战略地图四个层面回答的四个问题

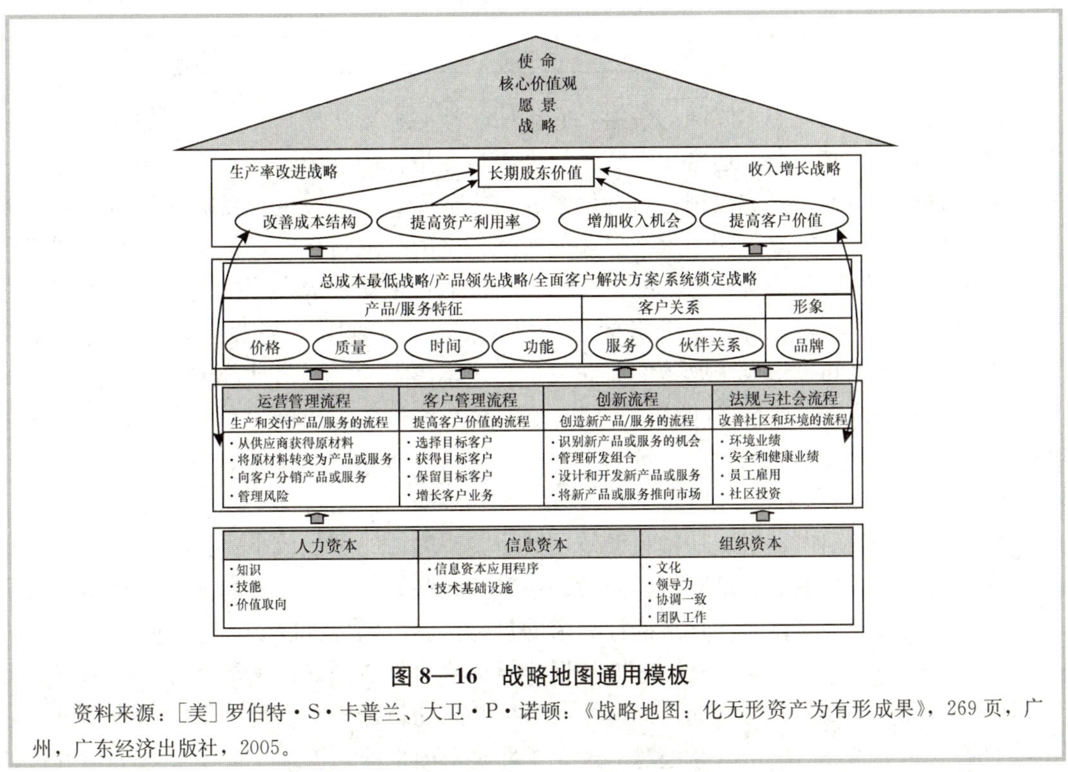

图 8—16 战略地图通用模板

资料来源：[美] 罗伯特·S·卡普兰、大卫·P·诺顿：《战略地图：化无形资产为有形成果》，269 页，广州，广东经济出版社，2005。

图通用模板，主要适用于以营利为目的的企业组织，而政府、事业单位、军事机关等公共组织的战略地图框架则需根据组织属性及相应的运营实际进行必要的调整。

2. 平衡计分卡的关键要素

狭义的平衡计分卡是一个由财务、客户、内部业务流程、学习与成长四个层面构成，用以将战略地图的目标转化为可量化的衡量指标和目标值，并制定相应行动方案和预算计划的管理表格。通过制作平衡计分卡，组织建立了用以衡量战略的绩效指标体系，明确了未来所要达到的绩效水平，确定了实现战略所需的行动方案以及相应的资源。需要强调的是，平衡计分卡不是绩效评价量表，平衡计分卡的首要目的在于管理而非评价。

平衡计分卡的表现形式是一张二维的表格，如表 8—10 所示。纵向是财务、客户、内部业务流程、学习与成长四个层面，横向是目标、指标、目标值、行动方案以及预算和责任制。

表 8—10 平衡计分卡（样表）

要素 层面	目标	指标	目标值	行动方案	预算和责任制
财务					
客户					
内部 业务流程					
学习 与成长					

目标是战略与绩效指标之间的桥梁，它说明了战略期望达成什么，即若想实现战略在各层面中要做好哪些事情，通常用动宾短语来表达；指标则紧随目标，用以衡量目标的达成情况，通常以名词的形式出现；目标值是针对指标而言的，设定了目标在特定指标上的未来绩效水平；行动方案说明了怎么做才能实现预定的战略目标，通常是指某种计划或项目，制定行动方案时要综合考虑目标、指标和目标值；预算和责任制则说明了实施行动方案所需的人、财、物等资源。由于指标是由目标推导出来的，而各目标之间具有因果关系，因此各指标之间也形成了紧密的关联关系。从整体上看，平衡计分卡的逻辑关系呈现为一个由纵向因果关系、横向推导关系以及指标关联关系构成的网状结构，如图 8—17 所示。

（1）目标。

目标是一定时期内，组织在特定绩效领域所希望取得的理想成果。目标指出了有效实施战略所必须做好的事情，是对组织使命、愿景和战略的进一步展开和细化，是组织协调一致的核心和关键。具体而言，平衡计分卡的目标主要可以分为以下几种类型：

第一，长期目标、中期目标、短期目标。根据价值创造周期，平衡计分卡中内部业务流程层面的目标可以划分为长期目标、中期目标和短期目标。平衡计分卡的构成是以战略主题为基本单元的，而单个战略主题的确定主要是对内部业务流程层面中少数关键流程的组合。不同时限战略主题的组合能够从整体上直接反映战略的意图，保证组织在短期利益和长远发展之间取得有效平衡，从而实现股东价值的持续性增长。

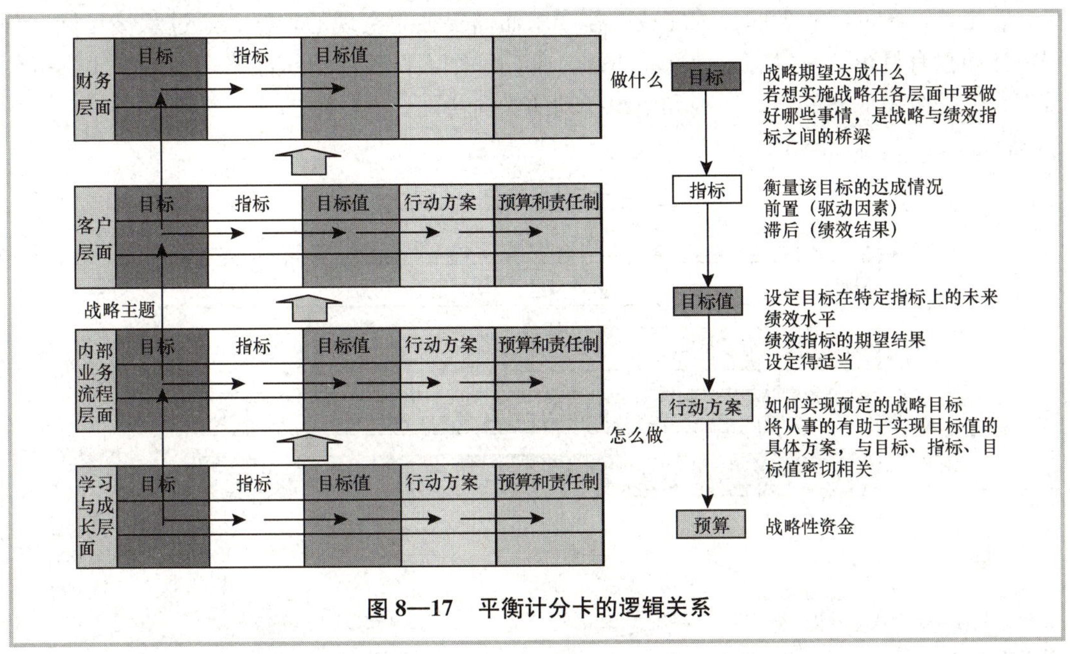

图 8—17　平衡计分卡的逻辑关系

第二，组织目标、部门目标、个人目标。根据组织的管理层次，平衡计分卡的目标可以划分为组织目标、部门目标和个人目标。组织目标是对组织战略的具体细化和明确界定；部门目标主要是对组织目标的承接和分解；个人目标则是根据职位职责，对其所在部门的目标的承接和分解。具体如图 8—18 所示。

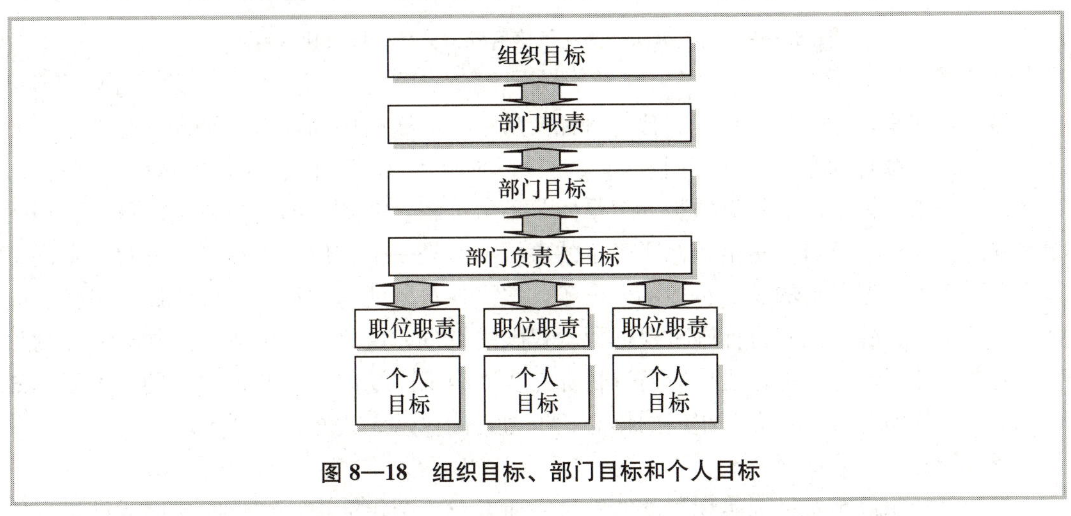

图 8—18　组织目标、部门目标和个人目标

第三，承接目标、分解目标、独有目标。从组织的纵向协同来看，平衡计分卡通过分层承接和分解的方式把战略转化为承接目标、分解目标和独有目标，将各个分散的业务单元和职能部门的不同工作协同起来，实现 1+1>2 的功效，确保组织价值的最大化。承接目标是指上下级公司、部门（或职位）之间一脉相承的共同目标；分解目标是指从上级公司、部门（或职位）目标分解到下级公司、部门（或职位）的目标；独有目标是指在承接和分解之外，各部门、各职位为完成工作要求而需要独立实现的目标。通过承接目标、分解目标和独有目标，可以有效地联系组织、部门和个人，确保组织战略切实地落实到每位员工，促进组织战略的顺利实现和组织行动的纵向协同。具体如图 8—19 所示。

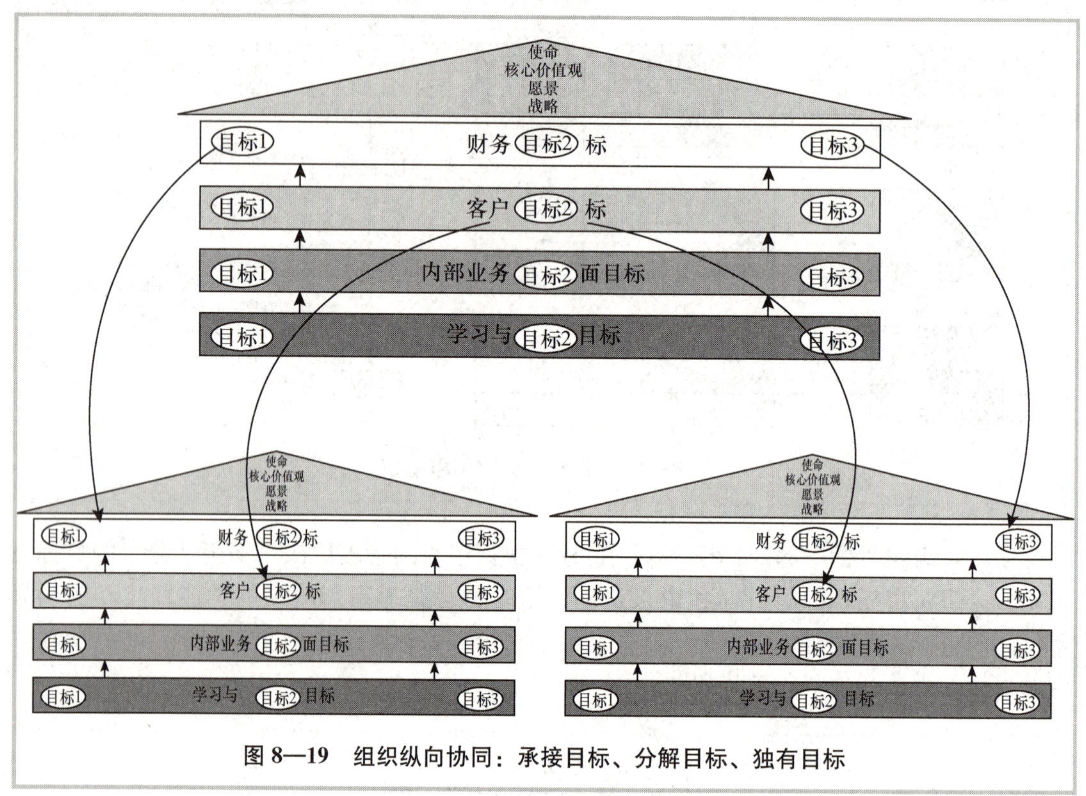

图 8—19　组织纵向协同：承接目标、分解目标、独有目标

第四，共享目标、分享目标、独有目标。从组织的横向协同来看，平衡计分卡是按照分工与协作相结合的原则，把部门和个人的目标划分为共享目标、分享目标和独有目标。共享目标是指目标所确定的事项是一个整体，不可分解，需要不同部门或不同员工合作才能完成的目标；分享目标是指目标所确定的事项虽然是一个整体，但是可以分解，不同部门或不同员工根据各自的职责承担部分任务，按照各自所处的流程节点位置进行衔接和配合才能完成的目标；独有目标则是根据职责权限的划分，由单个部门或员工独立完成的目标，通常不需要与他人进行协作。通过目标来实现组织的纵向协同和横向协同，可以有效提高组织的战略执行力，提升组织的核心竞争力，确保组织战略的顺利实现。

（2）指标。

指标是指用以衡量目标实现程度的标尺。通常对单个指标进行评价所形成的结果只能反映绩效目标的某一个方面，只有根据工作的数量、质量、时间、成本等不同维度进行指标设计和组合，才能得到一个综合的评价结果，从而真实地反映预期绩效和实际绩效的吻合程度。因此，在平衡计分卡中，指标也被划分为不同类别：

第一，财务指标与非财务指标。平衡计分卡在保留财务指标的同时，将非财务指标分为客户类指标、内部业务流程类指标和无形资产类指标，从而形成一个基于目标因果关系链的绩效指标体系。

第二，客观指标与主观判断指标。将指标分为定性指标和定量指标是管理实践中最为常见的做法。实际上，无论是定性指标还是定量指标都能转化为数值形式，从而模糊了两者之间的界限。为避免这一现象，平衡计分卡将定性和定量指标改为主观判断指标和客观指标。客观指标的评价依赖于直接的数据，而主观判断指标的评价建立在对数据和信息的综合分析之上，受制于评价者的知识、经验和主观感受。

第三，前置指标与滞后指标。平衡计分卡为了突显价值创造过程中绩效结果和驱动因素之间的因果关系，将指标划分为前置指标和滞后指标，并力求在两者之间取得平衡。把前置指标纳入组织绩效管理的体系中来，弥补了以往绩效管理工具只重视滞后指标的片面性，使得那些对组织成功有利的、不容易发现和评价的行为能够得以衡量，如表 8—11 所示。

表 8—11　滞后指标与前置指标的比较

	滞后指标	前置指标
定义	一个时期结束时的结果指标 通常具有历史绩效的特征	驱动或导致滞后指标绩效的指标 通常评价目标实现过程和活动的绩效
举例	销售额 员工满意度	花在客户身上的时间 缺勤率
优势	易于辨别和确认	起预测作用 允许组织根据结果随时调整
劣势	侧重于历史，无法反映现时活动 缺乏预测力	难以辨别和确认 许多新指标在组织里缺乏历史数据支持

第四，计分卡指标和仪表盘指标。计分卡指标涉及财务、客户、内部业务流程和学习与成长四个层面，通常是员工的日常行为不能直接影响到的战略性和结果性的指标，并多为聚焦于跨业务和跨职能的滞后指标，其更新频率往往是以月或年为周期，其作用在于牵引组织对关系组织战略实现的关键目标进行衡量。仪表盘指标则主要涉及内部业务流程层面，通常是员工的日常行为可以影响到的运营性和过程性的指标，并多为聚焦于局部的部门、职能和流程的前置指标，其更新频率往往是以天甚至小时为周期，其作用在于规范员工的具体行为和监测日常运营过程。计分卡指标和仪表盘指标之间通过目标的衔接而相互联结在一起，两者之间形成了一个有机的整体。

第五，评价指标和监控指标。为了从众多指标中找出对组织战略成败最具影响的因素，平衡计分卡将绩效指标分为评价指标和监控指标。评价指标又称为战略性指标，是指组织为了取得竞争优势而用来界定战略的指标，这类指标一般都需纳入绩效评价量表以便定期对目标进行衡量。监控指标又称为诊断性指标，是指那些可以监控组织是否按部就班地运转并在出现异常现象时需要立刻注意的指标。平衡计分卡中的指标多是帮助组织达成战略的战略性指标，仅有少数监控组织运行的诊断性指标。通常，一个高水平的平衡计分卡大约包括 30 个指标，只有将平衡计分卡指标控制在一定的数量范围之内，才能有效聚焦管理者的注意力和精力，集中有限的优势资源促进组织战略的顺利实现。

（3）目标值。

目标值是指既定目标在相应指标上所期望达到的绩效标准。如果说目标描述了实现战略所需做好的事项，指标显示了如何追踪和评价目标的实现程度，那么目标值则说明了这些关乎战略成败的事项应该做到何种程度。通过有时间限制和具体量化的目标值，可以把笼统的描述性目标转变为明确细化的绩效任务。目标值提供了奋斗的方向，指明了需投入的资源规模和应付出的努力程度，对员工也能产生内在的激励作用。但是，激励作用的形成取决于合理的目标值设置。目标值既要有一定的挑战性，即需要员工经过一定的努力才能达成；同时，目标值又不宜设置得太高，以免使员工望而生畏，影响战略目标的顺利实现和提升员工的自我效能感和工作满意度。

(4) 行动方案。

行动方案是指有时间限制的、自主决定的项目或计划。行动方案的制订需要兼顾目标、指标和目标值的要求，将具有时间限制的、量化的目标值转化成为具体可操作的实际行动，从而明确实现战略目标所需的途径和方法，帮助组织达成绩效目标。通常，每个非财务类目标至少有一个行动方案来支撑。战略主题将不同目标的行动方案绑定在一起，形成一个整体性的行动方案组合，基于同一战略主题的行动方案必须协调同步。因此，管理者需要对行动方案进行严格的筛选、管理和评估，确保所选的行动方案能够全面支撑战略目标并切实得到有效执行。至此，组织的战略经过目标、指标、目标值和行动方案的步步诠释，已经从一个静态的、笼统的战略谋划变成了组织在一段时间内必须完成的若干个具体的计划或项目。

(5) 预算和责任制。

与行动方案密切相关的是预算和责任制。其中，预算要解决的问题是为行动方案提供合理的资金支持，责任制则是要明确实施和管理行动方案的责任人及其职责。平衡计分卡主张将组织的战略制定过程和预算编制过程结合起来进行。利用平衡计分卡来驱动预算程序，可以使组织明确制定预算的根本目的，确保组织将有限的资金分配给最重要的战略行动方案。同时，在为行动方案提供资金保证的同时，组织应该建立起有关战略执行的责任机制。通常，平衡计分卡要求组织根据管理层级、职责权限以及管理跨业务和跨职能流程的需要，以战略主题为单元，为相应的行动方案选择主题负责人和执行团队，并通过一系列管理会议来定期回顾行动方案实施的进程和效果。由此，组织的战略及绩效管理过程便形成了一个包括计划、监测、执行、评价、调整和问责等诸环节在内的良性循环，为组织战略的顺利实现提供了清晰的思路和有力的保障。

8.8.3 基于平衡计分卡的战略管理流程

卡普兰和诺顿提出的基于平衡计分卡的战略管理流程，是由六个阶段构成的闭环系统，如图 8—20 所示。

(1) 开发战略。

在开发战略阶段，组织应该解决三个问题：一是明确使命、价值观和愿景；二是开展战略分析，以审视内外部环境，了解对组织的竞争和运营将会产生影响的各种因素；三是制定战略。

(2) 诠释战略。

在诠释战略阶段，组织应该解决五个方面的问题：一是开发战略地图；二是确定目标

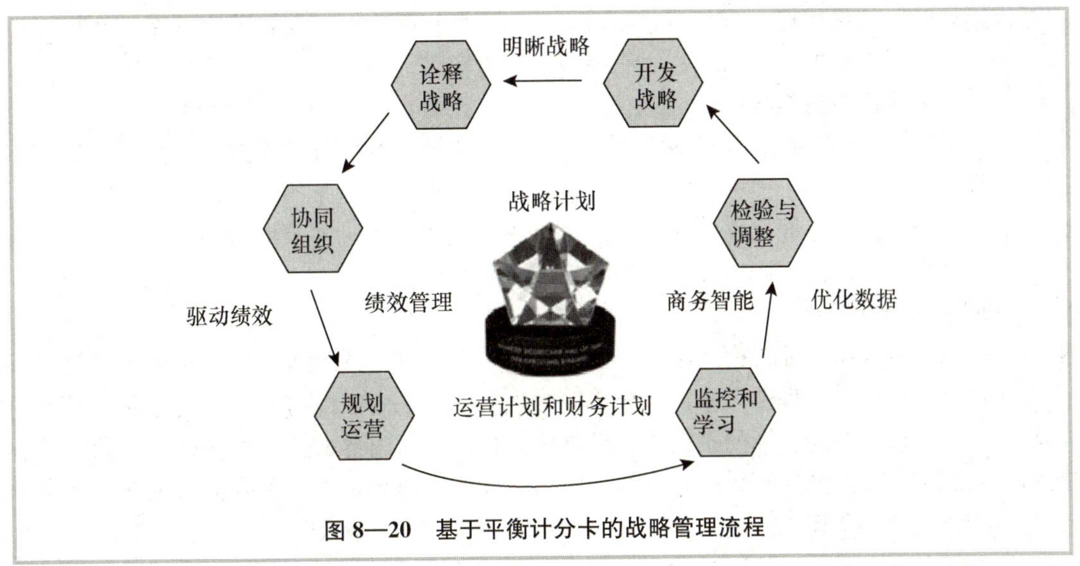

图 8—20　基于平衡计分卡的战略管理流程

和选择指标；三是确定目标值和行动方案；四是提供预算和建立责任机制；五是建立主题团队。

（3）协同组织。

在协同过程中，组织要解决三个问题：一是明确协同的顺序和查验点；二是明确协同组织总部与业务单元；三是明确协同业务单元与支持单元。

（4）规划运营。

在规划运营过程中，组织要解决两个问题：一是改进关键流程；二是制订运营计划。

（5）监控和学习。

组织应该通过召开运营回顾会议审视部门和职能单元的绩效情况并找出存在的问题；同时，召开战略回顾会议，讨论各单元平衡计分卡上的指标和行动方案，评估战略执行的进程和障碍。

（6）检验与调整。

除了经常性的运营和战略回顾会议，组织还需要单独召开另一类会议——战略检验和调整会议，以检测基本战略假设是否依然有效，进而适时进行调整。

8.8.4　平衡计分卡的特点与功能

作为一个新的战略及绩效管理工具，平衡计分卡具有自身的鲜明特点和功能定位。了解这些特点及其功能，不仅可以将平衡计分卡与其他管理理论和工具有效区分开来，例如目标管理、关键绩效指标等，而且还能够与伪平衡计分卡划清界限，例如 KPI 平衡计分卡和利益相关者平衡计分卡等。同时，还有助于我们在平衡计分卡的设计与实施过程中准确把握其内在本质，充分发挥平衡计分卡的优势和功能。

1. 平衡计分卡的主要特点

（1）始终以战略为核心。

平衡计分卡以提升战略执行力为出发点，结合时代背景和环境特征，围绕组织战略，通过描述战略、衡量战略、管理战略、协同战略以及将战略管理与运营管理有效链接等环节，来确保组织战略的有效落实和组织绩效的显著突破。

（2）重视协调一致。

为了实现化战略为行动的目的，平衡计分卡将协调一致提升到了战略的高度，认为协同不仅是创造组织衍生价值的根本途径，也是实现客户价值主张的必要保障。因此，平衡计分卡从逻辑上明晰协同思路、从体系上整合协同主体、从机制上保障协同效果，从而形成一套严谨有效的协同机制以保障组织战略的成功执行。

（3）强调有效平衡。

为了弥补传统绩效评价模式单纯依赖财务绩效指标的局限性以及管理上的短视行为，确保绩效评价的科学合理性，平衡计分卡非常强调有效平衡，即财务指标与非财务指标的平衡、长期目标与短期目标的平衡、外部群体评价指标与内部群体评价指标的平衡、客观指标与主观判断指标的平衡、前置指标与滞后指标的平衡等，以此来确保组织战略的全面实现和组织绩效的整体提升。

2. 平衡计分卡的功能定位

从整体来看，平衡计分卡的功能随着理论体系本身的不断发展和完善而发生着变化。这种变化表现在它由最初的绩效评价工具转变为战略及绩效管理工具，乃至发展为整个组织的管理平台，其应用领域也由企业组织逐步扩展到政府部门、非营利组织和军事组织。

（1）战略管理工具。

卡普兰和诺顿指出，“战略地图创新的重要性丝毫不亚于最初的平衡计分卡本身。管理层找到了战略内在属性和外在力量的可视化表述方法”。平衡计分卡通过战略地图和平衡计分卡建立了战略协同的机制，填补了传统战略管理过程中战略规划和战略实施之间的模糊地带。同时，平衡计分卡尝试通过战略地图、平衡计分卡以及仪表盘等工具将战略和运营进行有效链接。这是平衡计分卡的最新理论成果，尽管还存在有待完善之处，但是实现战略和运营无缝链接的取向是将战略转化为员工日常行为，确保战略落实的必然选择。

（2）绩效管理工具。

随着平衡计分卡理论的丰富和发展，绩效管理的计划、监控、评价和反馈环节都纳入平衡计分卡的理论范畴之中，涉及绩效目标的设置和评价指标的选择、绩效沟通和辅导、绩效监测和评估、绩效结果的反馈和应用等诸多内容，平衡计分卡也因此成为一个以战略为核心的绩效管理工具。作为一个新的绩效管理工具，平衡计分卡不仅克服了传统财务绩效衡量模式的片面性和滞后性，而且相对于目标管理、关键绩效指标等绩效管理工具也在目标制定、行为引导、绩效提升等方面具有明显的管理优势，因而能够为组织绩效目标的顺利实现提供有力保证。

（3）管理沟通工具。

平衡计分卡为组织提供了一个有效的管理沟通平台。首先，平衡计分卡具有一套层次分明、意义明确、表述统一的概念和术语。例如，使命、愿景、战略、无形资产、人力资本、客户价值主张、战略主题等。这些词汇在统一的平衡计分卡框架内形成了一种新的语言，保证了信息沟通的统一和规范。其次，平衡计分卡是一个具有严密逻辑关系的管理工具。目标之间严密的因果和协作关系以及指标之间的关联关系，明确界定了组织各构成单元和员工所应遵循的沟通渠道、沟通内容以及职责权限。最后，平衡计分卡构建了一套良好的沟通机制。这套机制包括领导者的沟通责任、战略沟通的原则、员工培训、战略反馈、结构化会议等，从而可以对沟通的渠道、传播媒介、沟通方式和频次以及沟通管理等内容做出明确界定。

8.8.5 思想点评

平衡计分卡的出现，一方面适应了管理实践的要求，弥补了传统财务评价系统的不足：它有效地反映了无形资产如何转化为企业的价值，迫使组织思考其战略并描述无形资产将如何影响内部业务流程、客户，从而最终为财务目标作出贡献。另一方面，平衡计分卡是集管理学之大成的一种新的管理平台：它关注客户，强调通过创新或改进少数关键流程为客户创造价值；注重团队工作和知识共享，突出了知识管理和学习型组织的重要性；其建立和实施的过程可以使企业建立持续的竞争优势。平衡计分卡作为一个有效的战略管理工具已被实践所证实。鉴于平衡计分卡在理念和工具上的先进性，很多公共部门也尝试将其引入各自的战略性绩效管理体系中，并取得了不同程度的成功。

本章小结

战略管理学派是一个大师辈出的学派，产生了许多著名的战略管理大师。伊戈尔・安索夫提出战略行为是企业对外部环境的适应以及由此而导致的企业内部结构化的过程。因此，企业制定战略首先是从评价外部环境开始。评价环境可以采用 PEST 分析框架，评估政治、经济、社会、技术对企业的影响，以辨识企业长期的变化驱动力及外部各环境要素对企业的不同作用，从而确定关键环境因素，并以此制定企业战略、调整组织结构，使企业与环境相适应。另外，他还提出了安索夫矩阵，指出企业可以选择四种不同的成长战略来达到增收目的。阿尔弗雷德・D・钱德勒认为公司的战略决定了组织的结构，企业应该先制定最佳的战略，然后再选择与战略搭配最合适的组织结构。企业的发展具有明显的阶段性，不同的发展阶段具有不同的战略、不同的经营规模，因而也有着不同的结构。肯尼思・R・安德鲁斯提出并系统论述了 SWOT 战略分析法，把公司战略提升为管理咨询业中的一个专业领域。他认为，战略形成过程实际上是把企业内部优势和劣势与外部机会和威胁进行匹配的过程。对内部的优势和劣势的分析和评估，可以确定企业的独特能力；对外部环境的机会与威胁的分析，可以确定企业潜在的成功因素。亨利・明茨伯格全面、系统地阐述了经理角色理论，并撰写了《战略历程》一书，梳理了战略管理的十大学派。布鲁斯・亨德森提出了波士顿矩阵来帮助企业思考将所拥有的资源在各种业务或事业部中进行有效分配的问题。迈克尔・E・波特作为“竞争战略之父”，提出了成本领先战略、差异化战略及聚焦战略这三种著名的竞争战略，分析了企业内部活动的价值链模型、共同决定产业的竞争强度和盈利性的五力模型、分析国家竞争力的钻石模型以及产业集群等著名的理论观点。加里・哈默尔和 C. K. 普拉哈拉德提出企业的核心竞争力是企业获取超额收益和保持企业竞争优势的关键，因此企业不应仅将其作为整合已有业务的黏合剂，而且还应充分发挥其作为新业务开发引擎的重要作用。罗伯特・S・卡普兰和戴维・P・诺顿提出的平衡计分卡理论，一方面适应了管理实践的要求，弥补了传统财务评价系统的不足；另一方面集管理学之大成，整合了战略管理、绩效管理、管理沟通等功能于一身，帮助企业和公共部门达到系统协同组织行动、确保战略有效落实和促进组织绩效全面提升的良好效果。

关键术语

战略管理（strategic management）
PEST 分析框架（PEST analysis framework）
组织能力（organizational capabilities）
SWOT 分析（SWOT analysis）
经理角色（manager role）
波士顿矩阵（BCG matrix）
竞争战略（competitive strategy）
核心竞争力（core competence）
平衡计分卡（balanced score card）
战略题图（strategy map）

复习思考题

1. 伊戈尔·安索夫矩阵的主要内容是什么？
2. 阿尔弗雷德·D·钱德勒提出了哪些著名的观点？
3. 请阐述肯尼思·R·安德鲁斯的 SWOT 分析法。
4. 亨利·明茨伯格的经理角色学派的主要观点是什么？
5. 简述布鲁斯·亨德森的波士顿矩阵的主要内容。
6. 请阐述迈克尔·E·波特提出的著名观点。
7. 加里·哈默尔和 C. K. 普拉哈拉德关于核心竞争力的观点是什么？
8. 简述罗伯特·S·卡普兰和戴维·P·诺顿的平衡计分卡的内容和特点。

第 9 章

其他重要的管理思想

管理思想博大精神，从泰勒的科学管理开始，各个管理学派的学者和实践者，分别从不同的角度去理解、探索、解答和预测了管理中的问题，形成了枝节交错、簇叶蔓生的管理理论丛林，涌现和汇集了大量经典的著名学派和学者。我们并不能一一对其进行详尽阐述，本章将重点选择其中几个具有代表性的管理学派及其代表人物进行简要介绍。

9.1 切斯特·I·巴纳德（Chester I. Barnard）的社会协作系统学派

切斯特·I·巴纳德（1886—1961）是社会协作系统学派的创始人。他对管理学的主要贡献是：从社会系统的角度来研究组织问题，把组织看成是人与人之间协作的系统。同时，他还是第一位将理性决策提升为管理核心职能的管理学家，并在组织管理方面进行了开创性的研究，提出了许多与传统组织理论不同的观点，奠定了现代组织理论的基础。他对于现代管理理论的贡献，犹如泰勒对科学管理理论的贡献，西方管理学界普遍认为他是现代管理理论的奠基人，尊称他为“现代管理理论之父”。

9.1.1 组织协作系统论

巴纳德独创性地界定了组织的概念，并将组织分为正式组织和非正式组织，将正式组织定义为两个或两个以上的人有意识地协调活动的协作系统。他认为，协作是整个社会得以正常运转的重要前提条件。协作是一个动态的过程，它的运营环境以及组成要素都在不断地变化，因此协作系统也处于不断的发展变化中。巴纳德提出，作为正式组织的协作系统，不论其规模大小或级别高低，都包含着三个基本要素：协作的意愿、共同的目标和信息的沟通。

（1）协作的意愿。

在任何组织中，协作的意愿都是必不可少的关键要素。但是，不同成员的协作意愿是不同的，同一个人在不同时间协作意愿的强度也是不同的，个人并不能自发地产生协作意愿。个人协作意愿强度的高低，取决于自己参与协作而导致的“牺牲”与组织为自己的协作而提供的“诱因”这两者之间的比较。因此，巴纳德提出了一个著名的关系式：诱因≥贡献。所谓诱因是指组织给成员个人的报酬，这种报酬可以是物质的，也可以是精神的；所谓贡献是指个人为组织目标的实现而作出的贡献和牺牲。由于诱因和牺牲的程度通常是由个人主观决定，而不是客观的。因此，组织满足这些诱因也要因人而异，对于不同的人，组织要给予不同的激励。

（2）共同的目标。

共同的目标是达到协作意愿的必要前提。巴纳德认为，组织目标是整个组织存在的灵魂和奋斗的方向，理解组织的共同目标，必须把握以下几点：第一，必须确保共同的目标能够被组织全体员工所理解和接受，这样才能真正激发员工的协作行为。第二，必须使组织目标同个人目标相协调。巴纳德认为，协作系统的稳定性和持续性取决于协作系统的效率和效能。系统的效率体现为组织目标的达成情况，系统的效能体现为系统成员个人目标的满足程度，而协作效能则是个人效能综合作用的结果。巴纳德将正式的组织目标同个人的需要结合起来是管理思想史上的一项重大突破。第三，必须使组织的目标适应环境的变化。组织的共同目标不是一成不变的，它应当随着组织规模的变化、人员的变化、外界环境的变化和发展而随时调整。

（3）信息的沟通。

信息沟通是实现组织目标的基础，个人协作意愿和组织共同目标只有通过信息沟通才能联系和统一起来。巴纳德提出了信息沟通的一些基本原则：第一，组织成员要清楚了解信息沟通的渠道；第二，每个成员都要有一个明确的、正式的信息沟通渠道；第三，组织成员必须依照正式的路线沟通信息，以免产生矛盾和误解；第四，信息沟通的路线必须尽可能直接和简捷；第五，作为信息沟通中心的各级管理人员必须称职；第六，要确保组织工作期间信息沟通路线的不中断；第七，信息沟通必须具有权威性。

此外，巴纳德在分析正式组织与个人的协作关系时，还注意到了非正式组织的存在。非正式组织没有正式的组织结构，通常也不具有自觉的共同目标。非正式组织可能对正式组织产生一定不利的影响，但也对正式组织至少起着三种积极的作用：第一，信息的沟通；第二，通过对协作意愿的调节，维持正式组织内部的凝聚力；第三，维护个人品德和自尊心。正式组织是保持秩序和一贯性所不可缺少的，而非正式组织是提供活力所不可缺少的；一个管理者如果也是非正式组织的领导者，那么管理就会非常成功。

9.1.2 权威接受论

巴纳德深入地研究了组织的权威问题，认为经理人员作为企业组织的领导核心，必须具有权威。权威是存在于正式组织内部的一种“秩序”，一种信息交流的对话系统，是个人服从于协作体系要求的愿望和能力。巴纳德提出了著名的权威接受论，给予了权威一种自下而上的解释。也就是说，一项命令是否有权威性取决于接受命令的人，而不取决于权力当局或发布命令的人。巴纳德还发展出一个“无异区间”的概念，用来解释一个组织怎样才能够在这种独特的权威概念下进行工作。在这个“无异区间”内，每个人都必须接受命令，不能质疑权威。“无异区间”的大小则主要取决于对个人来说诱因相比负担和牺牲所超出的程度。巴纳德认为，个人承认命令的权威性主要基于四个条件：(1) 他们理解了所传达的命令；(2) 他们认为命令与组织的目标是一致的；(3) 他们认为命令与个人利益是一致的；(4) 他们认为在精神上和身体上能够执行或遵守命令。

9.1.3　组织决策论

巴纳德指出，组织理论研究的重点不是组织作业的科学化与合理化，而是组织的决策活动，组织的存在和持续发展在很大程度上取决于管理者的决策水平。他进而分析了决策的主体、起因和要素等，提出了许多独到的见解，为西蒙决策理论的形成提供了理论基础和思想素材。

第一，对于决策的主体，巴纳德认为，组织中的决策有个人决策和组织决策两种。个人决策是为了实现个人目标进行的决策，是组织成员具有协作意愿的基础；组织决策是为了实现组织目标而进行的决策，通常由许多人共同参与，在决策过程中，还需要各级管理者作出相应的具体决策。

第二，对于决策的起因，巴纳德认为，组织决策的来源一般有三个：上级指示、下属要求以及管理者的创新。上级指示是决策产生的主要来源；下属要求一般是由领导无能或命令不清晰造成的结果；管理者的创新是指管理者根据自身能力和环境的变化作出的决策，体现了管理者的开创性和前瞻性。

第三，对于决策要素，巴纳德认为，决策的制定同时受到客观因素和战略因素的制约。客观因素包括目标和环境两个方面，决策的机能就是协调这两个要素的相互关系；战略因素是基于环境的不确定性而提出的，是实现组织目标所必需的因素。

9.1.4　组织平衡论

巴纳德认为，组织是一个开放的系统，管理的艺术在于维持组织的平衡，通过维持诱因与贡献的平衡，确保组织成员之间的协调一致。具体而言，组织平衡包括组织的内部平衡和外部平衡。

(1) 内部平衡。

内部平衡是指通过保持对组织成员的诱因和贡献的平衡，来确保组织成员积极地达成组织目标的过程。这个过程也是对成员进行激励的过程，是组织目标和个人目标平衡的过程。经济诱因和非经济诱因是实现内部平衡的决定性因素，经济诱因是指组织对其成员提供的货币、物品等物质报酬；非经济诱因是指晋升、荣誉、权力等非物质因素。

(2) 外部平衡。

外部平衡是指组织与外部的平衡，主要包括两个方面：一是组织分系统与其他子系统之间的平衡，也就是组织系统与生产系统、人事系统和市场系统进行合理协调的过程，从而使以组织为中心的各个分系统构成一个统一的协作系统；二是协作系统与外部环境之间的平衡，即系统要根据外部的经济、技术、社会等条件的变化，不断调整和更新自己的目标，确保二者之间的平衡。

9.1.5 经理人员的职能

巴纳德认为，组织中的经理人员应在一个正式组织中发挥系统运转中心的作用，通过对组织成员的活动进行协调和指导，以实现组织的目标。概括而言，经理人员的职能主要有三项：

(1) 建立和维持信息沟通系统。由于正式组织具有复杂性的特点，因此需要建立和维持一个畅通的信息沟通系统，从而使得组织中的各个部分和要素联结为一个整体，组织活动得以顺利开展。

(2) 从不同的组织成员那里获取必要的服务。具体而言，需要招募和选拔能力最好的并能有效协调工作的人员，采用激励、奖励、监督、控制等途径保持组织系统的生命力。

(3) 制定和解释组织的共同目标，并努力协调个人目标与组织目标之间的矛盾。

9.1.6 领导的性质

巴纳德在《组织与管理》一书中突出强调了经理人员在企业组织与管理中的重要领导作用，从五个方面精辟地论述了“领导的性质”这一关系到组织生存和发展的根本性问题。

(1) 领导者的主要工作。

巴纳德认为，领导者的主要工作包含四大要素：一是确定目标，即根据组织的宗旨或者总的任务确定自己的行动目标；二是运用手段，即一方面要求领导者懂专业技术知识，另一方面又不能忽视为人处世、组织领导等基本领导品质；三是控制组织，即通过有效手段确保成员按组织目标开展工作；四是进行协调，即引导被领导者，把他们的聪明才智转换成协调一致的行动。

(2) 领导者所处的环境。

领导者所处的环境可以分为稳定的情况和极端不稳定的情况。在稳定的情况下，领导者的行为可能是冷静的、深思熟虑的、未雨绸缪的，而且需要自我控制以及娴熟的人际交往能力；在极端不稳定的情况下，领导者要在精神和身体上鼓足勇气、当机立断、积极主动。

(3) 领导者的个人素质。

巴纳德认为，领导者个人素质应包含五大要素：活力和忍耐力、决断力、说服力、责任感和智力水平。他特别强调了非智力水平的重要性。

(4) 领导者的培训。

巴纳德认为，组织需要通过培训增强领导者一般性知识和专业性知识，并在工作实践中锻炼平衡感和洞察力。

(5) 领导者的选拔。

领导者的选拔取决于两种授权机制——代表上级的官方授权（任命或免职），代表下级的非官方授权（接受或拒绝），下级的拥护程度是领导者能否取得成功的关键。

9.1.7　思想点评

巴纳德管理思想的主要特点表现为：(1) 最早把系统理论和社会学知识运用于管理领域，创立了社会协作系统学派；(2) 提出了有关经理职能的独特阐释；(3) 首先对“沟通”、“动机”、“决策”、“目标”和“组织关系”等问题进行了开创性的专题研究；(4) 将法约尔等人的研究向前推动了一大步；(5) 他的“权威接受论”对权威提出了全新的看法，并启发了后续学者的研究；(6) 运用社会心理学的分析方法，把人性的理论作为其管理理论的出发点；(7) 运用系统分析的方法，把企业组织看做一个由相互联系的各个部分构成的整体，并把企业组织这一整体置于社会这一更大整体的相互联系之中。巴纳德在组织管理理论方面的开创性研究，奠定了现代组织理论的基础，后来的许多学者如梅奥、德鲁克、孔茨、明茨伯格、西蒙、利克特等人都极大地受益于巴纳德，并在不同方向上有所发展。

9.2　赫伯特·A·西蒙 (Herbert A. Simon) 和詹姆斯·G·马奇 (James G. March) 的决策理论学派

赫伯特·A·西蒙 (1916—2001) 是美国管理学家、政治学家和社会科学家、决策理论学派的主要代表人之一。他倡导的决策理论，是以社会系统理论为基础，吸收古典管理理论、行为科学和计算机科学等内容而发展起来的一门边缘学科；1978 年因在《管理行为》一书中对组织决策程序的开创性研究而获得诺贝尔经济学奖。他是到目前为止以管理学家身份而获得诺贝尔奖的唯一一个人。

詹姆斯·G·马奇 (1928—　) 是决策管理理论的另一个重要代表人物。马奇一生在管理学、社会学、政治学、教育学和诗歌等方面都很有造诣，而他最成功的还是在组织和管理理论方面的研究。他博学多才，曾经讲授的课程涉猎范围极广，包括组织心理学、行为经济学、领导、计算机仿真、统计学等，还制作过纪录片、出版过诗集，是一个兴趣广泛的学者。

西蒙和马奇所倡导的决策理论是在巴纳德社会协作系统理论的基础上发展起来的一种管理理论。该理论吸收和运用了二战以后发展起来的行为科学、系统学、运筹学、计算机科学等理论和方法，综合运用于管理决策问题，形成了关于决策和决策方法的完整理论体系。西蒙等人认为，决策贯彻管理的全过程，管理就是决策；组织是由作为决策者的个人所组成的系统。他们对决策的过程、决策的准则、程序化和非程序化的决策、组织机构的建立同决策的联系等作了全面的分析。

9.2.1　决策是管理的核心

西蒙和马奇认为，组织就是作为决策的个人所组成的系统。决策是一个复杂的、循环往复的过程，组织全部管理活动的中心就是决策，决策贯穿于管理的全过程。传统的管理将组织活动分为高层决策、中层管理和基层作业。认为决策只是组织中高层管理的事，与下面的其他人员无关。但是西蒙却认为，决策不仅仅是高层管理的事，组织内的各个层级都要作出决策。组织是人类群体当中的信息沟通与相互关系的复杂模式。它向每个成员提供决策所需要的大量信息和决策前提、目标及态度，它还向每个成员提供一些稳定的可以理解的预见，使他们能预料到其他成员将会做哪些事，其他人对自己的言行将会作出什么反应。成员的决策其实也就是组织的决策，这种决策的制约因素很多，涉及组织的各个层次和各个方面，被称为“复合决策”。计划、组织、指挥、协调和控制等管理职能都是作出决策的过程。制订计划是决策，在两个以上的备选方案中选一个方案也是决策。组织的设计、决策权限的分配等是组织上的决策问题；实际绩效同计划的比较、控制手段的选择等是控制上的决策问题。他们认为，要了解一个组织的结构和职能必须分析其成员的决策行为以及研究影响人群行为的决策网状结构；管理人员应该有效地利用各种形式的外部影响力来塑造员工的性格。

9.2.2 决策的过程

在传统的思维中，人们一般把决策认为是从几个被选方案中选出一个最优的行动方案。但是西蒙等人认为，决策包括从一开始的调查、分析、选择、评估方案等整个一系列的复杂过程，而不是一蹴而就的简单活动。具体而言，决策的过程应该分成收集情报、拟订计划、选定和实施计划以及评价计划四个阶段，这四个阶段中的每一个阶段本身都是一个复杂的决策过程。

（1）收集情报阶段。收集组织所处环境中有关经济、技术、社会等方面的情报和组织内部的有关情报并加以分析，为拟订和选择计划提供依据。

（2）拟订计划阶段。以组织所需解决的问题为目标，依据第一阶段所收集到的情报，拟订出各种可能的备选方案。

（3）选定和实施计划阶段。根据当时的情况和对未来发展的预测，从各个备选方案中选定一个方案并组织实施。

（4）评价计划阶段。对已进行的决策进行评价。

9.2.3 有限理性理论

新古典经济理论假定决策者是“完全理性”的，认为决策者趋向于采取最优策略，以最小代价取得最大收益。西蒙对此进行了批评，他认为事实上这是做不到的，应该用“管理人”假设代替“理性人”假设。在西蒙的研究中有一个著名的有关“蚂蚁”的比喻。一只蚂蚁在沙滩上爬行，蚂蚁爬行所留下的曲折的印迹并不表示蚂蚁认知能力的复杂性，只是说明海岸的复杂。蚂蚁的视野是有限的，它们只知道蚁巢的大概方向，具体的路线却是无法预料的。西蒙将蚂蚁比作人，认为人的认知能力也是有限的，人的行为的复杂性也不过是反映了其所处环境的复杂性，在这样的环境中，人不可能作出最优的决策。由于现实生活中很少具备完全理性的假定前提，人们常需要一定程度的主观判断来进行决策。西蒙认为，在实际决策中，“有限理性”表现为：决策者无法寻找到全部备选方案，也无法完全预测全部备选方案的后果，现实中并不存在一套明确的、完全一致的偏好体系，以使它能在多种多样的决策环境中选择最优的决策方案。正由于受信息的不完全性、预测的困难性以及穷尽可能性的不可行性等因素的限制，西蒙和马奇等指出，有限度的理性导致决策者寻求和制定"足够好的"或者"令人满意的"决策，主张用"令人满意的准则"去代替传统的"最优化原则"。具体地说，就是制定出一套令人满意的标准，只要达到或超过了这个标准，就是可行方案。从某种意义上来说，一切决策都是某种程度上的折中，最终的方案也并不都是尽善尽美的，只是在一定条件下所作出的最好决策。

9.2.4　决策过程中的信息问题

在决策过程中，西蒙等人特别强调信息联系的作用。在决策的每一个阶段都有一个信息的收集、加工、传递和反馈的过程。信息联系是一种双向过程，是向上、向下并"水平地"贯彻于整个组织的。决策所需的信息需要具备准确、及时、适用和经济等特点。

信息传递途径可分为正式渠道和非正式渠道两种：正式渠道包括等级线路（直线信息联系）和职能线路（水平或参谋信息联系），如通知、指示、会议以及情报收集等形式；非正式渠道的信息联系虽然是正式渠道信息联系的补充，但却有着特殊的职能。事实上，决策时利用的情报大部分是由非正式渠道信息联系传递的。在信息联系的整个过程（包括信息的设计、传递和接收）中，存在着各种各样的障碍因素。比如，决策专门化产生的错误和偏见，阶层地位造成的认知差异，地理位置差距带来的联系困难，情报偏向性所产生的自我庇护等。为了克服这些障碍因素，西蒙等人主张在组织中成立一个借助于计算机的"信息联系服务中心"，以收集、传递和贮存各种情报。

9.2.5　程序化决策与非程序化决策的划分

西蒙把一个组织的全部活动分为两类：一类是例行活动，另一类是非例行活动。根据这两种活动的特点，将决策区分为性质相反的两种形式：一种是程序化决策，即结构良好的决策；另一种是非程序化决策，即结构不良的决策。一般来说，程序化决策呈现出重复和例行的状态，每当出现这种情况时决策者就可以利用以前曾用过的方法和规则来处理问题。而非程序化决策表现为：问题是新颖的，其确切的性质和结构是不确定或复杂的，决策者不能够简单地使用以前的准则和程序来解决问题，他们需要根据已有的经验和知识对环境作出判断，提出创造性的解决方案。此外，这两种决策所采用的技术也是不同的。现在制定常规性程序化决策主要是应用运筹学和电子数据处理等新的数字技术，非程序化决策技术则正经历着一场革命，主要是探索人类思维的模拟等技术的应用。从决策性质的角度出发，决策理论还可以划分为确定型决策、风险型决策和非确定型决策。决策理论关于决策类型的划分也为研究决策技术和方法奠定了重要的基础。

9.2.6　决策与建立组织机构的联系

西蒙等人认为，一个企业组织机构的设置必须同决策过程联系起来，他反对传统管理理论提出的部门化原则；指出将一个组织划分为各个单位必须以所要作出的决策类型为依据，而评价一个机构的主要标准是它对决策行为的影响。他们将一个组织分为三层机构：高层机构从事非程序化决策，包括组织的设计与再设计，确定组织目标和目的；中层机构一般从事程序化决策，如管理生产系统和分配系统等日常工作以及相关非程序化决策；基层机构则直接从事程序化决策，如取得原料制造产品和储存运输等日常工作等。

此外，西蒙等人还指出，一个组织中集权和分权的问题也不能脱离决策过程而孤立存在。由于受个人的认知、情报来源、能力、知识、经验等因素的限制，下级人员可能不如高层管理者那样能够作出更适合于整个组织系统的决策。各级管理人员的决策要同他们的情报来源、认知能力和职能相适应。在作出重大的新决策时，必须实行适当的分权，即由各个单位和各个等级的经理人员来共同参与决策。同时，直线人员和参谋人员的关系问题也应与决策过程结合起来。古典管理理论为了维护指挥的统一性，坚持只有直线指挥人员才有权作出决策，参谋人员不能直接作出决策。但是，如果将这一原则贯彻到底，则可能出现在某些领域中能够胜任的人员不能作出决策，而不能胜任的人员却在作出决策的情况。为了解决这一矛盾，西蒙提出两条建议：第一，“狭义的统一指挥”，即一个人可以接受来自几个上级的命令，当这些命令发生冲突时，他只服从其中一个上级的命令；第二，“权力的分工”，即每一个单位在某一特定的领域内具有全权，可以发出必须服从的命令，这两条可以单独使用或合并使用。

9.2.7 思想点评

从西方管理理论发展脉络来看，西蒙和马奇的决策理论可以说是对巴纳德组织理论的直接继承和发展。他们提出了“管理就是决策”的命题，因此决策理论不仅适用于企业组织，也适用于其他各种组织，具有普遍适用性。目前这种理论已经渗透到管理学的不同分支，成为现代管理理论的基石之一。此外，在西蒙以前，古典经济学理论的基本命题是完全理性与最优化准则。西蒙与马奇的决策理论纠正了此前理性选择设计的完美性偏差，并从生理学及心理学层面对“管理人”进行了科学而精细的分析，从而拉近了理性选择预设条件与实际理性局限之间的距离。然而，他们只是作为管理学者来看待决策的有限理性，没有更多考虑决策尤其是公共决策中的政治因素。他们追求的是决策的通用模式而不是特殊模式，因此没有对非理性投以足够的关注。

9.3 埃尔伍德·斯潘塞·伯法（Elwood Spencer Buffa）的管理科学学派

埃尔伍德·斯潘塞·伯法（1923—2005）是研究现代化生产管理方法和管理科学的著名管理学家，管理科学学派的主要代表人物之一。伯法出版的著作很多，其代表作是《现代生产管理》。在这本书里可以看到大量的图表和数学公式，正是这些科学的计量方法，使得管理问题的研究由定性走向定量，进而开拓了管理学又一个广阔的研究领域——管理科学学派，管理科学学派（又称数量学派）也因此成为管理学学派中不可忽视的一个重要分支。伯法在管理科学上的主要贡献是：倡导管理科学理论，认为管理应借助数学模型与程序来表达计划、组织、控制和决策等活动，以求得最佳解决方案，实现企业经营目标。

9.3.1 生产系统的决策

伯法认为，生产系统中所产生的问题要求两种主要类型的决策，一种是长期决策，它关系到生产系统的设计，例如产品的选择和设计、设备和生产过程的选择、加工对象的生产设计、作业设计、生产系统的地址选择、设备平面布置等；另一种是短期决策，它关系到生产系统的运行和控制，例如库存和生产控制、生产系统的维修和可靠性、质量控制、劳动控制、成本控制等。长期决策和短期决策都涉及财务计划、销售、人事安排以及作业和生产等方面。

伯法认为，决策理论中的决策分类应按照备选方案发生概率的现有信息量来划分，进而把决策分为四类：一是确定型决策，即信息量最充分的决策。决策者已掌握决策涉及的全部信息，也就是能够确定未来制约决策实施的各种条件，能准确列举决策涉及的全部事实，决策有多个可供选择的方案，且每个行动方案所达到的效果都是可知的。二是风险型决策，即信息量不够充分，但决策者掌握了最基本的信息。虽然不能确定未来制约决策实施的所有条件，但可以依据决策所涉及的主要事实和统计规律掌握未来自然状态发生的概率分布。决策者在多个方案中基于概率进行选择，不过要承担一定的风险。三是非确定型决策，即信息量最少，决策制约条件不明，只能“摸着石头过河”。决策者所掌握的信息不足以推算出未来相关情况出现的概率，只能根据自身因素从多个方案中选择。这种决策的风险大于其他决策。四是博弈型决策，即竞争型决策。这种决策存在竞争对手，对手的策略构成另一方的决策环境。决策者无法控制对手的行动，但又必须根据对手的策略从多个方案中作出选择。这种决策有可能是零和的，也可能是非零和的。伯法的这种决策分类现已成为决策研究中的通用类型。

9.3.2　生产管理系统

伯法在《生产管理基础》中阐述了系统的概念，认为系统是指一群相互作用或者相互依存的要素所形成的一个统一整体。这些组成要素为实现某种共同目标而统一起来，形成一个统一体；系统的各个组成部分都对“输入——转换——产出”有所贡献。系统分为开放系统和封闭系统两类。开放系统的特点在于输出对输入作出反应，但并不影响输入。封闭系统即反馈系统，通常一个反馈系统有一个封闭的回路结构，使得系统过去的行动结果能控制未来的行动。这种反馈系统有两种运行模式，一是消极反馈，目的在于保持系统的稳定；二是积极反馈，目的在于寻求更大的增长。

伯法认为，系统概念对管理学的巨大贡献主要表现在两个方面：一是帮助管理者了解那些原本复杂的情况，使其具有秩序和组织形式，并能简化为一个框架图，用来表示影响该系统各种要素的相互关系和相互作用；二是用来求得问题的答案并评价其结果，设计出可供选择的各种系统。管理人员将系统的概念运用于日常工作中，能够使自己对管理任务有更全面的理解。

伯法特别强调次优化问题。所谓次优化，是指从子系统来看是最优的方案，但对整个系统来说却不是最好的选择。当一个人狭隘地、仅从自己管辖的部门出发考虑问题时，就会出现次优化现象。次优化现象在现实的企业经营中屡见不鲜。管理人员在作决策时，需要运用系统的概念进行宏观权衡，从整体利益出发来保证部门之间的双赢。克服次优化的基本思路，需要通过扩大问题的范围并考虑到所有可能的后果，做到微观问题宏观处理，小处着手大处着眼。

9.3.3 生产管理的分析方法

伯法认为，在谈到生产系统的分析和设计时，应当根据实际情况、实际条件寻求适当的系统分析方法。这是由于分析生产系统的方法有很多，这些方法各有长处和特点，并非越是先进的方法就越好。有时候由于条件的特殊性，使用传统的分析方法可以起到更好的效果。伯法列举了成本分析、线性规划、等待线或排队模型、模拟模型、统计分析、网络计划模型、启发式模型、计算机模拟和图解分析等分析方法，并指出这些方法在生产系统的各个方面都有其相应的用途。当然，运用模型构造系统结构是最基本的思路。所有运用数量方法研究生产问题的模型，都可以概括为一个公式：$E=f(x_i, y_j)$。其中E代表效率，f代表函数关系，x代表可控变量，y代表非可控变量。可控变量是指那些可在很大程度上按照管理者的意愿操纵调节的因素。非可控变量是指那些管理者不能控制，至少是不在所限定的问题范围内的因素。这个公式的含义为：E（效率）可以表示为那些限定该系统的变量的函数。建立起模型之后，就可以用E作为衡量生产行动中各种可供选择方案效率的尺度，并在分析的基础上产生各种备选方案并对其作出评价。

9.3.4 生产系统的设计

在生产分析的基础上，进行生产设计是必要的，生产设计与成本分析息息相关。根据成本效益比，管理者能够从各种不同的成本费用方案中选出成本费用最小、效用相对最大的方案来进行生产。在生产系统中存在各种各样的问题，不同的问题需采用不同的方法来分析和设计。唯有对症下药，才能达到预期效果和目的。首先，通过对材料、基本结构、各个部件的连接方法等加以规定，追求具体环节的最小成本。其次，通过流程规划，设计出可满足产品功能要求的过程及程序。伯法认为，在确定材料选择和初次加工形式（如铸造、锻制、压铸）的产品设计阶段时，就必须开始着眼于基本流程规划。基本流程主要是从细节上确定各个生产环节的衔接顺序，一个生产系统的设计在很大程度上取决于它的厂址选择与工厂平面布置。

此外，伯法对生产设计中的人—机系统进行了开创性研究。他指出，计算机和自动化的不断发展，使人在生产系统中的作用产生了观念性的变化。人和机器在完成工作方面的基本功能是相似的，但在各自所能胜任工作的性质上却存在明显的差异。人在人—机系统中的作用，根据手工系统、半自动系统、全自动系统的不同而有所变化。在手工系统中，人是手工操作的动力和控制者，工具和辅助机械有助于增加人的力量。在这一类型的模式中，人力直接把输入转化成输出。在半自动化系统中，人是控制者。人和机器相互作用，感知和理解生产过程的信息，并用一套操纵器来启动、停止和调整机器，动力一般由机器提供。在全自动系统中，人只是监控者，一切感知、信息处理、决策和行动等功能全由机器来进行。在这种系统中，人通过监控装置对生产过程进行持续周期性监视，只在出现异常情况时采取措施。因此，只有找到一种人与设备的高效组合，才能充分发挥系统的作用。在设计这种系统时，应该尽可能地考虑到对所有异常情况的充分感知和灵敏反应。

9.3.5 生产的计划与控制

伯法认为，在生产系统设计完成后，接下来的任务就是要对系统的具体问题进行考察，把重点放在生产的计划和控制方面。这需要建立生产系统运行所必需的信息系统和控制程序。伯法主张对生产系统运行中的信息、原料、能源、现金、人员、资本设备六个关键流程进行计划和控制。只有控制好这六个关键流程，才能切实达到增效、节约的目的。对这六个关键流程的计划和控制，主要反映在库存管理控制，生产进度计划和控制，数量、质量和成本控制等方面。

在制造产品的每一个阶段，库存管理都起着极其重要的作用。控制好库存水平，需要根据总体生产水平的要求确定相应的库存，并保持生产流程的顺畅和系统运行的合理。库存政策必须符合最低生产成本的计划安排，而不是单一追求库存量的减少。库存计划不是独立于生产安排之外的，它是服务和服从于生产需要的。生产进度计划和控制的实质是时间安排。在实施计划的过程中，根据反馈信息对实际生产情况进行分析，发现计划的执行偏差，并对偏差进行适当调整。生产进度计划和控制主要运用交叉分类表、进度计划表和甘特图等工具，它们能够帮助管理者把非常复杂的进度问题形象化和简单化。

伯法强调，数量控制、质量控制以及成本控制，是整个生产计划控制中的关键点。数量控制的本质是生产率水平控制，表现为能够同企业生产能力相适应的生产数量要求。数量控制着眼于所有与计划不符的情况，并对其进行分析和调整。质量控制不能仅仅局限于控制原材料的质量水平，也不能仅仅控制生产过程的制造工序，而应是一种全面控制。他强调，质量控制应该包括四个阶段：(1) 制定政策阶段，确定合乎市场需要的质量水平；(2) 工程设计阶段，确定可完成预期销售目标的各项质量规格；(3) 生产阶段，控制原材料的采购和生产作业的运行，以实现既定的质量政策和设计规格；(4) 使用阶段，对从产品安装到售后服务等影响最终质量的地方都予以控制，并对产品的质量和性能作出必要的承诺和有效的保证。成本控制是生产控制的核心环节。在生产过程中，管理者应该根据实际生产成本与标准成本或计划成本的差异，及时分析造成偏差的原因，采取纠正措施或调整。对非正常的偏差，应该追究相关人员的责任，通过惩罚或者奖励措施对成本结果进行评价，使成本能控制在合理的范围内。

9.3.6　思想点评

随着企业间竞争的加剧，人们对管理提出了更高的要求。定性化的管理很大程度上取决于管理者的主观分析、经验判断。如何通过量化的数学模型，并利用电子计算机的信息处理功能加强对企业的管理，减少管理者在管理方面的失误，提高管理者在计划、控制、决策方面的效率，是管理学亟待探索和解决的问题。在这种情况下，伯法的《现代生产管理》出版了，管理科学学派也随之产生。伯法系统阐述了管理科学的思想，主张用数学控制、程序化系统方法来解决管理学科的主观性，实现管理的科学化。不过，管理科学学派把一切问题都程序化和公式化的做法也受到了一些管理学家的批评。

9.4　埃德加·H·沙因（Edgar H. Schein）的组织文化理论

埃德加·H·沙因（1928—　）是美国社会心理学家、著名职业指导专家、组织心理学和组织文化领域的创始人之一，麻省理工学院斯隆管理学院教授。沙因是在国际上享有盛誉的实战派管理咨询专家，沙因的主要研究范围是组织文化以及管理者的职业发展和社会化过程。由于他的贡献，企业文化、职业锚、过程咨询成为当今管理界众所周知的概念和理论，在美国社会心理学界和组织行为学界有着广泛而深远的影响。《组织文化和领导力》、《组织心理学》等代表著作被美国许多知名大学列为 MBA 重要参考书目，对实际管理工作具有很强的指导意义。

9.4.1 组织文化

在组织文化领域中，沙因率先提出了关于文化本质的概念，对于文化的构成因素进行了分析，并对文化的形成、文化的同化过程提出了独创的见解，对组织发展领域中针对组织系统所面临的变革课题开发了组织咨询的概念和方法。

1. 组织文化的定义与结构

20 世纪 80 年代，随着日本企业竞争力的快速增强，很多学者开始对日本企业的管理进行研究，结果发现日本企业文化的特征是促使企业发展的重要因素。沙因认为文化应该是一个特定组织在处理外部适应和内部整合问题中所学习到的，由组织自身所发明、创造和发展起来的一些基本假设，这些基本假设能够发挥很好的作用，并被认为是有效的，因此能够被组织成员所接受。沙因还指出，真正的文化是隐含在组织成员中的潜意识，文化和领导者是同一硬币的两面，当一个领导者创造了一个组织或群体的同时就创造了文化。因此，他将组织文化定义为：一种基本假设的模型——由特定群体文化在处理外部适应与内部聚合问题的过程中发明、发现或发展出来的——由于运作效果好而被广泛认可，并传授给组织新成员以作为理解、思考和感受相关问题的正确方式。

沙因将组织文化分为三个层次，即所谓的“睡莲模型”，并对其进行了详尽的分析。

（1）第一个层次是睡莲浮在水面上的花朵和枝叶。

它是组织文化的外在表露形式，是人们所能接触到和感知到的组织文化，包括组织的结构和各种制度、程序等；通过组织成员的书面或口头表达的语言、公开的行为、物品摆放等直观的信息交流表现出来，人们可以通过它们形成对组织最直接的认识。

（2）第二个层次是睡莲垂直生长在水中的枝和梗。

它是组织公开倡导的价值观，这些价值观渗透在组织的使命、愿景、行为规范里面，并把“是什么”和“应当是什么”区分开来。它是组织成员在生产经营活动、人际交往活动中产生的文化，是组织文化的中间连接层次，人们或许可以透过“水面”看见这一层次，但它始终是模糊的，也是容易被忽视的部分，它的健康程度直接关系到上一层次和下一层次之间的传递。

（3）第三个层次是睡莲根扎在土壤中的根系。

它包括各种被视为当然的、下意识的信念、观念和知觉，是对某一特定情境中适宜行为与反应的无意识的基本假设。它是最深层次的，虽然不为人们所关注，但它却是组织文化中最重要的基础。这种潜在的、实际上对人的行为起指导作用的假设，指导群体成员怎样观察、思考和感受事物。作为“根系”，它为组织文化提供了源源不断的营养和牢固的支持。

如同花、叶、枝、梗和根构成睡莲这一有机体一样，这三个层面的要素经过整合，形成了有机统一的组织文化。

2. 组织文化的五个维度

沙因在综合前人对文化研究成果的基础上，将组织文化分成五个维度。

（1）人与自然的关系。

组织的中心人物如何看待组织和环境之间的关系，包括认为是可支配关系还是从属关系，或者是协调关系等。有些公司认为它们是自己命运的主人，另外一些则比较愿意接受外部环境的支配。

（2）现实和真实的本质。

对于什么是真实的、什么是现实的、判断它们的标准是什么等问题，沙因指出现实层面包括客观的现实、社会的现实和个人的现实。在判断真实时可以采用道德主义和现实主义的尺度，在如何获得可被接受的组织“事实”方面，不同的组织和经理所采用的方法也大不相同。

（3）人性的本质。

对人性本质的看法各不相同。有些人追随 X 理论，认为人们是懒惰的，想尽可能逃避工作。另一些人对于人性的看法则要更加肯定，他们努力帮助人们挖掘自己的潜能，认为这样对双方都会有好处。

（4）人类活动的本质。

人的行为是主动的还是被动的，人是由自由意志所支配的还是被命运所支配的，什么是工作、什么是娱乐等一系列假定。

（5）人际关系的本质。

人际关系的本质涉及什么是权威的基础、权力的正确分配方法是什么、人与人之间关系的应有态度等假定。一些人鼓励社会交往，而另一些人则将之视为不必要的精力分散。

以上五个方面不是相互排斥的，而是始终处于一种发展和波动状态，文化不是一个静止的事物。创造和发展企业文化的关键在于该组织所推崇的价值观。

3. 组织文化的三个阶段

沙因将组织文化的发展过程分为三个阶段：第一阶段是“诞生和早期发展”阶段，这一阶段里企业缔造者主宰企业文化的建立，文化被视为企业个性的源泉、一种保护公司对抗外部压力的凝固剂。第二阶段是“组织的中年时代”，这一阶段最初的文化可能被过滤了一遍，而且受到新出现文化的侵蚀，这就为重新组合和改变原始文化提供了机会。第三阶段是“组织成熟”阶段，在这个阶段，人们从感情出发来看待文化，不愿意考虑任何的改变。这时的组织最为脆弱，文化也从竞争优势和企业个性的源泉变成了一种营销的障碍。

文化发展的每一阶段都需要一个不同的改变方式。如果希望文化的影响可以支持企业的战略，沙因认为要在五个方面达成一定水平的共识：核心使命和根本任务、目标、达成目标的手段、如何衡量进度、如何补救和修复战略。他认为完成文化改变是一个巨大的挑战，一个处于强大文化中、位置牢固的总经理经常会发现完成这一个目标已经超出了他的能力范围。通用电气的杰克·韦尔奇之类的人非常罕见，他们被沙因称为“文化的混血儿”。

9.4.2 “复杂人”假设

沙因认为，要理解组织文化首先得观察组织中的人，包括领导者、管理者、员工等，是这些群体的情绪、思维、认知、目标、愿景的相互传递和影响所形成的“共有结果”最终转化为了组织文化，这一过程的根本问题其实就是如何清楚地理解一个复杂的社会系统——组织。对于这项课题的研究，沙因沿袭了行为科学的方法路径，从梅奥、马斯洛、麦格雷戈、罗特利斯伯格处获取灵感，创造性地提出了“复杂人”的人性假设，为撰写组织心理学开山之作《组织心理学》奠定了基础。他认为，人不是单纯的“经济人”，也不是完全的“社会人”，而应该是因时、因地、因各种情况采取适当反应的“复杂人”。这种理论的主要内容包括：(1) 人的需要是多种多样的，而且这些需要因人而异、因情而异、因时而异；(2) 人的各种需要和动机，会发生相互作用；(3) 人的工作和生活条件是不断变化的，因此会产生新的需要和动机；(4) 由于人的需要不同，对于不同的管理方式会有不同的反应。因此，没有适合于任何时代、任何组织和任何人的普遍人性假设和管理方法。自沙因的“复杂人”假设问世后，它给组织管理抛出了一道难题——既然管理方式不存在唯一正解，那么，究竟又当如何有效地管理组织呢？至于后来陆续出现的形形色色的观念流派，如“权变理论”、“系统管理理论”、“战略管理理论”等，实际是对沙因遗留问题的积极回应。

9.4.3 职业锚理论

沙因领导了一个专门研究小组，对斯隆管理学院 44 名 MBA 毕业生自愿形成的一个受测小组，进行了长达 12 年的职业生涯研究，运用了面谈、跟踪调查、公司调查、人才测评、问卷等多种方法，最终分析总结出了职业锚理论。沙因认为，职业生涯规划实际上是一个持续不断的探索过程。在此过程中，每个人都根据自己的天资、能力、动机、态度和价值观等，逐渐形成较为明晰的、与职业有关的自我概念。随着个体对自己越来越了解，就会越来越明显地形成一个占主导地位的职业锚（或职业定位）。所谓职业锚，就是当一个人不得不作出某些职业选择的时候，他都不会放弃的至关重要的东西或价值观。其实，职业锚就是人们选择和发展自己的职业时所围绕的中心。一个人的职业锚是在不断发展变化的，是一个不断探索而产生的动态的结果。沙因提出了五种职业锚。

(1) 技术或职能型职业锚。

具有技术或职能型职业锚的人，追求在技术或职能领域的成长和技能的不断提高，以及应用这种技术或职能的机会。他们对自己的认可来自他们的专业水平，喜欢面对来自专业领域的挑战，不喜欢从事一般的管理工作。

(2) 管理型职业锚。

具有管理型职业锚的人追求并致力于工作晋升，倾心于全面管理，可以跨部门整合其他人的努力成果。他们想去承担全部责任，并将公司的成功与否看成是自己的工作，具体的技术或职能工作仅仅被看做是通向更高、更全面管理层的途径。

(3) 自主或独立型职业锚。

具有自主或独立型职业锚的人希望随心所欲地安排自己的工作方式、工作习惯和生活方式；追求能施展个人能力的工作环境，并最大限度地摆脱组织的限制和制约。他们宁愿放弃提升或工作扩展机会，也不愿意放弃自由与独立。

(4) 安全或稳定型职业锚。

具有安全或稳定型职业锚的人追求工作中的安全与稳定感，稳定感包括诚实、忠诚以及完成领导交代的工作。他们因为可以预测将来的成功从而感到放松，关心财务安全，比如退休金和退休计划等。

(5) 创造型职业锚。

具有创造型职业锚的人希望利用自己的能力去创建属于自己的公司及产品（或服务），并且愿意冒险和克服面临的障碍。他们想向人们证明公司是他们靠自己的努力创建的，或许他们还正在别人的公司工作，但同时他们在学习并评估将来的机会，一旦感觉时机成熟，便会走出去创建自己的公司，开辟自己的事业。

在以上五种职业锚的基础上，沙因又补充了服务型、挑战型和生活型三种职业锚。在个人的职业生命周期中，或在组织的事业发展过程中，职业锚都发挥了重要的作用。首先，职业锚是个人经过搜索所确定的长期职业定位，它清楚地反映出个人的职业追求与抱负，由于不同员工对职业成功有着不同的理解，职业锚为企业判断员工的职业成功提供了可供参考的标准；其次，组织可以通过职业锚获得员工个人正确信息的反馈，从而可以有针对性地对员工制定有效的职业发展计划。

9.4.4 咨询模型

根据长期的咨询经验，沙因提出了专家模型、医生—病人模型和过程咨询模型三种咨询模型。

(1) 专家模型。

专家模型是应用最广泛的咨询模型。在这种模型下，顾客提出需要并接受专家咨询服务。

(2) 医生—病人模型。

这种模型是指让咨询者进入组织找出问题所在，然后像医生那样推荐解决方案的模型。

(3) 过程咨询模型。

这种模型是咨询者用一系列活动来帮助顾客感知、理解并遵循在顾客环境中发生的事件，以改善顾客所定义的情形。

9.4.5 思想点评

哈默尔评价沙因说："沙因使我们能够更深入地了解是什么造就了组织，也为我们尝试'改造'或'改变'提供了坚实的基础。《组织文化和领导力》对于所有志存高远的改革代言人来说，都是一本有价值的读物。"纵观管理学的发展脉络，今天的组织行为理论，无论是内容还是结构，都难有超越沙因当年确立的框架。即使后来层出不穷的人本管理、文化建设、组织心理等流派的观点，很多也是得益于沙因组织心理学的启发。此外，沙因提出的八种职业锚现已得到全球企业的广泛认同，世界 500 强企业的员工有很大一部分都接受过他的培训和指导。

9.5 迈克尔·哈默（Michael Hammer）和詹姆斯·钱皮（James Champy）的流程再造学派

迈克尔·哈默（1948—2008）是美国著名管理学家，企业再造和业务流程理念的创始人，被誉为“企业再造之父”。与詹姆斯·钱皮合著的《企业再造》曾一度登上《纽约时报》畅销书的排行榜，被奉为企业改革的“圣经”，全球销量逾 200 万册，被译成 30 多种语言。1992 年，《商业周刊》评价哈默为“20 世纪 90 年代四位最杰出的管理思想家之一”；1996 年，《时代周刊》将他列入“美国 25 位最具影响力的人”的名单。

詹姆斯·钱皮（1942— ）是业务重组、企业再造和组织变革等管理领域的世界权威学者，指数咨询公司的创始人和董事长。与迈克尔·哈默合著了经典管理书籍《企业再造》，其撰写的《再造管理》一书也被《商业周刊》列为 1995 年最佳管理书籍之一。

1990 年，哈默在《哈佛商业评论》上发表《再造：不是自动化，而是重新开始》，率先提出企业再造的思想；1993 年，哈默和钱皮合作出版了《企业再造》一书，标志着企业再造理论的正式诞生。他们提出的企业再造思想使现代经营管理领域发生了深刻的变化，遍及全球的众多企业将他们所倡导的理念运用于自身的经营活动和组织结构中，创造了惊人的业绩。

9.5.1 企业再造

企业再造（re-engineering）也被译为“业务流程再造”、“公司再造”、“再造工程”。哈默和钱皮对企业再造作了如下定义：所谓企业再造，就是针对企业业务流程的根本问题进行反思并对它进行彻底的重新设计，以便在成本、质量、服务和速度等当前衡量企业业绩的这些重要尺度上取得显著的进展。

1. 再造的四个关键词

（1）第一个关键词是“根本的”。

企业人员在着手改革前，必须先就自己所属的公司及其如何运作提出如下基本问题：为什么我们要干这项工作？为什么我们要这样干？提出这些基本问题，可以促使人们去注意在从事他们的业务工作时所沿袭的那些规则和前提。

（2）第二个关键词是“彻底的”。

彻底的重新设计是指要从事物的根本着手，而不是对现有事物作表面的改动。这意味着再造会从深层次对企业进行追根溯源，对既定的企业流程、制度以及管理方式进行疾风骤雨式的改革，重建企业的业务流程。

（3）第三个关键词是“显著的”。

再造不是要在业绩上取得点滴的改善或是逐渐的提高，而是要在经营业绩上取得显著的改进。点点滴滴的改进只需要微调，而显著的改进则需要破旧立新。

(4) 第四个关键词是“流程”。

绝大多数的企业人员并不是以流程为导向。他们忙于任务，忙于本职工作，重视人事和结构，但忽略了流程的重要性。因此，需要通过流程再造，来重塑流程在企业人员工作中的导向作用。

2. 再造的共同特征

哈默和钱皮认为，再造后的业务流程通常会呈现以下共性或特征：

(1) 若干职位组合成一种职位。

原先若干种职位或任务被整合或压缩成一种，大大地降低了行政管理费用。

(2) 工作人员有决定权。

公司实施再造后，不仅在横向上，而且在纵向上，压缩了业务流程，授予了员工适当的自主权，从而可以减少延误，降低管理费用，提高工作效率。

(3) 业务流程中的各步骤按照自然顺序进行。

用自然顺序代替人为的直线顺序，对流程实行“非直线化”管理，使得多种工作能够同时进行，有效缩短流程中上下步骤之间的时间。

(4) 业务流程呈现多样化。

传统的追求整齐划一的标准化生产已经过时，多样化的业务流程才能满足当今环境下的不同需求。

(5) 哪里最合适，就在哪里安排工作。

打破组织机构的原有界限，根据流程设计重新安排工作。

(6) 减少检查和控制。

摒弃非增值的检查和控制工作，省略不必要的程序，以提高工作效率和效益。

(7) 项目经理是企业同客户的唯一联系人。

得到授权的项目经理直接向顾客提供服务，由于项目经理了解整个工作流程，掌握了丰富的信息，因此能够把工作做得更好。

(8) 实行集中运作和分散运作相结合。

信息技术能够使企业在同一流程中把集中的优点和分散的优点二者结合起来，进而产生规模经济。

哈默和钱皮认为，信息技术在企业再造中起着至关重要的作用，当今最新的信息技术是任何再造努力的一部分，正是由于信息技术，才使公司有可能对业务流程进行再造，可以说，信息技术是业务流程再造必不可缺少的催化剂。不过，如果信息技术利用不当，不仅会强化旧的思维方式和行为模式，还会阻碍再造的进行。

3. 再造的实施者

再造的实施者主要包括以下团队及人员：(1) 领导人，即有权批准和发动整个再造的高级主管人员；(2) 流程主持人，即负责一个特定流程及其再造工作的管理人员；(3) 再造小组，即由若干名致力于某个特定流程再造的个人组成的小组，负责调查研究现行流程存在的问题并监督流程的重新设计及贯彻实施；(4) 指导委员会，即一个由若干名高级经理组成的决策机构，策划本公司总的再造策略并监督再造进度；(5) 再造总管，即负责制定公司的再造方式，同时协调公司内各个分散的再造项目。上述团队及人员的关系应该是这样的：领导人任命流程主持人，流程主持人在再造总管的帮助和指导委员会的支持下召集流程再造小组进行流程的再造。

9.5.2 企业行动纲领

哈默的《企业行动纲领》一书为企业提供了应对当今激烈竞争环境的有效经营管理策略，提出了著名的企业九大行动纲领。

(1) 让客户觉得与你做生意是件很容易的事情。

让客户觉得与你做生意是件很容易的事情就意味着要以客户为企业的经营导向，从客户的角度来看待交易环节上的所有问题，简单地讲，就是要简化一切浪费客户资金的程序，清除一切消耗客户时间的多余环节。要简化这些程序和环节，必须做到以下六点：1）对客户保持始终如一的态度；2）依据客户特征进行细分，以不同的方式对待不同的客户；3）预测客户的需求，不等客户要求，就知道他们需要什么；4）不让客户感到与你交往有生疏感；5）发挥客户自我服务的潜力，让客户自己动手；6）采取以客户为核心的考评措施，以客户真正关心的事情为考评的重点。

(2) 为你的客户增加更多的价值。

客户最关心的不是公司生产的产品或服务本身，而是产品或服务能为他们带来的价值。在客户眼中，企业存在的目的就是给客户创造价值，为他们提供效用。为了把更多的附加值传递给客户，首先，必须摈弃以产品为中心的传统经营观念，而应把客户摆在第一位；其次，要弄清楚客户用你提供给他们的产品做了些什么，区分出你所出售的和客户所购入的产品的差别；最后，正确对待客户的潜在问题，不要仅限于你自身和你所提供的产品方面的问题。

(3) 创建业务流程至上的企业。

在客户经济时代，没有公司可以依靠市场的永远增长维持自己的效益。市场竞争的最终结果是：谁掌握了业务流程管理这个法宝，谁就能够长期立于不败之地。在实施业务流程管理的过程中需要注意以下事项：1）坚持实施首尾相连的业务流程，积极为客户创造价值；2）确保每个员工了解业务流程，清楚自己在其中肩负的责任；3）任命业务流程负责人，由他负责考核、协调和改进业务流程；4）围绕业务流程，将硬件设施、奖励制度、组织结构进行整合，创建对业务流程保持欢迎态度的企业；5）发展团队文化，培养共担责任的精神；6）建立业务流程委员会，防止用业务流程所具有的流动性取代职能部门的结构性；7）从业务流程的角度对所做的工作进行管理，使业务流程成为企业存在的一种方式。

(4) 用业务流程的强大力量驯服混乱无序这头猛兽。

人们总是把那些成功的企业比作秩序井然的航船，并视其为效率的典范。在这样的企业里，员工们分工明确、各司其职。然而现实情况却是，很多公司的不少部门常常处于完全失控的状态，员工个人也许都很尽力，但公司内某些部门的工作却仍处于无序的混乱状态。在这种情况下，需要通过业务流程管理来改变这种混乱无序的状态，利用详细的业务流程设计使得改革能够重复进行，从而确保工作更具条理化和规范化。

(5) 将管理建立在测定工作的基础上。

工作绩效的测定结果能为管理者提供有关公司运营状况的最新信息，管理者可以利用这些信息，在改善公司运营方面作出有效的决策。将管理建立在测定工作的基础上，需要将测定工作与数据统计分开，使之成为每位管理者工作的一部分，抛弃从过去继承下来的测定数据，重新开发出合理的目标及测量值，将不断进行的绩效改善工作整合为规范的、基于测量的过程，并通过这一过程使绩效改善成为一种无法回避的工作，让事实和测定结果胜过直觉和雄辩。

（6）结束组织的僵化管理做法。

在当今世界，公司内部任何两个“相互独立的”部门都有可能出现职能重叠、争抢客户和资源的情况，自主经营的事业部成为人们的一种美好愿望。解决事业部结构的问题，需要结束结构化的僵化管理方式，采用灵活的组织形式；任用精力充沛的领导者，而不是集权的官僚或独裁者。一位强有力的领导者可以通过自己的个性力量和远见卓识，带来一种有别于正式结构所提供的凝聚力。

（7）为最终客户的利益分销，而不是向最终客户推销。

在客户经济时代，分销渠道的最终目标不是为生产商销售产品，而是帮助客户及时得到并使用自己所需的产品。生产商和中间商必须清楚，只有客户才能给他们带来真正的实惠，在利益共同体之间发生的任何摩擦和浪费都会使各方深受其害。因此，需要使最终客户以最小的代价得到最大的价值，将分销渠道变成团结协作、实现共同目标的利益共同体。

（8）公司之间业务流程的再造与整体化。

通过公司之间业务流程的再造，根除额外的管理费用、成本及存货；使公司的业务流程与客户、供应商的相应业务流程之间的联系流畅化、整体化；重新定位公司之间的工作，以便每项工作都能由最擅长的公司来完成；通过数据信息在公司之间的公开、共享来进行业务协调；探求与共同客户及共同供应商合作的机会；勇敢地面对公司之间的合作和信息共享所带来的文化大挑战。

（9）强化极具进取性的整合构想。

随着企业间虚拟整合的不断发展，公司不得不培养一种新能力：与供应商、客户、共同供应商及共同客户开展流畅协作的能力。公司将不再是自我供给的公司，也不能以创造的产品或服务来定义公司，而应以公司所执行的业务流程来进行界定。通过确认并强化本公司从中胜出的关键业务流程，把自己不擅长的其他所有事务转给更有能力做这些事的公司。学会与其他公司密切合作，随时准备以必要的方式重新考虑自己公司的特色与策略。

9.5.3 企业 X 再造

钱皮在《企业 X 再造》一书中，认为企业 X 再造，就是通过信息技术的广泛应用，重新规划跨越组织界限的业务流程，以实现绩效的突破性提升。X 再造进程要求企业重新审视企业与客户、供应商、合作伙伴、雇员、股东甚至竞争对手之间的关系，其涉及范畴相当广泛，几乎涵盖了企业营运战略的方方面面。流程、策略、参与构成了企业实施 X 再造进程的“百慕大三角”。

（1）“第一角”——流程。

流程分为三组：第一，企业可以自己完成的流程。这些业务流程是企业可以用来获取竞争优势的唯一途径。第二，企业可以与其他组织协同完成的业务流程。这些业务流程涉及企业、供应商、合作伙伴以及客户之间的信息、货物、资金的流转和交换。第三，企业依靠其他组织来完成的业务流程。这些业务流程并非企业的营运核心。

(2)“第二角”——策略。

根据不同的客户确定不同的营销策略对于企业而言是至关重要的，无论企业的营销策略是什么，决定成败的唯一因素是能否为客户创造出新的价值。目前至少存在七种有价值的、具有普遍意义的营销策略：定制、革新、定价、质量、服务、速度以及多样性。

(3)“第三角”——参与。

企业在审视自身业务流程并最终确定采用何种营商策略时，还应当考虑在实施 X 再造时，哪些组织将真正参与进来？参与程度如何？概括而言，共有四种参与策略：1) 初级，独自对业务流程进行重新规划；2) 中级，与其他类型组织（如客户和供应商）协同工作；3) 高级，与两种不同组织协同工作；4) 顶级，与三种其他类型组织协同实施 X 再造。

钱皮指出，实施 X 再造进程的动机有两种：一是降低成本；二是为客户创造更多价值。寻求实施 X 再造的最佳机遇时，应当紧紧抓住以上两个关键因素，同时要认清成本与价值的实现并不是相互排斥的。实施 X 再造应当牢记几条准则：审视资金的流转；开阔思路；预见客户的行为；勾勒出故障的轮廓；瞄准上游企业的业务流程。此外，实施 X 再造要避免十个常见的陷阱与错误：(1) 没有经历再造就实施 X 再造；(2) 承诺实施 X 再造进程却不参与其中；(3) 将 X 再造进程与数字化市场混为一谈；(4) 建立一个孤立的电子商务网站；(5) 行动过于超前或滞后；(6) 从不易接受变革的部门开始；(7) 只对业务流程的前端实施 X 再造；(8) 立即对所有业务流程实施 X 再造；(9) 把电子商务等同于电子化；(10) 高估了人们对新事物的接受能力。

9.5.4 思想点评

20 世纪 90 年代，哈默和钱皮合著的《企业再造》一书，引起了企业界的重大变革，在世界的每个角落和各个行业中掀起了“再造”热潮。实践已经证明，企业的再造获得了巨大的成就。但是，正如作者自己所指出的那样，企业再造所引发的冲击局限于在公司内部围绕业务流程和高效率地安排工作，远远不能满足技术变革和全球经济整合对企业提出的更高要求。钱皮的《企业 X 再造》则正是着眼于拓展这一进程的迫切性，“X”在这里代表跨越组织之间的各种界限。基于可以把整个世界连接为一个无缝隙交易网的电子信息技术，突破长期以来横亘在企业、客户、供应商以及竞争对手之间的“高墙”，将相关企业的业务流程连接在一起，使所有合作伙伴共同为形成一个有效、崭新的多企业实体而共同努力。

本章小结

本章重点对社会协作系统学派、决策理论学派、管理科学学派、组织文化理论、流程再造学派的内容及其代表人物的观点进行了介绍。其中，社会协作系统学派的代表人物切斯特·I·巴纳德，提出了与传统组织和管理理论完全不同的观点，他认为组织是一个复杂的社会系统，应从社会学的观点来分析和研究管理的问题。决策理论学派的主要代表人物赫伯特·A·西蒙和詹姆斯·G·马奇，吸收和发展了巴纳德的社会协作系统学派的思想和观点，形成了有关决策过程、准则、类型及方法的较完整的理论体系，明确指出决策是管理的职能，决策贯穿于组织活动的全部过程，并提出决策是管理的核心。管理科学学派的代表人物埃尔伍德·斯潘塞·伯法认为，解决复杂系统的管理决策问题，可以通过现代计算机技术和数量分析的方法来寻求最佳的决策方案，以减少决策中的风险，提高决策质量。组织文化理论的大师埃德加·H·沙因，率先提出了组织文化的概念，对文化的构成因素、文化的形成、文化的同化过程提出了独创的见解，并针对组织系统所面临的变革课题，开发出了组织咨询的概念和方法。流程再造学派的代表人物迈克尔·哈默和詹姆斯·钱皮指出，为了适应新的竞争环境，企业必须摒弃已成惯例的运营模式和工作方法，以工作流程为中心，重新设计企业的经营、管理及运营方式。

关键术语

经理人员的职能（the functions of the executive）
管理科学（management science）
组织文化（organizational culture）
职业锚（career anchors）
企业流程再造（business process re-engineering，BPR）
行动纲领（action rules）
企业 X 再造（x-engineering the corporation）

复习思考题

1. 切斯特·I·巴纳德的主要思想有哪些？
2. 以赫伯特·A·西蒙为代表人物的决策理论学派的主要观点是什么？
3. 埃尔伍德·斯潘塞·伯法对管理思想的主要贡献有哪些？
4. 阐述埃德加·H·沙因的职业锚理论。
5. 简述迈克尔·哈默和詹姆斯·钱皮的企业再造理论。

参考文献

1. 方振邦，徐东华. 管理思想史. 北京：中国人民大学出版社，2011

2. 方振邦. 管理学基础. 北京：中国人民大学出版社，2011

3. 方振邦. 管理思想百年脉络（新版）. 北京：中国人民大学出版社，2007

4. 赵志军. 管理思想史. 北京：高等教育出版社，2009

5. 郭咸纲. 西方管理思想史（第三版）. 北京：经济管理出版社，2004

6. 孙耀君. 西方管理学名著提要. 南昌：江西人民出版社，1995

7. ［美］哈罗德·孔茨. 管理学：全球化与创业视角. 北京：经济科学出版社，2011

8. ［美］埃德加·沙因. 组织文化与领导力：如何以最有效的方式认识和打造组织. 北京：中国人民大学出版社，2011

9. ［美］肯·史密斯，迈克尔·希特. 管理学中的伟大思想：经典理论的开发历程. 北京：北京大学出版社，2010

10. ［美］丹尼尔·雷恩. 管理思想史（第五版）. 北京：中国人民大学出版社，2009

11. ［美］切斯特·巴纳德. 组织与管理. 北京：中国人民大学出版社，2009

12. ［美］吉姆·柯林斯，杰里·波拉斯. 基业长青. 北京：中信出版社，2009

13. ［美］彼得·德鲁克. 卓有成效的管理者. 北京：机械工业出版社，2009

14. ［美］彼得·德鲁克. 管理：使命、责任、实务. 北京：机械工业出版社，2009

15. ［美］彼得·德鲁克. 公司的概念. 北京：机械工业出版社，2009

16. ［美］彼得·德鲁克. 21 世纪的管理挑战. 北京：机械工业出版社，2009

17. ［美］道格拉斯·麦格雷戈. 企业的人性面. 北京：中国人民大学出版社，2008

18. ［美］沃伦·本尼斯. 领导力实践. 北京：中国人民大学出版社，2008

19. ［美］亚伯拉罕·马斯洛. 动机与人格（第三版）. 北京：中国人民大学出版社，2007

20. [美] 赫伯特・A・西蒙. 管理行为. 北京：机械工业出版社，2007

21. [美] 汤姆・彼得斯，罗伯特・沃特曼. 追求卓越. 北京：中信出版社，2007

22. [美] 迈克尔・哈默，詹姆斯・钱匹. 企业再造. 上海：上海译文出版社，2007

23. [美] 彼得・德鲁克. 管理的实践. 北京：机械工业出版社，2006

24. [美] 迈克尔・波特. 竞争战略. 北京：华夏出版社，2005

25. [美] 罗伯特・S・卡普兰，戴维・P・诺顿. 战略地图——化无形资产为有形成果. 广州：广东经济出版社，2005

26. [美] 罗伯特・S・卡普兰，戴维・P・诺顿. 平衡计分卡：化战略为行动. 广州：广东经济出版社，2004

27. [美] 斯图尔特・克雷纳. 管理百年. 海口：海南出版社，2003

28. [美] 哈罗德・孔茨，海因茨・韦里克. 管理学（第十版）. 北京：经济科学出版社，2003

29. [美] 彼得・圣吉. 第五项修炼：学习型组织的艺术与实务. 上海：上海三联书店，2003

30. [美] 吉姆・柯林斯. 从优秀到卓越. 北京：中信出版社，2002

31. [美] 迈克尔・哈默. 企业行动纲领. 北京：中信出版社，2002

32. [美] 詹姆斯・钱匹. 企业 X 再造. 北京：中信出版社，2002

33. [美] 林德尔・厄威克. 管理备要. 北京：中国社会科学出版社，1994

34. [美] 克劳德・小乔治. 管理思想史. 北京：商务印书馆，1985

35. [英] 马尔科姆・沃纳. 管理思想全书. 北京：人民邮电出版社，2009

36. [英] 蒂姆・欣德尔. 管理大师及其思想精髓. 大连：东北财经大学出版社，2009

37. [英] 查尔斯・汉迪. 空雨衣：变革时代的商务哲学. 北京：华夏出版社，2000

38. [加] 亨利・明茨伯格等. 领导. 北京：中国人民大学出版社，2004

39. [法] 亨利・法约尔. 工业管理与一般管理. 北京：机械工业出版社，2007

40. [德] 马克斯・韦伯. 新教伦理与资本主义精神. 西安：陕西师范大学出版社，2002

41. Michael E. Porter. *On Competition, Updated and Expanded Edition*. Boston：Harvard Business School Press，2008

42. Jay M. Shafritz，Albert C. Hyde. *Classics of Public Administration*. New Delhi：Thomson Press，2004

43. Michael E. Porter. *Competitive Strategy*. New York：Free Press，2004

44. Michael E. Porter. *Competitive Strategy：Techniques for Analyzing Industries and Competitors*. New York：Free Press，1998

45. Taylor Frederick. *The Principles of Scientific Management*. New York：W. W. Norton，1981

46. Henry Mintzberg，Bruce Ahlstrand，Joseph Lampel. *Strategy Safari：A Guided Tour Through the Wilds of Strategic Management*. New York：Free Press，1998

47. Robert S. Kaplan. *The Strategy-Focused Organization*: *How Balanced Scorecard Companies Thrive in the New Business Environment*. Boston: Harvard Business Press, 2000

48. Robert S. Kaplan. *Alignment*: *Using the Balanced Scorecard to Create Corporate Synergies*. Boston: Harvard Business Press, 2006

49. Robert S. Kaplan. *The Execution Premium*: *Linking Strategy to Operations for Competitive Advantage*. Boston: Harvard Business School Press, 2008

人大版公共管理类教材

公共管理类专业教材——学科基础课教材

书名	作者
现代管理学原理（第三版）（“十一五”国家级规划教材）	娄成武　魏淑艳
一般管理学原理（第四版）	张康之　周　军
管理学基础（第三版）	方振邦
管理学教程	方振邦
政治学原理（第三版）	景跃进　张小劲
现代政治学原理（第四版）	石永义　刘玉萼　张　璋
政治学教程	舒　放　刘琼莲
公共管理学（第二版）	陈振明
公共管理学——一种不同于传统行政学的研究途径（第二版）	陈振明
公共管理学（第三版）（数字教材版）（“十二五”国家级规划教材）	蔡立辉　王乐夫
公共管理学（精编版）	王乐夫　蔡立辉
公共管理学（第二版）	张康之　郑家昊
公共管理概论（第二版）	朱立言　谢　明
公共管理学概论	曹现强　王佃利
公共政策导论（第五版）（数字教材版）	谢　明
公共政策概论（第二版）	谢　明
公共政策学——政策分析的理论、方法和技术（“十一五”国家级规划教材）	陈振明
公共政策学	杨宏山
政策科学——公共政策分析导论（第二版）	陈振明
公共政策案例	中国人民大学公共管理学院
公共经济学（第三版）（“十二五”国家级规划教材）	高培勇
公共经济学教程	秦立建
政府经济学（第四版）（“十一五”国家级规划教材）	郭小聪
政府经济学（第四版）	潘明星　韩丽华

公共管理类专业教材——方法课教材

书名	作者
行政学研究方法与应用案例	萧鸣政　等
管理定量分析：方法与技术（第二版）	刘兰剑　李　玲
公共管理的方法与技术（第二版）	魏　娜

公共管理类专业教材——行政管理、公共事业管理专业教材

书名	作者
行政法学导论	姜晓萍
行政法学	朱新立　唐明良　李春燕
公共部门人力资源管理（第四版）	孙柏瑛　祁凡骅
公共部门人力资源开发与管理（第五版）（“十二五”国家级规划教材）	孙柏瑛　祁凡骅
公共部门人力资源开发与管理（第三版）	孙柏瑛
公共部门人力资源管理（第三版）	滕玉成　于　萍
公共部门人力资源管理	方振邦
公共部门人力资源管理概论	方振邦
公共部门人力资源管理案例	周均旭

书名	作者
行政管理学（第五版）（数字教材版）	郭小聪
公共行政学（第五版）	彭和平
公共行政学	张康之　张乾友
行政学导论（第三版）	齐明山
行政管理学导引与案例	陈季修
管理心理学（第二版）	范逢春
公共组织行为学（第三版）（“十一五”国家级规划教材）	孙　萍　张　平
公共组织学（第三版）	李传军
行政组织学（第二版）	张　昕　李　泉
公共组织理论	陆明远　冯　楠
公共事业管理概论（第三版）	朱仁显
公共事业管理概论（“十一五”国家级规划教材）	娄成武　李　坚
公共组织财务管理（第三版）（“十一五”国家级规划教材）	王为民
国家公务员制度（第四版）（数字教材版）（“十二五”国家级规划教材）	舒　放　王克良
国家公务员制度概论（第二版）	刘碧强　郗永勤
公务员制度概论	李如海
公务员制度导论	孙德超
行政领导学（第三版）	朱立言　李国梁
领导学（第五版）	邱霈恩
领导学	王自亮
领导学：理念、行为与艺术	祁凡骅
领导学	孙　健
现代市政学（第五版）（数字教材版）	王佃利
市政管理学（第五版）（“十一五”国家级规划教材）	杨宏山
市政学导引与案例（第二版）	李燕凌
社区管理（第三版）	汪大海　魏　娜　郇建立
社区管理原理与案例	魏　娜
电子政务教程（第三版）（“十一五”国家级规划教材）	赵国俊
电子政府与电子政务（第二版）（“十一五”国家级规划教材）	张锐昕
电子政府概论（第二版）	张锐昕
行政伦理学教程（第三版）（“十二五”国家级规划教材）	张康之　李传军
公共危机管理导论（“十一五”国家级规划教材）	肖鹏军
公共危机管理概论（第二版）	王宏伟
公共危机管理	唐　钧
公共危机与应急管理：原理与案例	王宏伟
非营利组织管理	吴东民　等
非营利组织管理导引与案例	崔向华　张　婷
当代中国政府与政治	景跃进　陈明明　肖　滨
当代中国政府与行政（第三版）	魏　娜　吴爱明
当代中国政府（第二版）（“十一五”国家级规划教材）	吴爱明
地方政府学概论（第二版）	方　雷
地方政府管理（第二版）	陈瑞莲　张紧跟
管理秘书实务（第三版）	赵锁龙
行政秘书学	唐　钧
公文写作与处理	赵国俊
机关管理的原理与方法（第三版）	赵国俊　陈幽泓

书名	作者
公共部门绩效管理	方振邦
政府绩效管理	方振邦　葛蕾蕾
政府绩效评估	蔡立辉
公共关系概论（第二版）	邹正方
政府公共关系（第二版）（“十一五”国家级规划教材）	廖为建　张　宁
社会管理	汪大海
西方行政学理论概要（第二版）（“十一五”国家级规划教材）	丁　煌
公共行政学史	何艳玲
西方公共管理名著导读	汪大海
管理思想史教程	方振邦　葛蕾蕾
文化管理学（第三版）（“十二五”国家级规划教材）	孙　萍
文化创意产业导论	魏鹏举
卫生事业管理（第二版）（“十一五”国家级规划教材）	李　鲁
教育经济与管理（第二版）（“十一五”国家级规划教材）	娄成武　史万兵
现代公用事业管理	崔运武

公共管理类专业教材——劳动与社会保障专业教材

书名	作者
社会保障概论（第六版）（数字教材版）	孙光德　董克用
劳动经济学（“十一五”国家级规划教材）	董克用　刘　昕
劳动法与社会保障法	黎建飞　李　静
人力资源管理	彭剑锋
社会保险学（第三版）	孙树菡　朱丽敏
社会保障基金管理	李春根
社会保险精算原理与实务	王晓军
社会保障国际比较	仇雨临
员工福利概论（第二版）（“十一五”国家级规划教材）	仇雨临

公共管理类专业教材——土地资源管理专业教材

书名	作者
土地经济学（第八版）（“十一五”国家级规划教材）	毕宝德
土地法学（中国人民大学“十三五”规划教材）	严金明
土地法学	王守智　吴春岐
土地科学导论	叶剑平
土地资源管理学（第二版）	张正峰
国土空间规划学	张占录　张正峰
土地利用规划学	张占录　张正峰
不动产估价（第二版）（“十一五”国家级规划教材）	叶剑平　曲卫东
土地信息系统	曲卫东　韩　琼
地籍管理（第五版）（“十一五”国家级规划教材）	谭　峻　林增杰

公共管理类专业教材——城市管理专业教材

书名	作者
城市管理学（第三版）	杨宏山
城市管理法	王丛虎

书名	作者
城市总体规划原理	郤艳丽　田　莉

公共管理硕士（MPA）教材——核心课教材

书名	作者
全国公共管理硕士（MPA）核心课程教学指导纲要	全国公共管理专业学位研究生教育指导委员会
社会主义建设理论与实践（第三版）	李景治　蒲国良
公共管理英语（修订版）	顾建光
公共管理学（第三版）	张成福　党秀云
公共管理学原理（修订版）	陈振明
公共管理导论	竺乾威　朱春奎　李瑞昌
公共政策分析	陈振明
公共政策分析导论	陈振明
公共政策分析概论（修订版）	谢　明
政治学：基本理论与中国视角	任剑涛
公共部门经济学（第三版）	高培勇　崔　军
公共经济学	唐任伍
行政法学（修订版）	皮纯协　张成福
行政法学概论（第三版）	胡锦光
非营利组织管理概论（修订版）	王　名
非营利组织管理	王　名　王　超
公共管理伦理学（修订版）	张康之
社会研究方法	陈振明
定量分析方法（第三版）	谭跃进
电子政务理论与方法（第五版）	金江军
电子政务	吴爱明　何　滨
公文写作概论	高永贵
信息技术及其应用（第三版）	张维明

公共管理硕士（MPA）教材——专业方向必修课、选修课教材

书名	作者
公务员制度教程（第六版）	舒　放　王克良
比较政府与政治（修订版）	卓　越
当代中国政府与政治（第三版）	吴爱明　朱国斌　林　震
公共部门人力资源管理及案例教程（第三版）	陈天祥
领导学	祁凡骅　刘　颖
领导学教程	常　健
领导理论与实践	邱霈恩
西方公共行政管理理论精要	丁　煌
社会管理概论	唐　钧
公共部门绩效评估（修订版）	卓　越
公共危机管理（修订版）	王宏伟
公共部门危机管理（第三版）	张小明
公共部门战略管理（修订版）	陈振明
城市管理理论与实务	杨宏山
MPA 学位论文写作指南	汪大海

图书在版编目（CIP）数据

管理思想史教程/方振邦主编．—北京：中国人民大学出版社，2012.10
21 世纪公共管理系列教材
ISBN 978-7-300-16532-5

Ⅰ.①管… Ⅱ.①方… Ⅲ.①管理学-思想史-世界-高等学校-教材 Ⅳ.①C93-091

中国版本图书馆 CIP 数据核字（2012）第 238681 号

21 世纪公共管理系列教材
管理思想史教程
主　编　方振邦
副主编　葛蕾蕾
Guanli Sixiangshi Jiaocheng

出版发行	中国人民大学出版社			
社　　址	北京中关村大街 31 号		邮政编码	100080
电　　话	010－62511242（总编室）			010－62511770（质管部）
	010－82501766（邮购部）			010－62514148（门市部）
	010－62515195（发行公司）			010－62515275（盗版举报）
网　　址	http://www.crup.com.cn			
经　　销	新华书店			
印　　刷	北京七色印务有限公司			
规　　格	185 mm×260 mm　16 开本		版　　次	2013 年 1 月第 1 版
印　　张	14.5 插页 1		印　　次	2022 年 6 月第 3 次印刷
字　　数	330 000		定　　价	48.00 元

版权所有　侵权必究　　印装差错　负责调换

教学支持说明

（教学课件）

中国人民大学出版社政治与公共管理出版分社秉承“出教材学术精品，育人文社科英才”的出版宗旨，多年来，出版了大批高质量的公共管理、教育学、政治学、政治理论公共课教材和学术著作。

我们为本教材制作了相应的 PPT 教学课件，任何一位采用本书作为授课教材的教师均可免费获得该课件。为了确保该课件仅为授课教师获得，烦请您填写如下材料，并将相关信息通过 E-mail 发送给我们，我们将在收到相关信息后通过 E-mail 给您发送该课件。欢迎您加入我们的 QQ 群（全国政管教师交流群，群号为 236159213），或登录我社官方网站（www.crup.com.cn），注册并认证成为教师会员，以获得更好的服务。

我们的联系方式：

地址：（100872）北京市中关村大街甲 59 号文化大厦 1202 室

中国人民大学出版社政治与公共管理出版分社

电话：（010）82502724　62514775（传真）

E-mail：ggglcbfs@vip.163.com

QQ 群：236159213

兹证明__________大学/学院__________院/系__________专业__________学年第__________学期开设的_______________课程，采用中国人民大学出版社出版的______________________________（书名、作者）作为本课程教材。授课教师为____________，授课班级共_______个、学生_______人。授课教师需要与本书配套的教学课件。

联 系 人：__________________________

通信地址：__________________________

邮　　编：__________________________

电　　话：__________________________

E-mail：____________________________

系/院主任：____________（签字）

（系/院办公室章）

_______年_____月_____日